太雅

順遊大邱

대구・Daegu

蘊含歷史、有著豐富文化的城市

大邱是天主教、基督教在韓國中南部的開端，身為韓國的第四大城市，也是內陸重要交通轉運中心，與釜山相距僅約1～1.5小時車程，有便捷的地鐵路線和市區公車，很適合與釜山搭配順遊。

大邱匯集朝鮮半島的豐富文化，衍伸出許多在地特色，其中以飲食的影響力最為明顯，「辣蒸排骨」、「炭火烤腸」、「油炸雞胗」等都是源起自大邱的特色美味。朝鮮國王親令開設的「藥令市」，朝鮮時代三大市場之一的「西門市場」，還有韓國第三座、大邱最早的哥德式教堂「桂山聖堂」。此外，搭乘纜車就能輕鬆登山、欣賞楓紅美景，市區內也不乏大型遊樂園、賞浪漫夜景之處，還有知名熱鬧的炸雞啤酒節，以及發展文創相關產業，將百年韓屋改造成特色咖啡店，都很值得親自探訪感受。

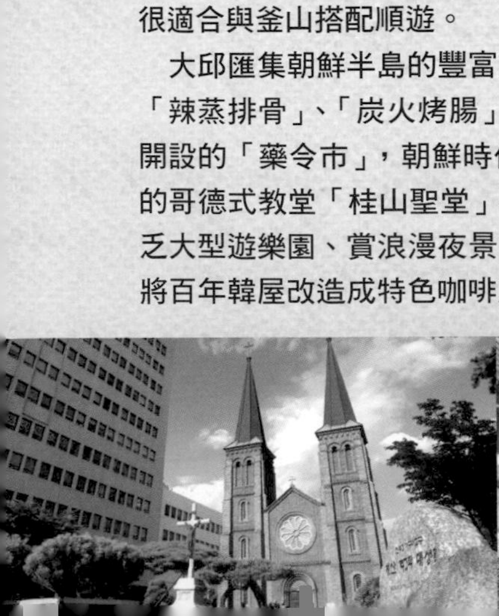

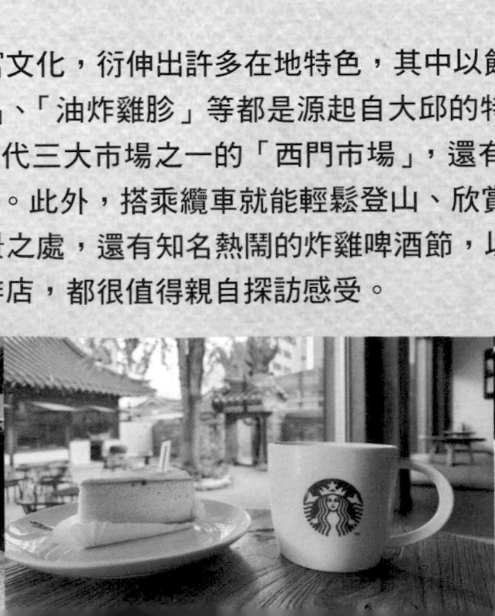

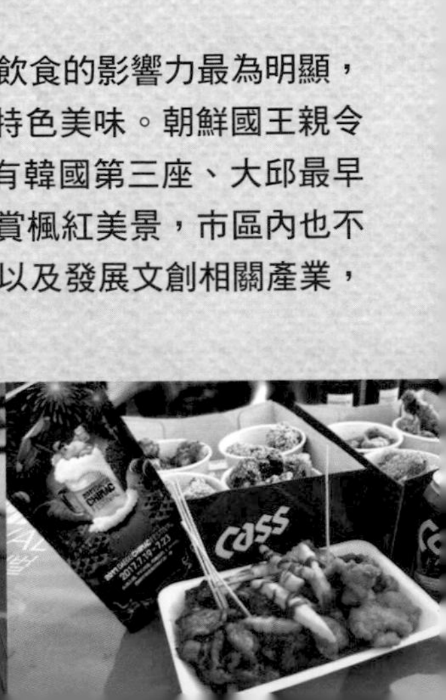

2024~2025年新第七版

作　　者　Helena(海蓮娜)
韓文校對　王淨嬪(왕정빈)、李京林(이경림)
王子銘(왕즈밍)、金萱(김훤)

總 編 輯　張芳玲
發想企劃　taiya旅遊研究室
編輯部主任　張焙宜
企劃編輯　張焙宜
特約編輯　陳妤甄
修訂主編　張焙宜
封面設計　許志忠
美術設計　許志忠
地圖繪製　林惠群、許志忠

國家圖書館出版品預行編目(CIP)資料

搭地鐵玩遍釜山 : 附慶州.昌原.馬山.鎭海.全州.井邑／Helena(海蓮娜)作 . -- 七版. -- 台北市 : 太雅, 2024. 03
面； 公分 . --(世界主題之旅；82)
ISBN 978-986-336-496-2(平裝)
1.CST: 火車旅行　2.CST:. 地下鐵路
3.CST: 韓國釜山市
732.7899　113000415

太雅出版社
TEL：(02)2368-7911　FAX：(02)2368-1531
E-MAIL：taiya@morningstar.com.tw
太雅網址：http://taiya.morningstar.com.tw
購書網址：http://www.morningstar.com.tw
讀者專線：(02)2367-2044、2367-2047

出 版 者　太雅出版有限公司
106台北市大安區辛亥路一段30號9樓
行政院新聞局局版台業字第五〇〇四號

讀者服務專線：(02)2367-2044、(04)2359-5819#230
讀者傳真專線：(02)2363-5741、(04)2359-5493
讀者專用信箱：service@morning.com.tw
網路書店：http://www.morningstar.com.tw
郵政劃撥：15060393 (知己圖書股份有限公司)

法律顧問　陳思成律師

印　　刷　上好印刷股份有限公司　TEL：(04)2315-0280
裝　　訂　大和精緻製訂股份有限公司　TEL：(04)2311-0221

七　　版　西元2024年03月10日
定　　價　520元
(本書如有破損或缺頁，退換書請寄至：
台中市工業30路1號　太雅出版倉儲部收)

ISBN　978-986-336-496-2
Published by TAIYA Publishing Co.,Ltd.
Printed in Taiwan

編輯室：本書內容為作者實地採訪的資料，書本發行後，開放時間、服務內容、票價費用、商店餐廳營業狀況等，均有變動的可能，建議讀者多利用書中的網址查詢最新的資訊，也歡迎實地旅行或是當地居住的讀者，不吝提供最新資訊，以幫助我們下一次的增修。聯絡信箱：taiya@morningstar.com.tw

HEY!

釜山最 IN 熱門新景點速報

一個有生命、讓人想多次再訪旅遊的城市，每隔一段時間，多少都會有些變化，趁著這次最新版的修訂，在書裡整理了釜山的新熱門景點，以及方便好用的交通相關設施，希望大家可以多多認識釜山，期待各位讀者再次來釜山玩！

釜山通行證「VISIT BUSAN PASS」

於2023年首次推出，在24、48小時內，只要持簡稱為VBP的釜山通行證，就有數十個釜山的景點可以免費暢玩，包含很熱門的「海雲臺尾浦膠囊列車」、「釜山 X the Sky展望台」、「釜山樂天世界」、「Skyline Luge」斜坡滑車等，玩累了還可以去豪華的蒸氣房「SPA LAND」、「CLUB D OASIS」洗澡放鬆。2024年預計推出新版VBP釜山通行證，建議可上官網查看最新訊息。

http www.visitbusanpass.com(有繁體中文介面)

照片提供／加小菲愛碎碎唸

釜山最新地鐵站置物櫃「OTP LOCKER」

釜山地鐵站內最新的置物櫃系統，用手機APP就能線上即時查找置物櫃的所在位置，並且可用國外的信用卡線上付費，如此能避免寄放了之後，找不到自己的置物櫃在哪裡的窘況。

詳見 P.317 介紹

開琴櫻花路
개금벚꽃길

平凡住宅區裡的新興賞櫻祕境，雖然沒有龐大規模，但卻可以有清新舒適的感受。

詳見 P.313 介紹

周禮櫻花路
주례벚꽃길

韓國網路IG上的熱門打卡咖啡店，享受以自然櫻花路樹當背景拍照的夢幻美感。

詳見 P.314 介紹

HILL SPA 蒸氣房
힐스파 찜질방

釜山知名老牌的蒸氣房，疫情後重新裝潢開業，可眺望周邊海雲臺的景色，擁有絕佳的視野景觀。

詳見 P.315 介紹

CLUB D OASIS
클럽디오아시스 스파 & 워터파크

在釜山第一高的建築裡，結合蒸氣房SPA和室內外水上樂園，可近距離欣賞海雲臺的海灘邊景色。

詳見 P.316 介紹

作者序

去釜山玩，不再只是玩遍釜山，希望大家也能將釜山作爲出發點，來拓展視野，豐富自己的旅遊經歷！

疫情後，時隔將近3年，再度踏上韓國的土地，釜山朋友很興奮地立刻說要請吃飯，當我們在地鐵南浦站會合，要往對面樂天百貨、影島大橋的方向走時，朋友很開心地，用著不太標準的中文跟我說：「Helena你看，這裡跟以前不一樣了，這裡長馬路了喔！」蛤？我頓時傻眼貓咪、黑人問號，長馬路是什麼東西啦！

釜山市區的主幹道之一「중앙대로」(中央大路)，外國遊客最常經過的區段，是地鐵西面、南浦、札嘎其站等，以往東、西向少有行人可通過的路口斑馬線，若不是要繞路，就是要走地下道，可是又幾乎沒有電梯和手扶梯，實在頗為不便。但是在疫情期間，為了配合新增設的公車專用道，讓乘客可以上下車，因而也開了多個有斑馬線的路口，讓行人能過馬路，不僅是在地人，對外國遊客來說也是便利許多，這就是釜山朋友所說的「這裡長馬路了」，哈哈！

這段期間，釜山的變化也不僅於此，舊鐵路改造而成、目前釜山最夯的觀光景點，海雲臺藍線公園的海岸列車、膠囊列車，或是登上韓國第二高樓—BUSAN X the SKY展望台，都可以更輕鬆地遊覽釜山的美麗海景。此外，往機張方向的東釜山觀光園區，也不再只有海東龍宮寺，韓國最大主題樂園：樂天世界，有海景的斜坡滑車：Skyline Luge，都是親子同遊釜山的最新好選擇。

位於韓國東南部、第二大城市的釜山，有非常便利、選擇多樣化的交通網絡，以往刻板印象覺得太遠，比較難從釜山來往的景點，如：位在西南部、韓國最大規模的全州韓屋村，以及非常知名的賞楓葉景點內藏山等，只要善用快速便捷的高鐵KTX、SRT，也可以達成一日旅遊圈，節省搬行李移動的體力，或是要深度旅遊也能輕鬆來往，玩出韓國南部之旅的豐富精采無限可能。

將近3年沒在釜山走跳，但還是在有限的時間裡，順利達成這次修訂的目標，要感謝多位好朋友的大力支持與協助，尤其是老朋友Kelly，陪我跑了幾家要替換的餐廳，以及幾位不願具名的朋友們，還有陪我一路走來、給予我許多實際協助的朋友：小呆姐、 姐夫、혜정姐姐、Joey、王同學(若有疏漏懇請見諒)，感謝太雅出版社的編輯和美編，盡心盡力讓這本書兼具實用與美觀，總編輯芳玲姐多年來的支持，以及一路走來支持鼓勵我的讀者們，大家對我的關愛，點滴我都牢記在心！

Helena(海蓮娜)

關於作者

Helena(海蓮娜)

喜歡走訪韓國的大小城市，深入體驗當地生活、品嘗美食和結交朋友，熱愛旅遊文章創作，以及替大家解答韓國旅遊的疑難雜症，旅程中也常會貼即時照片訊息，和網友分享韓國的現場連線。現職為SOHO族文字工作者，秉持著實事求是的精神，著有《搭地鐵玩遍釜山(附慶州、昌原、馬山、鎮海、全州、井邑)》、《搭地鐵玩遍大邱(附安東、慶州、浦項、海印寺)》、《首爾旅行家：跟著海蓮娜直闖經典玩樂動線》、《遊韓國行程規劃指南》(太雅出版社)、《韓食點餐完全圖解》(城邦創意市集)等旅遊書。

個人經歷：

- 韓國慶尚北道名譽宣傳大使(경상북도 명예 홍보대사)
- 韓國大邱市觀光名譽宣傳委員(대구시 관광명예홍보위원)

個人網站：

- 關鍵字搜尋「Helena.海蓮娜的韓國大世界」
- 粉絲團：www.facebook.com/Helena.KoreaWorld
- 部落格：helena.tw

Facebook社團：

- 韓國釜山‧自助旅行吃喝玩樂報馬仔(含大邱、慶州、鎮海、統營、慶尚南&北道)
- 韓國首爾‧自助旅行吃喝玩樂報馬仔(含京畿、仁川、江原、忠清、全羅、濟州島)

韓國K-ETA官網
www.k-eta.go.kr
(韓、英)

申請步驟參考
helena.tw/k-eta

目前的韓國入出境

目前韓國的入出境相關規定流程，除了少數新增的項目，幾乎已經和疫情之前大致都相同，但各國護照持有者的內容可能有異，相關規定亦有滾動調整的可能，若有相關疑問，可於出發前詢問駐地的韓國使領館或代表部。

申請「K-ETA」電子旅行許可

韓國在疫情之後，對於可免簽證、以短期停留(90天內)為目的，入境韓國的旅客(含台灣)，實行電子旅行許可「K-ETA」的報備制度，申請一次有兩年的效期，期間內可多次短期(單次90天內)進出韓國。再次入境韓國之前，需至K-ETA官網變更在韓地址。

為慶祝韓國旅遊年，從2023年4月1日起，到2024年12月31日止，台灣人去韓國短期旅遊，不需要申請K-ETA，免除麻煩之外，也避免被詐騙。(包含22個國家)(已申請者不退款)

填寫「Q-CODE」入境檢疫資訊預填系統

從2024年1月1日起，包含台灣在內的世界156國護照的持有人，於出發前的72小時內，恢復需要填寫「入境檢疫資訊預填系統」(Q-CODE)，新版表格簡化許多欄位，每個人只要花不到五5分鐘的時間即可填寫完成。

事先取得QR Code，下機後於入境檢疫時，出示Q-CODE、完成掃描動作，可加快通過的速度，若沒有事先填Q-CODE，亦可現場填寫黃色紙本表格作為替代。

http cov19ent.kdca.go.kr(有簡中介面)

目錄

92 釜山地鐵快易通

12 釜山景點搶先報

102 釜山地鐵：1號線

42 釜山6大印象

184 釜山地鐵：2號線

全書地圖目錄

如何使用本書

本書希望讓讀者能在行前充分的準備，了解當地的生活文化、基本資訊，以及自行規畫旅遊行程，從賞美景、嘗美食、買特產，還能住得舒適，擁有一趟最深度、最優質、最精采的自助旅行。書中規畫簡介如下：

地圖資訊符號

金額	網址	旅館飯店
地址	電子信箱	購物商店
電話	傳真	餐廳美食
時間	休息時間	觀光景點
地圖位置	資訊	SPA按摩
前往方式	注意事項	地鐵站出口

▲ **邊欄索引**

顯示各單元主題、地鐵路線的顏色、站名，讓你一目了然。

▲ **地鐵路線簡圖**

不僅有前一站、下一站的相對位置，還包含路線代號編碼、前往地區方向及轉乘路線資訊，輕鬆掌握你的地鐵動線。

▲ **釜山達人3大推薦**

從遊客必訪、作者最愛、在地人推薦等3個角度，推選出必遊必玩之處。

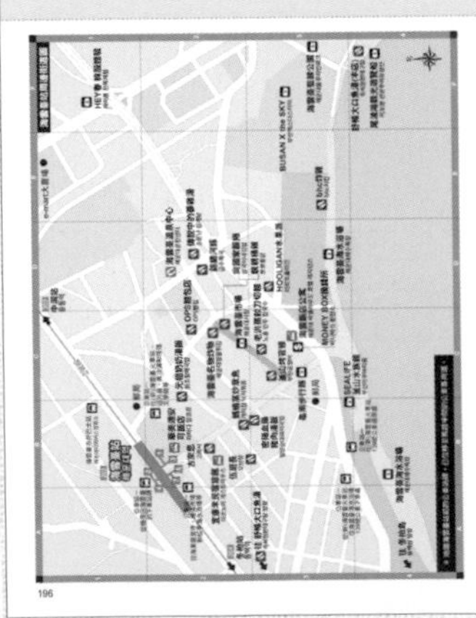

▲ **DATA**

提供詳盡網址、地址、電話、營業時間、價錢、前往方式等資訊。

遊賞去處

購物血拼

特色美食

旅館住宿

SPA按摩

▲ **地鐵站周邊街道圖**

將該站景點、購物、美食的地點位置全都標示在地圖上。

▲ **主題景點與購物美食**

以遊賞去處、購物血拼、特色美食，3大主題引領你進入釜山這個城市。

臺灣太雅出版
編輯室提醒

出發前，請記得利用書上提供的通訊方式再一次確認

每一個城市都是有生命的，會隨著時間不斷成長，「改變」於是成為不可避免的常態，雖然本書的作者與編輯已經盡力，讓書中呈現最新的資訊，但是，仍請讀者利用作者提供的通訊方式，再次確認相關訊息。因應流行性傳染病疫情，商家可能歇業或調整營業時間，出發前請先行確認。

資訊不代表對服務品質的背書

本書作者所提供的飯店、餐廳、商店等等資訊，是作者個人經歷或採訪獲得的資訊，本書作者盡力介紹有特色與價值的旅遊資訊，但是過去有讀者因為店家或機構服務態度不佳，而產生對作者的誤解。敝社申明，「服務」是一種「人為」，作者無法為所有服務生或任何機構的職員背書他們的品行，甚或是費用與服務內容也會隨時間調動，所以，因時因地因人，可能會與作者的體會不同，這也是旅行的特質。

新版與舊版

太雅旅遊書中銷售穩定的書籍，會不斷修訂再版，修訂時，還區隔紙本與網路資訊的特性，在知識性、消費性、實用性、體驗性做不同比例的調整，太雅編輯部會不斷更新我們的策略，並在此園地說明。您也可以追蹤太雅 IG 跟上我們改變的腳步。

taiya.travel.club

票價震盪現象

越受歡迎的觀光城市，參觀門票和交通票券的價格，越容易調漲，特別 Covid-19 疫情後全球通膨影響，若出現跟書中的價格有落差，請以平常心接受。

謝謝眾多讀者的來信

過去太雅旅遊書，透過非常多讀者的來信，得知更多的資訊，甚至幫忙修訂，非常感謝大家的熱心與愛好旅遊的熱情。歡迎讀者將所知道的變動訊息，善用我們的「線上回函」或直接寄到 taiya@morningstar.com.tw，讓華文旅遊者在世界成為彼此的幫助。

釜山景點搶先報

海雲臺藍線公園、BUSAN X the SKY

多角度欣賞海灣美景

因應鐵路東海南部線的截彎取直，以及海雲臺周邊的城市建設，將「尾浦←→松亭」這段閒置的鐵軌路線，改造成色彩豐富、可愛吸睛的海岸列車／天空膠囊列車，並完整規畫鐵軌沿線的散步道路，以及就在尾浦石碑旁，韓國第二高建築、韓國最大型的「BUSAN X the SKY」展望台。來到此區，可以選擇搭乘列車，天氣涼爽時來散步運動，或是登上展望台，喝一杯韓國最高的星巴克咖啡，用不同方式都能欣賞海雲臺周邊的美麗海灣景色。

旅遊小祕方！

避免假日前往

海雲臺藍線公園的海岸列車、天空膠囊列車，從開幕至今都是釜山相當熱門的景點，不僅是週末假日，就連平日午後的人潮都經常很多。官網可以預購兩週內的車票，韓文版頁面需要有韓國的手機號碼認證，而其他外語介面，內容可能稍有差異，建議使用英文版的頁面預約(可刷海外信用卡)。但請留意，即使已經有提早預購車票，時段內還是要現場排隊乘車，若人潮較多，海岸列車可能會沒有座位(要用站的)，因此建議避開週末假日前往為佳。

機張郡／東釜山觀光園區

玩遊樂園、逛Outlet、吃帝王蟹

對於早年的釜山旅遊來說，位於釜山東北部的機張郡，因為交通不太方便，最多只能算是順遊，去看看海東龍宮寺，或是去機張市場吃帝王蟹，大約半天就匆忙想回市區，甚至還有人覺得太遠，根本不想去那一帶。但隨著電鐵東海線開通，大幅縮減釜山市區來往機張的交通時間，以及東釜山觀光園區內的設施陸續完工，有最新開幕、大人小孩都喜歡的樂天世界和Skyline Luge，提升了機張遊逛景點的豐富度，吃喝玩樂一整天沒問題，但就怕時間不夠用！(本頁相關景點，可參考P.238奧西利亞站、P.244機張站)

善用計程車接駁

「樂天世界」和「Skyline Luge」是分別兩個不同的景點設施，各自的園區雖然就在隔壁，但因為要從正門進出，繞一圈的步行距離約1.6公里，搭公車也還是需要走路，建議可以搭計程車接駁，車程約5分鐘，車費約4,800₩。樂天世界外沒有計程車排班站，也不靠近大馬路邊，可以參考本書P.33，使用手機APP叫計程車。

外國人專用優惠 KR PASS

오송
Osong 五松
공주
천안아산

搭高鐵KTX玩韓國

1記得要把KR PASS列印出來喔 2韓國高鐵KTX車廂內部 3如果沒有劃到對號座位，也可以坐車門邊的折疊椅 4五松站是韓國鐵路東西向的重要轉乘站

達成一日旅遊生活圈

韓國地形是山脈主要在中間，雖然南、北各地來往的鐵路交通很方便，但是東、西向城市之間，大多是以長途巴士為主，有些路線的車程時間較長，對於出國旅遊、時間珍貴的外國遊客來說，總會覺得有那麼點可惜，但若能善用短期外國遊客專屬的鐵路通票「KR PASS」，固定在釜山、大邱等地住宿，當天來回不同的城市旅遊，把高鐵KTX當地鐵搭乘的概念，如此既能節省搬行李移動的體力和時間，也可以享受乘車優惠，節省交通費用的支出。(韓國鐵路相關介紹請參考本書P.30、P.31。)

旅遊小祕方!

善用五松站轉乘

「五松站」(오송역、Osong)，是位於韓國中部、忠清北道清州市郊區的高鐵／火車站，亦是韓國鐵路東、西向的重要轉乘站。對於短期到韓國旅遊的外國人來說，以往通常不太會在五松站上下車，但若是要玩東、西向一日旅遊圈，例如：住在東邊的釜山、大邱，往西邊的全州韓屋村、井邑內藏山賞楓葉等，就可以搭高鐵KTX在五松站換乘，並搭配使用外國人專屬的KR PASS優惠，讓韓國之旅更為便捷順暢。

韓國的各火車站為全國聯營，可跨站處理車票，站內都有清楚的外語和圖片標示，不用太擔心轉乘的問題。

南道海洋列車S-train

남도해양열차S-train

喝茶賞櫻的品香之旅

提早訂票、自備餐點

推薦在河東下車遊覽，春天時還有美翻的十里櫻花路，建議事先上網訂票(可參考P.31)，以防萬一有團體活動。列車上的各項設施活動，在疫情之後或許有所調整，可能沒有販售餐點，或是僅有簡單的零食飲料，建議自備餐點於車上享用。

韓國鐵路公社營運的觀光列車中，目前唯一從釜山出發，以海洋為名的「S-train」南道海洋觀光列車，「S」代表英文「Sea」和海岸曲線，列車外觀以韓國民族英雄——朝鮮時代李舜臣將軍的戰艦烏龜船為概念設計，每週六～日去回各一班，行經韓國茶鄉—河東郡，終點站為韓國知名的綠茶產地——寶城郡。

1、2、5車廂的座位，以紅花搭配原木和磚牆圖案裝飾，營造復古氛圍，座位總數比一般列車少，活動空間相對寬敞，2車廂部分設置成有桌子的情侶、家族座位，而5車廂則有自行車位。整輛列車的重頭戲是3車廂，布置成「回憶的商店」，打造成復古商店、漫畫店，以及幾十年前的咖啡茶店雅座，地上還有古早的跳格子遊戲，4車廂則是「茶藝體驗座位」。3、4車廂座位沒有對號，無活動時也可以到這裡坐坐拍照喔！

私房推薦散步路

草場洞、天馬山路

초장동・천마산로

吹著幸福的風

「山腹道路」指的是沿山腰環繞至山頂的狹窄道路，從19世紀初釜山開港，經過日本殖民時期，韓戰的臨時首都，為了便於獲取生活所需，貧困者選擇聚居在釜山港周邊山坡地上的小房子，而山腹道路就是他們每天進出的必經之路。「天馬山路」是釜山港周邊的一條山腹道路，往南走可延伸到松島，往北接續其他路段能到甘川洞，朝鮮時代在現今「草場洞」一帶，因為有高品質的草原，是當時的牧馬場，因而得名天馬山、草場洞。

在釜山各條山腹道路上，有多個不同視角的展望台，可是部分要爬更多階梯才能抵達，或是附近沒有其他設施和店家，對於想要慢行散步的人來說也許不是那麼方便，但草場洞的天馬山路區段，臨近鬧區又有公車可以到達，並且與熱門景點還相隔一段距離，因此氣氛更為寧靜，也許不若海灘上的熱情浪漫，但來到這隱藏在山坡上的清新祕境，享受微風吹拂，可以眺望釜山港周邊景色，在咖啡店裡喝杯飲料，悠閒地品味不同的釜山。

草場洞周邊地圖
釜山大學醫院
부산대학교병원
109
土城站
토성역
까치고개로
峨嵋洞公營停車場
아미골 공영 주차장
峨嵋治安中心
아미치안센터
回地鐵站
往富平洞豬腳街
國際市場
甘川文化村
감천문화마을
峨嵋小學
아미초등학교
同心幸福中心
한마음행복센터
天馬山路
천마산로
110
札嘎其站
자갈치역
河東商會
하동상회
草場中學
초장중학교
天馬山天空展望台
천마산 하늘전망대
草場洞
초장동
大願寺
대원사
1號線
北
土城站周邊街道圖
108
東大新站
동대신역
東亞大學富民校區
동아대학교 부민캠퍼스
臨時首都紀念館
임시수도기념관
보수대로
구덕로
대청로
超級中心超市
슈퍼센터
보수
사거리
寶水洞書房巷弄
보수동책방골목
흑교로
중구로
國際市場
국제시장
富平市場、夜市
부평시장、야시장
釜山大學醫院
부산대학교병원
土城站
토성역
國際地下道商家
국제지하도상가
往甘川文化村
감천문화마을 방향
公車站
往甘川洞
公車站
甘川洞回程
富平洞豬腳街
부평동 족발골목
阿里郎街
아리랑거리
부평
교차로
까치고개로
札嘎其站
자갈치역

交通說明

距離最近的地鐵站是109土城站。從南浦洞、札嘎其一帶出發，可在魚市場對向的公車專用道，搭乘134號公車前往，此外，190號公車雖然也有經過這裡，可從釜山火車站前的公車專用道搭乘，但行經路線有點繞路，因此比較推薦搭134號公車。

| 玩 | 家 | 筆 | 記 |

來往草場洞、天馬山路公車站牌位置說明

■**去程**：在地鐵111南浦站1號出口直走約3分鐘(P.113／E4)，或地鐵110札嘎其站5號出口旁(P.112／B4)的公車專用道，搭乘134號公車，車程約12分鐘，在「峨嵋小學」或「草場洞」站下車。

■**回程**：在去程下車處或前後站的斜對面站牌，再搭134號公車回到地鐵站即可。

■**草場洞周邊公車站牌**：

峨嵋治安中心(아미치안센터)

↑↓

峨嵋小學(아미초등학교)：
往「同心幸福中心」(한마음행복센터)

↑↓

河東商會(하동상회)：天馬山路步行區間

↑↓

草場中學(초장중학교)：天馬山路步行區間

↑↓

草場洞(초장동)：
往「天馬山天空展望台」(천마산 하늘전망대)

■**同心幸福中心**：若只要來往此點，可參考甘川文化村(P.114)的交通，於地鐵札嘎其站附近，同個位置搭乘西區2小公車，車程約5分鐘，在峨嵋洞公營停車場站下車，再步行約5分鐘(約350公尺)前往。

天馬山路推薦步行路線

建議預留約2~3小時較為充裕，可以A點上、B點下，若是想拍夜景，可以參考本書P.35日出日落時刻表，依照時間再做規畫安排。

搭134號公車在「草場洞」站下車，往回走約1分鐘，從旁邊的小弄樓梯走上去，約2分鐘可到「天馬山天空展望台」。

往天馬山天空展望台的小路口

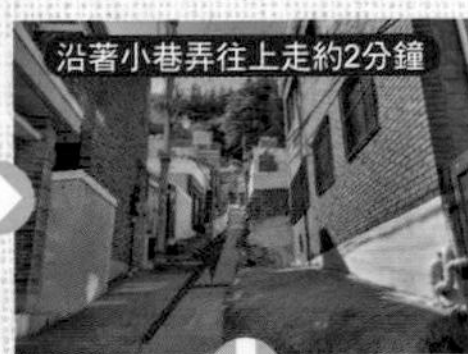
沿著小巷弄往上走約2分鐘

從小樓梯往上會先到咖啡店

頂樓就是天馬山天空展望台

在展望台面向海邊，左轉沿天馬山路走約7分鐘(約436公尺)，右邊可到「同心幸福中心」。

面海往左邊沿天馬山路走

同心幸福中心

面對「同心幸福中心」，從右邊往下，沿灰底綠線的小弄，回到日出路上到對面，左轉走約1分鐘的站牌，搭134號公車往地鐵站。

從同心幸福中心旁往下

沿著灰底綠線的路走下去

日出路上的出口，或是反向往上

日出路上的公車站牌

日景遼闊、夜景更是令人傾心

天馬山天空展望台

천마산 하늘전망대

MAP P.17上/C3
出地鐵站，公車＋步行約24分鐘

DATA

www.instagram.com/cafe_ordaga 부산시 서구 해돋이로 183번길17-4(초장동) (051)231-9067 展望台24小時，咖啡店11:00～20:00(週末到21:00) 休 週三 展望台免費，咖啡飲料3,000～5,000₩、各類啤酒4,000～9,000₩ 請參考左頁天馬山路推薦步行路線 **咖啡店暫時休業，建築樓頂可看夜景**

在釜山港周邊的多個展望台裡，此處的位置可以欣賞釜山中區、西區一帶全景，從影島大橋和太宗台，到龍頭山公園裡的鑽石塔(舊稱：釜山塔)，甚至連釜山港大橋、南港大橋也能盡收眼底，白天遠眺視野遼闊，晚上夜景更是令人醉心傾慕，展望台下還有咖啡店「cafe_ordaga」(카페 오르다가)，可以來喝杯咖啡飲料稍做休息，在室內等待夜晚的來臨，對於想看夜景或拍照的人來說更為便利呢！

1 雖然餐點選擇不多，但總是個可以休息的室內空間 2 爺爺奶奶的人偶塑像 3 屋頂展望台上的傳聲藝術作品 4 面海側的落地窗，可以遠眺周邊景色

喝著傳統甜米露、甜蜜蜜賞海景

同心幸福中心

한마음 행복센터

MAP P.17上/C2
出地鐵站，公車＋步行約23分鐘

DATA

부산시 서구 천마산로 370(초장동) (051)240-6575 10:00～19:00 休 春節和中秋節可能會公休 咖啡飲料2,000～3,500₩ 請參考左頁玩家筆記，或天馬山路推薦步行路線

設在草場洞、天馬山路上的社區活動場所，以居住當地的長輩及因結婚來到釜山的新住民婦女為主要對象，提供語言學習與社交活動，此外附設有釜山官方認證的「善良價格」咖啡店，相關收入用作社會公益。從咖啡店面海側的落地窗，可欣賞不亞於其他展望台的美景，除了一般咖啡店會有的飲料外，還有用料實在超好喝的手作傳統甜米露(식혜)喔！

1 在半山腰的位置，也是另類的展望台 2 雖然室內沒有過多裝潢，但面海側的落地窗就可以看到無敵海景

釜山旅遊黃頁簿

前往與抵達

簽證、飛行時間

台灣護照(效期6個月以上)可90天免簽證在韓國旅遊；飛行時間約2小時，建議攜帶電子機票(截圖或紙本)備用。(參考P.7，先申請K-EAT和Q-CODE)

匯兌

約1新台幣：40韓圜(₩)，建議出發前上網查詢最新匯率。匯率好壞由高到低排序大約是：韓國民間換錢所→韓國機場、市區銀行→台灣的銀行。

■釜山旅遊社團

台灣最大的Facebook釜山旅遊社團「韓國釜山‧自助旅行吃喝玩樂報馬仔」，看社員回報的最新換錢所匯率，值得讀者參考。

■背包客棧

韓國版論壇置頂區的匯率討論主題，網友回報的最新換錢所匯率，值得參考。

關鍵字搜尋：背包客棧 韓幣兌換

■臺灣銀行

網站上可查詢匯率(現金、賣出)，含歷史資料。

關鍵字搜尋：臺灣銀行牌告匯率

■在釜山兌換韓幣

(疫情後可能有異動)

國際機場銀行櫃檯：無論幾點抵達，行李轉盤附近都有窗口可兌換，釜山金海機場國際線大廳的換匯櫃檯營業時間為09:00～16:00。

市區銀行：各分行多有提供外幣兌換，請攜帶護照前往，韓國銀行的營業時間為週一～五09:00～16:00。

民間換錢所：集中在南浦洞和釜山火車站對面上海門內，或是西面、海雲臺亦有，位置可參考本書各相關地鐵站的地圖，營業時間以09:00～20:00為主。換錢所不收旅行支票，匯率比銀行好，招牌上有「換錢」或「兩替」字樣，務必在櫃檯當場確認鈔票張數和面額。(可參考P.36在釜山兌換韓幣)

金海國際機場 김해국제공항

簡稱金海機場，是韓國南部最重要的空運門戶，位在釜山江西區，分為國際線和國內線兩個航廈，中文指標清楚，有機場巴士、市內公車、電鐵可來往釜山各地和周邊城市，因距離釜山市區不遠，若有需要也可選擇搭計程車來往。

金海國際機場

http www.airport.co.kr/gimhae/main.do(韓、中、英、日)

■國際線(국제선)

台灣每天都有直飛航班，飛行時間約2小時。從1樓入境大廳Gate4門出去，前方為搭乘機場巴士和公車的站牌，右轉走一下有機場巴士售票處，右斜對面為電鐵機場站，右轉步行約3～5分鐘可到國內線大樓，機場內有各種便利設施和旅遊服務櫃檯，行李轉盤附近和1樓入境大廳左右兩側設有銀行匯兌櫃檯，另有郵局(營業時間09:00～18:00)、便利商店(營業時間為06:00～22:00，可購買儲值交通卡)。

■國內線(국내선)

主要為來往首爾和濟州島的航班，票價約4～8萬₩，飛行時間約1小時。從1樓到達大廳Gate4門出去，前方為搭乘機場巴士和公車的站牌，左斜對面為電鐵機場站，左轉步行

行前先準備

- **E-mail存資料、旅費分開放：**將護照、身分證掃描，和信用卡掛失電話等資料存在E-mail裡，上網即可確認；隨身備用大頭照，將財物分開放，以免全部掉光沒錢用。
- **幫託運行李拍張照：**在搭飛機、託運行李前，用3C產品替行李拍張照，萬一行李遺失，可提供給相關單位，作為尋找的依據。
- **把景點名稱放大：**韓國長輩通常熱心幫助外國遊客，但旅遊資料的字太小是個困擾，建議將韓文字放大抄寫下來，或是用手機平板拍起來放大，如此會更方便。

金海國際機場

約3～5分鐘可到國際線大樓，機場內有各種便利設施和旅遊服務櫃檯，搭乘前可在各航空公司網站訂票，若非特定節假日，也可搭乘當日現場購票。

■韓國國內航空公司

大韓航空	kr.koreanair.com
韓亞航空	flyasiana.com
t-way航空	www.twayair.com
濟州航空	www.jejuair.net
釜山航空	www.airbusan.com
JIN航空	www.jinair.com

入境(입국)

入境韓國要繳交「入境卡」和「海關申報單」，通常在飛機上會發放，或是繳交處附近可拿取填寫。下機後會先到證照查驗處，將「護照」和「入境卡」交給海關，留下臉部影像和雙手食指指紋(受傷可換)，之後經過簡易安檢區到行李轉盤，拿好行李、要出管制區前，將「海關申報單」交給工作人員即可入境。

「入境卡」和「海關申報單」表格填寫範例可參照右邊，個人資料以護照上的為準，其餘依照實際情況填寫即可。

出境(출국)

金海機場出境大廳在2樓，建議飛機起飛前2小時到機場辦理手續，韓國出境安檢嚴謹，例如要脫外套和靴子、筆電要單獨過掃描等，但海關態度和善有禮，依引導通過安檢

新版入境卡新增填寫

韓國「入境卡」與「海關申報單」填寫範例

■入境卡

ARRIVAL CARD ※ Please fill out in Korean or English.
入境卡(外国人用) ※ 请填写韩文或英文。 性別勾選

Family Name / 姓 英文姓氏	Given Name / 名 英文名字	☐ Male / 男 ☐ Female / 女
Nationality / 国籍 TAIWAN	Date of Birth / 出生日期 生日(西元年/月/日)	Occupation / 职业 職業

Address in Korea / 在韩地址 (☎: 電話)
在韓國的住宿地址(填英文即可)
※ 'Address in Korea' should be filled out in detail. (See the back side)
※ 必须填写'在韩地址'。(参考后面)

Purpose of visit / 入境目的 入境目的勾選
☐ Tour 观光 ☐ Visit 访问
☐ Business 商务 ☐ Employment 就业
☐ Others 其他 ( )

Signature / 签名
簽名(同護照)

＊若以K-ETA入境韓國，無需填寫入境卡，請參考P.7說明。
＊入境卡有新版，填寫資料與舊版差不多，新舊版本皆可使用。

■海關申報單

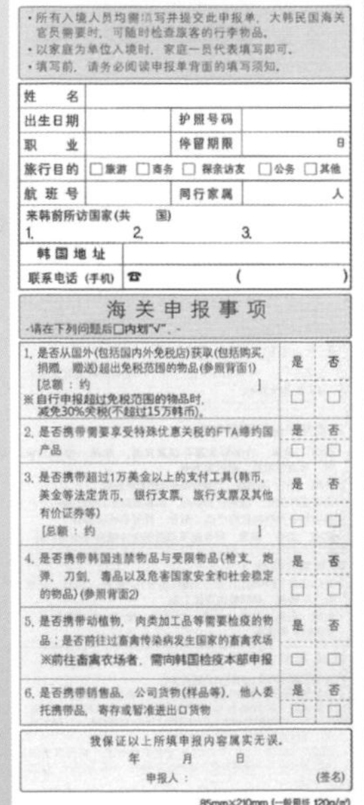

游客携带物品申报单

- 所有入境人员均需填写并提交此申报单，大韩民国海关官员需要时，可随时检查旅客的行李物品。
- 以家庭为单位入境时，家庭一员代表填写即可。
- 填写前，请务必阅读申报单背面的填写须知。

姓　名			
出生日期		护照号码	
职　业		停留期限	日
旅行目的	☐旅游 ☐商务 ☐探亲访友 ☐公务 ☐其他		
航班号		同行家属	人
来韩前所访国家(共　国) 1. 2. 3.			
韩国地址			
联系电话(手机)	☎ ( )		

海关申报事项
-请在下列问题后☐内划"V"。-

	是	否
1. 是否从国外(包括国内外免税店)获取(包括购买、捐赠、赠送)超出免税范围的物品(参照背面1) [总额：约] ※自行申报超过免税范围的物品时，减免30%关税(不超过15万韩币)。	☐	☐
2. 是否携带需要享受特殊优惠关税的FTA缔约国产品	☐	☐
3. 是否携带超过1万美金以上的支付工具(韩币、美金等法定货币、银行支票、旅行支票及其他有价证券等) [总额：约]	☐	☐
4. 是否携带韩国违禁物品与受限物品(枪支、炮弹、刀剑、毒品以及危害国家安全和社会稳定的物品)(参照背面2)	☐	☐
5. 是否携带动植物、肉类加工品等需要检疫的物品：是否前往过畜禽传染病发生国家的畜禽农场 ※前往畜禽农场者，需向韩国检疫本部申报	☐	☐
6. 是否携带销售品、公司货物(样品等)、他人委托携带品、寄存或暂准进出口货物	☐	☐

我保证以上所填申报内容属实无误。
年　月　日
申报人：　(签名)

85mm×210mm (一般用纸 120g/m²)

填寫所攜帶入境的物品內容，有中文版(簡體字)，同行家屬可以共同填寫一張，申報內容不實，一經查獲會加重處罰。請勿攜帶槍砲刀械、放射性物質、走私貨品或毒物等違法物品入境，須檢疫物品請主動向海關人員申報，避免觸犯法律；一般物品可免稅的攜帶範圍(未滿19歲者不允許菸酒免稅)：

❶酒類1瓶(容量在1L以下、且價值未超過400美元)
❷香菸200支
❸香水60ml
❹總價值在600美元以下的個人用品和禮品(農林畜水產品和中藥材除外)

海關申報單有新版，填寫資料與舊版差不多，新舊版本皆可使用。

＊從2023年5月1日起，入境韓國時，沒有攜帶須申報的物品，可免填海關申報單。若有攜帶須申報的物品，還是要填寫該單據。

處即可。機場範圍不大，只需稍加留意登機時間和登機門，餐飲和免稅店不多，建議先在市區購買，出境管制區裡有CU便利商店，推薦可在此最後採購伴手禮。

機場聯外交通

金海機場的1樓大廳外，有機場巴士、公車和電鐵可前往釜山各區或其他城市，因為距離釜山市區不遠，亦可選擇搭計程車前往。

目前金海機場的市區利木津巴士，**僅恢復海雲臺路線，釜山火車站方向路線恢復時間無法得知。**

■金海機場1樓巴士／公車路線資訊

站牌編號	巴士名稱	前往地區	車資付費方式
Bus 4、5	利木津市外巴士(리무진 시외버스)	釜山以外的其他城市	■上車投現(車上可找零) ■市外巴士路線可於站牌旁邊的售票室先購買車票
Bus 3	利木津市內巴士(리무진 시내버스)	釜山市區	
Bus 2	座席公車(좌석버스)	釜山市區、西釜山(沙上)、金海	■上車投現(車上可找零) ■可用交通卡(P.94)

Bus 4、5：利木津市外巴士(리무진시외버스)：前往東大邱、慶州、浦項、蔚山、龜尾、大田；以及昌原、馬山、鎮海、巨濟、統營、固城、光州、晉州、長有。部分路線班次較少，可以先到釜山市區的巴士站後再換車，或上金海機場的網站查詢詳細的班次時刻。

Bus 3：利木津市內巴士(리무진시내버스)：前往釜山市區的機場巴士，建議先上金海機場網站查詢班次時刻。／**海雲臺線：**停靠站主要為海雲臺周邊的飯店和部分地鐵2號線車站，約每60分鐘一班車。／**釜山站線：**往釜山火車站方向行駛，經南浦洞到忠武洞站，之後開回機場，約每40分鐘一班車。

Bus 2：座席公車(좌석버스)：前往釜山的市內公車，目前僅有往機場附近的11和13號公車、往海雲臺方向的307號公車，和往加德島方向的急行1009號公車，此外另有前往西釜山(沙上巴士站)和金海(市外巴士站)的班車。

■利木津市內巴士資訊

路線方向	釜山火車站(부산역)		海雲臺(해운대)	
	往市區方向	往機場方向	往市區方向	往機場方向
頭末班車(註)	06:55～21:35	05:20～19:30	06:55～21:15	循環路線，依市區交通情況而定
班車間距	約每40分鐘一班車(每天23班)		約每60分鐘一班車(每天26班)	
車資(大人)	6,000₩		10,000₩	

註：為國際線的出發時間，國內線晚5分鐘；原海雲臺方向的2條路線，合併為1條行駛。

■機場←→市區的利木津市內巴士行車資訊

路線方向	釜山火車站(부산역)						海雲臺(해운대)	
停靠站	西面(서면)⇆釜山火車站(부산역)⇆南浦洞(남포동)						海雲臺(해운대)周邊	
方向	往市區	往機場	往市區	往機場	往市區	往機場	往市區	往機場
上下車位置	樂天飯店前公車專用道	樂天飯店對向路邊	釜山火車站對面下車，地鐵113釜山站3號出口前	地鐵113釜山站4號出口前	近南浦洞BIFF廣場外的馬路邊	札嘎其魚市場側，往市區下車站牌的斜對面	大多為觀光大飯店的門口	
行車時間(無塞車的狀況)	約30分鐘		約45分鐘		約55分鐘		約1小時	

＊以上資訊若有異動，依當地最新公布為準，前往時請務必再次確認。　＊製表：Helena(海蓮娜)

■機場巴士和公車

國際線和國內線的1樓戶外各有3個站牌，分別為機場巴士、市外巴士和市內公車的搭乘處，站牌的排列方式大致相同，班車經由國際線航廈、國內線航廈，後開往釜山市區或其他城市，因此國際線的發車時間會比國內線早約5分鐘。

■電鐵／地鐵

釜山金海輕軌電鐵，設有機場停靠站，和釜山地鐵結合，讓金海機場和釜山市區間的交通更為多元便利，但釜山地鐵的1、2號線手扶梯和電梯偏少，若攜帶的行李較多，建議多加考慮是否搭乘，釜山地鐵和電鐵的介紹請參考P.92。

■計程車

走出機場大廳後，過馬路到對面就會看到計程車排班處，有可4人以上搭乘的大型計程車，相關計程車介紹請參考P.26。

金海機場往市區的巴士站牌

釜山市區往金海機場的機場巴士站牌

■搭電鐵+地鐵來往金海機場

釜山市區	時間(註)	車資(單程票／交通卡)
海雲臺	78分鐘	3,150₩／2,150₩
廣安	52分鐘	3,150₩／2,150₩
東萊	44分鐘	3,150₩／2,150₩
南浦洞	54分鐘	3,150₩／2,150₩
釜山站	50分鐘	3,150₩／2,150₩
西面	32分鐘	2,950₩／1,950₩
沙上	7分鐘	1,550₩／1,450₩

註：此為釜山交通公社官網提供的資料，因中間轉乘站不同，或等車和個人步行的時間有差異，車程時間也可能會有出入。

■搭計程車來往金海機場(一般銀色)

釜山市區	行車時間	車資
海雲臺	50分鐘	30,300₩
廣安	44分鐘	25,500₩
東萊	32分鐘	20,000₩
南浦洞	35分鐘	18,500₩
釜山站	30分鐘	21,000₩
西面	26分鐘	18,000₩
沙上	16分鐘	11,500₩

＊以上資訊若有異動，依當地最新公布為準，前往時請務必再次確認。
＊製表：Helena(海蓮娜)

購物退稅

在韓停留6個月內的外國遊客，於可退稅商店單日單店或單一專櫃，購買含稅商品3萬韓幣以上(2024年起下修調整為15,000韓幣)，向店家索取退稅單據(有TAX FREE字樣，非一般收據)，購物後3個月內出境，於出境時攜帶「退稅單據」、「購物收據」和「購買的物品」(未拆封、未使用)在海關櫃檯蓋退稅章後，於出境管制區取得退稅款。

目前陸續導入：1.「**市區退稅**」(以信用卡擔保&要到機場補蓋海關章)；2.「**即時退稅**」(直接從結帳金額裡扣除退稅金額)，退稅方式管道更為多元。

若要退稅，消費時要人工結帳，不能使用自助結帳機。

韓國的退稅系統

韓國以藍、橘標退稅為主，另有其他退稅公司，在金海機場可領取退稅現金，特殊情況以信用卡或郵寄退稅(需填寫個人資料、信用卡別&卡號、收件地址等)辦理。

可退韓圜／美元／日圓

金海機場退稅 Step by Step

STEP 1 向店家索取退稅單據

前往購物時建議攜帶護照。

STEP 2 蓋海關退稅章

出境大廳、辦理報到手續的B24號櫃檯旁，在海關申報櫃檯蓋退稅章。

STEP 3 領取退稅款

前往報到櫃檯辦理登機手續、託運行李，進入出境管制區後往右邊，前往退稅服務櫃檯，出示退稅單據和護照領取退稅款。

退稅相關用字

護照資料

護照號碼／Passport No

姓名／Name

國籍／Nationality

居住國家／Country

退稅資料

地址／Home Address

聯絡電話／Telephone

簽名／Customer Signature

日期／Date

退稅方式

現金／Cash Refund

信用卡／Credit Card

銀行支票／Bank Cheque

市內交通

地鐵(지하철)
交通卡(교통카드)

詳見本書釜山地鐵快易通、交通卡的介紹(P.94)。

公車(시내버스)

韓文稱「市內巴士」，就是台灣的公車，分一般和急行(橘色)，外觀有起迄站中文標示(部分小型公車沒有)，車上廣播為韓文，可把下車站名或景點的韓文準備好詢問。

從前門投錢或刷交通卡上車，若要用轉乘優惠(一人一交通卡)，後門下車時要再刷一次交通卡(小型公車單門上下、刷卡機同台)，搭公車可多人共用一張交通卡，刷卡前告知司機人數即可，但無法享有轉乘優惠。

公車上有找錢機，但仍建議使用交通卡，或準備小額(千元以下)紙鈔銅板。

釜山的一般公車（藍色）

釜山的區域公車（綠色）

釜山的急行公車（橘色）

釜山公車管理系統

http bus.busan.go.kr/(韓)

■公車票價

公車種類	車資(單程票／交通卡)	備註
一般公車	1,700₩／1,550₩	行經主要幹道
區域公車	1,200₩／1,130₩	行駛區域範圍較小或地勢較高的地區
急行公車 座位公車	2,200₩／2,100₩	座位較多或行駛路線較長，停靠的站較少
深夜公車	2,600₩／2,500₩	夜間行駛

＊釜山區域小公車的票價，各區略有不同。
＊以上資訊若有異動，依當地最新公布為準，前往時請務必再次確認。
＊製表：Helena(海蓮娜)

| 玩 | 家 | 筆 | 記 |

搭乘市內公車時要注意

■限制隨身行李的重量和大小，每件行李須在20公斤以內，尺寸小於50x40x20公分，依照一般常見的行李箱尺寸，僅有登機箱可於搭乘時攜帶上車。

■以單次使用容器裝盛的飲料和食物，搭乘時禁止攜帶上車。

計程車(택시)

一般計程車(銀色、白色，車費較低)起跳4,800₩／2km(夜間00:00～04:00加成20%)，模範計程車(黑色，車費較高)起跳7,500₩／3km(無夜間加成)，若有相關過路費由乘客負擔，另有可提供翻譯服務(中、英、日、俄)或是可乘坐5～10人的大型計程車。

一般和模範計程車可在路邊或定點排班處搭乘，大型計程車可請住處櫃檯協助叫車，遇到拉客、拒載、超收費用等情況，請記下車號和時間，與觀光案內所或1330觀光服務專線連絡。

韓國的一般銀色計程車

觀光巴士(시티투어)

有循環紅、藍、綠、黃色，需要預約的夜景行程，涵蓋釜山多處景點，以各種語言提供景點介紹，部分景點商家持車票有優惠，是能快速瀏覽釜山的選擇。各路線大人15,000₩、小孩8,000₩，每週一、二公休，雖然法定假日會照常營運，但搭乘人數也會較多，建議平日搭乘為佳。

■循環路線

可以在紅、綠、黃色路線任一站搭車，當日首次搭乘時直接向駕駛購買一日票(現金、刷卡皆可)，而且可不限次數換乘各循環路線班次，相關班次資訊、停靠站點可參考官網說明。

■藍色路線

基本票價也可以搭藍色路線，但若是紅、綠、黃路線＋藍色路線混搭，須加大人5,000₩、小孩3,000₩。

■夜景路線

以雙層巴士運行於各知名夜景景點，需事先以網路或電話預約。

循環、夜景路線

http www.citytourbusan.com(韓、英)

觀光巴士的露天雙層巴士

聯外交通

釜山擁有四通八達的交通網，除了台灣每天都有直航航班之外，從韓國其他城市也有車次密集、價格多樣的各種交通工具來往釜山。(疫情後情況可能會有不同)

巴士 (버스)

分高速、市外巴士，通常前者為直達車、座位較寬(每排3座)，後者為非直達車或直達短程、座位一般(每排4座)，每班車座位相同，但有可能座位數不同的班車交互行駛。車程超過2～3小時的路線，會在休息區停靠15分鐘，可上廁所、購買食物。高速巴士為全國連線，可跨站提早購買來回票，市外巴士則為各站獨立營運、單獨售票，巴士班次查詢相關可參考P.28、P.29。

■釜山綜合巴士站(부산종합버스터미널)

一般多稱為「釜山老圃」(부산노포)，和地鐵134老圃站3號出口連接，分為高速、市外巴士，可來往首爾、慶州、安東、大邱等地。

釜山綜合巴士站

從連接地鐵站的入口進去，右邊是售票處，正前方樓梯下去是搭乘處。面對售票窗口，右邊是高速巴士售票處，左邊是市外巴士售票處。

MAP 封底裡

高速巴士

http www.bxt.co.kr (韓、英)

市外巴士

http www.dbterminal.co.kr (韓)

■西部市外巴士站(서부시외버스터미널)

一般大多稱為「釜山沙上」(부산사상)，和地鐵227沙上站5號出口旁的百貨商場通道連接，或是從5號出口出去，左轉直走約2分鐘亦可到達。

以市外巴士為主，可前往慶州、鎮海、統營等地，從正門進去面對售票窗口，最左邊為高速巴士售票處，右邊為市外巴士售票處，2樓為美食街，周邊是旅館聚集地。

MAP P.45

http www.busantr.com(韓)

西部市外巴士站

■海雲臺市外巴士站(해운대시외버스정류소)

從地鐵203海雲臺站2號出口直走約3分鐘路口左轉，直走一下的空地，售票處在左邊小房子裡，雖然距離市中心較遠，行駛路線也較少，但若要從海雲臺附近出發前往慶州、東大邱、統營、昌原、蔚山等地，建議可從這裡出發，減少前往其他巴士站的市內交通時間。

MAP P.196 / B1

海雲臺市外巴士站

■東萊市外巴士停靠站(동래시외버스정류소)

地鐵125/402東萊站1號出口出來過馬路後，右轉直走約1分鐘的巷口過到對面後左轉，再直走約2分鐘可到，此為部分市外巴士路線在東萊地區的停靠站，有來往鎮海、馬山等地的班車，但一般外國遊客較少利用到此站。

MAP P.173 / A2

東萊市外巴士停靠站

釜山→東大邱的高速巴士車票

旅遊小祕方！

豪華巴士「프리미엄」(premium)

韓國近年新增的巴士車型，每排為類似飛機商務艙的2+1座位，整體空間寬敞，躺下(含抬腿)幅度極大，在不影響後座乘客的情況下，可以全程躺著睡往目的地。每個座位之間都有遮擋拉簾，以及個人的USB充電插座、折疊小桌子和電視螢幕(耳機需自備)，大為提升乘車舒適度。

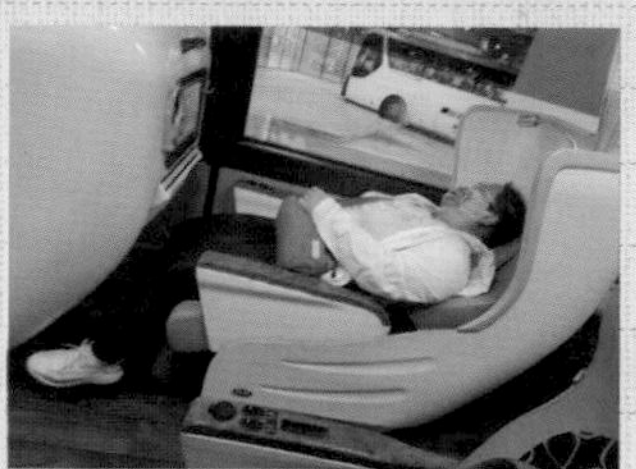

旅遊小祕方！

網路查詢「巴士」班次資訊解析介紹

高速巴士為全國聯營，有網站可查詢班次資訊，但目前一般外國遊客無法網購車票。市外巴士為各站獨立營運，近年陸續整合資料，有兩個網站可查詢班次資訊，建議兩者都查、交互確認，並且到當地後再次向車站確認為佳。

韓國的網站，只要跟「地名」有關的部分，下拉選單多是用相同的區分方式，將「特別市」、「廣域市」、各「道」分級列出來，其他城市再從「道」來選擇：

特別市：首爾、世宗

廣域市：釜山、大邱、大田、蔚山、光州、仁川

「道」級區域&市、郡(僅列舉部分)：

慶尚南道：昌原、馬山、鎮海／**慶尚北道：**慶州、安東、浦項

全羅南道：木浦、順天、麗水／**全羅北道：**全州、井邑、南原

忠清南道：天安、公州、扶餘／**忠清北道：**清州、忠州、永同

京畿道：水原、龍仁、加平

江原道：江陵、束草、平昌

濟州道：濟州市、西歸浦

全國高速巴士 http www.kobus.co.kr (韓、中、英、日)
市外巴士查詢「BusTago」 http www.bustago.or.kr (韓、中、英、日)
市外巴士查詢「T-money」 http txbus.t-money.co.kr (韓、中、英、日)

|玩|家|筆|記|

釜山來往其他城市的交通相關說明

韓國部分網站因「實名制」規定，須有韓國手機號碼認證才能預購票券，短期旅遊的外國遊客需至車站現場購票。但除了部分節假日或特殊情況路線，大多提早現場買票即可，或只要在網站上能查到班次，就可以到車站窗口預購車票。(查巴士班次可參考左頁「旅遊小祕方」)

■疫情後的巴士相關調整

目前搭乘韓國的長途巴士，雖然已解除全程配戴口罩的規定，但依照不同巴士公司的規定，亦有可能不開放車內飲食，相關規定或許滾動式調整，建議搭車之前再做確認。

■慶州⟷釜山 (慶州旅遊黃頁簿P.268)

原慶州、佛國寺火車站廢站，需從較遠的新慶州站、西慶州站上下車，慶州的兩個巴士站離主要觀光區較近，建議搭巴士來往。

慶州的高速、市外巴士站，位置相近就在轉角隔壁，來往釜山的班次很多，尤其是釜山老圃，白天約每20～30分鐘就有車，建議選擇釜山住宿點方便來往的巴士站。慶州來往釜山各巴士站，車費約5,700₩起，22:00後另有深夜票價，車程老圃、沙上約60分鐘，海雲臺約90分鐘，金海機場約70分鐘。

除了特殊節假日，這條路線需要注意：

1. 深夜22:00後班次較少，建議事先購票。
2. 本地人的通勤路線，特別是週五下午後的釜山→慶州，和週日午後慶州→釜山，常有較多人潮，建議避開或提早購票。

■大邱⟷釜山

大邱市的「東大邱」站，鐵路、巴士、市區地鐵大致都在一起，來往交通非常方便，並且大邱來往釜山的各交通方式，票價和車程差異不大。此外，釜山的巴士站，離主要觀光區也是有點距離，因此不會最推薦搭巴士，而是也可以從釜山、釜田火車站來往(火車／高鐵相關介紹請參考下頁)。

此外，離大邱東城路商圈較近、可步行來往的「大邱」火車站，亦有少數來往釜山的車次。其他路線，釜山海雲臺有來往東大邱的市外巴士，釜山沙上有來往大邱西部巴士站的市外巴士。

依照所選交通工具和班次不同，巴士車費約7,200₩起、車程約70～90分鐘，高鐵車費約12,000₩起、車程約40～70分鐘。

■大邱⟷本書介紹各城市

無論是火車／高鐵(下頁)或巴士，對外國遊客最方便的，大多是以「東大邱」為主，少數可參考「大邱」站的火車班次，或是可透過便捷的高鐵，來往馬山(轉鎮海)賞櫻花，井邑內藏山賞楓葉，走訪韓國最大的全州韓屋村。

火車、高鐵
(기차、고속철도)

火車最常見的是無窮花號，高鐵則是有「KTX」、「SRT」(座位較寬、票價較低)兩個系統，除SRT的車次，其他各級列車的班次資訊、預購車票，皆可透過鐵道公社的中文版網頁、手機APP查詢處理。SRT系統另有獨立網站，但網路購票需要有韓國的手機號碼。搭乘韓國火車，入、出站時不驗票，但若未購票就乘車，補票時須加收50%票價。

釜山主要火車站是釜山、釜田和新海雲臺站，來往各地的火車班次，可參考下頁，在鐵路公社的網站查詢。釜山亦有其他火車站如下：

1. 龜浦站(구포역)：高鐵和火車的共用站，從地鐵314龜浦站步行約2分鐘可到，若從金海機場入境要直接前往其他城市，可來此站搭車。
2. 電鐵共用站：釜田、新海雲臺、Centum、機張為火車和東海線電鐵的共用站。

火車、高鐵訂票網頁

http www.letskorail.com(韓、中、英、日)

韓國鐵道公社

http info.korail.com(韓、英)

SRT高速鐵路

http etk.srail.kr(韓、中、英、日)

■釜山火車站(부산역)

釜山最大的火車站，是高鐵和火車的共用站，高鐵來往首爾、東大邱和新慶州等站，火車主要是以來往首爾方向為主。從車站外中間的手扶梯上去後直走，右邊是售票窗口，左前方大廳有觀光案內所，車站裡的中文標示清楚，站內有保管箱和各式餐廳、商店，周邊是餐廳、飯店和旅館的聚集地。(地鐵113釜山站和釜山火車站之間的連通道已完工，可通過地下街直接來往，無需走到戶外廣場上)

MAP P.140 / D3

■釜田火車站(부전역)

釜山來往機張、新慶州、安東和順天等地的火車停靠站，從車站外的手扶梯上去後，走過長廊的左邊為售票窗口、候車室，車站規模較小，站內只有3家商店。(地鐵120釜田站1號出口出來直走約5分鐘可到)

MAP P.154 / D1

■新海雲臺火車站(신해운대역)

釜山來往新慶州、安東和順天等地的火車停靠站，進到車站內左前方為售票窗口，站內外無商店，距離地鐵站稍遠，需搭公車❶或計程車❷來往，也可以轉搭東海線電鐵(與東海線電鐵K120新海雲臺站共用車站)。

MAP 封底裡

新海雲臺火車站

❶ **1.** 本站1號出口外，搭139號公車，有分不同方向行駛，請務必和駕駛確認，是要往海雲臺海水浴場(해운대해수욕장)。**2.** 車站外觀是寫「海雲臺」站，但於網路訂位時，要以「新海雲臺」(신해운대)查詢。

❷ 從地鐵203海雲臺站、201萇山站，搭139號公車、海雲臺(해운대)8號區域公車可到，行車時間約10～20分鐘。從海雲臺海水浴場周邊搭計程車來往，車程約10分鐘、車費約6,000₩。

釜山火車站

釜田火車站

網路查詢、預訂火車高鐵票步驟 Step by Step

確定行程後，於搭乘日期前的1個月開始，可在網路預訂車票；若操作過程中頁面跳成英文版，於右上角重新選擇語言，即可切回中文介面。

STEP 1 選擇中文介面

進入韓國鐵道公社的訂票網站www.letskorail.com，點右上角「LANGUAGE」，可切換中、英、日文等介面，這裡以中文版、「首爾→釜山」來介紹。

切換至中文介面後，點選左上「**車票**」→「**車票預訂**」。

STEP 2 查詢班次

點選要搭乘的班次資料，之後按網頁下方「**查詢**」：

列車分類：一般列車車票請選「通常」

列車種類：建議選擇「直通」即可，無需中間換乘

出發時間：可預訂1個月內的車票

出發、到達：Seoul(首爾)、Busan(釜山)，點右邊放大鏡圖案，會跳出可選其他車站的視窗(有中文站名)

列車：首爾往釜山的列車車種，KTX(高鐵)、新村號(Saemaeul)、無窮花號(Mugunghwa)

乘客：選擇Adult(大人)、Child(兒童)的搭乘人數

车票预订

确认日程后，可以提前1个月购票

行程区分	◉通常 ○快乐铁路通票 ○DMZ-train
行程线路（直达/换乘）	◉直通 ○换乘
出发日	年度 2018 月 9 日 28 时间 0 Fri
出发/达到	Seoul - Busan
列车种类	All
乘客类型与人数	成人 1 (满13周岁) 儿童 (4周岁至12周岁)

查询 >

STEP 3 選擇車廂種類

選擇車廂種類，點對應班次的「選擇」，藍色字為有剩餘座位，灰色字為已售完；點最右邊FARE放大鏡圖案，可看票價資訊，按網頁下方「**NEXT**」可查看其他班次時間。

First class：豪華車廂

Economy class：普通車廂

- 若想查询各站到达时刻，请点击车次。
- 若想查询票价金额，请点击"放大"键。

KTX　ITX-新村號　新村號　無窮花號　通勤　Nuriro号　ITX-青春

列车种类	列车号	列车	出发站	到达站	出发时间	到达时间	First class	Economy class	FARE
直接	103	KTX	Seoul	Busan	05:30	08:17	选择	选择	
直接	1201	Mugunghwa	Seoul	Busan	05:56	11:29	-	选择	
直接	201	KTX	Seoul	Busan	06:05	08:54	选择	选择	
直接	1001	ITX Saemaul	Seoul	Busan	06:16	10:55	-	选择	
直接	107	KTX	Seoul	Busan	06:35	09:16	选择	选择	
直接	1203	Mugunghwa	Seoul	Busan	06:38	12:02	-	选择	
直接	109	KTX	Seoul	Busan	07:00	09:40	选择	选择	
直接	1205	Mugunghwa	Seoul	Busan	07:10	12:36	-	选择	

NEXT >

STEP 4 填寫個人資料

以實際取票人的護照資料為準，姓名欄位填護照上的英文姓名，之後勾選右下角同意，再按網頁下方「**NEXT**」。

车票预订

- 请在相应空格中输入您的姓名与邮箱地址。
  注意）如果您输入的姓名与护照号等个人信息有误，车票可能无法改签。
- 您输入的信息保存后将无法修改，请确认您输入的个人信息是否有误。
- 请点击"下一步"，进入下一操作。下一步

姓名	名字　姓
性别	◉男 ○女
护照号	
国籍	选择
电子邮箱	

— 个人信息收集内容

1. 为提供车票订购与顾客咨询等服务，韩国铁道公社在最小范围内收集以下个人信息：
○ 收集内容：姓名、联系方式、邮箱地址、护照号码
○ 收集目的：为处理订票资料与顾客投诉等事宜，确认身份信息
2. 若使用我们的服务，将自动生成与收集以下信息：
○ IP地址、cookies、服务记录、网页浏览历史记录等

我同意韩国铁道公社的《旅客运送协议》与《个人信息政策》。☐

NEXT >　**要勾選**

STEP 5 確認資料

確認個人資料、列車班次時間和價格，選擇信用卡別、填入卡號和有效期限，按網頁下方「**NEXT**」。

姓名
性別 女
护照号
国籍 TAIWAN
电子邮箱

— 行程

列车号	列车种类	出发日期(月/日)	出发	到站	人员数
101	KTX	9/28	Seoul [05:15]	Busan [07:51]	1

— 车票详细信息

座位号	车箱号	乘客类型	票价
		adult	

总票价： KRW

— 车票付款信息

外国银行卡
韩国银行卡 [个人 企业]

银行卡号
有效日期 9 月 2018 年度

NEXT >

STEP 6 刷卡成功、列印車票

刷卡成功、付款完畢後，可將頁面截圖存在手機裡，依規定要去火車站的售票窗口，列印出實體票才能搭車。

| 玩 | 家 | 筆 | 記 |

購票、退票實用資訊

■**請務必先購票、再上車：**為防止逃票，搭乘韓國火車和高鐵時，若無票上車，於列車上補票時，需加收原票價的50%。

■**退票相關手續費：**搭車當日之前取消不收費，當日～1小時前收400₩，前1小時內收票價的10%，若超過搭車時間才取消或未取票，則手續費為票價的15%。

■**現場購票實用韓文：**

座位方向：順向(순방향)、逆向(역방향)

座位位置：靠窗戶(창쪽)、靠走道(통로쪽)

取消、補印預訂單步驟 Step by Step

STEP 1 進入訂票網站

進入韓國鐵路公社的訂票網站，切換至中文介面，點選左上「**車票**」→「**我的訂單**」。

STEP 2 填入相關個人資料

填入相關個人資料(參考訂票Step5)，之後按下方「**查詢**」。

STEP 3 取消或補印

點選要補印預訂單或退訂的班次，按「打印」補印預訂單或按「取消」；若是取消訂票，跳下一頁後再按一次「Cancel」即可完成取消。

KR PASS鐵路通票(KORAIL通票、外國遊客專用)

這是外國旅客專用的火車通票，從2017年8月1日起改版新制度、簡化購票流程，使用上更為便利。外國旅客可於指定期間無限次數搭乘由韓國鐵道公社經營的火車和高鐵(指定席位每人每天限2張)，乘車前可直接於網站購票，購票後30天內需指定使用日，並可在實際搭乘日30天前線上劃位，首次使用日前可更改日期一次，取消購票需支付手續費(已劃位或逾期不能取消)，其他詳細資訊可參考官網。

http www.letskorail.com(多國語言)，右上角切換中文頁面→KORAIL通票→可查詢價格、詳細使用規範和線上預訂(不適用於SRT、電鐵、觀光列車)

■釜山⟷首爾的交通工具

來往地區	所需時間	費用(一般座位)
飛機	1小時	59,000～83,900₩
高鐵	2.5～3.5小時	48,800～59,800₩
高速、市外巴士	4.5～5.5小時	23,000～34,200₩
火車	5～5.5小時	28,600～42,600₩

玩韓國實用APP

除了此處介紹的APP外，用手機搜尋「韓國 地鐵」，亦可找到其他中文的旅遊APP，例如：「韓巢」的韓國地圖、地鐵圖，缺點是無法即時定位、導航路徑，但仍可參考相關旅遊資訊。

Naver Map

韓國最大入口網站Naver的電子地圖，外語介面有簡中版，雖然有時地名翻譯略顯奇怪，或是中英夾雜，但大致上可以了解意思。可使用景點店家的電話來搜尋定位，並放進「收藏夾」內，到韓國時就能立刻線上定位、導航路徑。

Kakao T

只有韓文介面，清楚的圖示可搭配kakao Map使用，或直接用電話搜尋定位，還可追蹤行車路徑，遊客沒有韓國的手機號碼／信用卡也沒關係，還是可以利用手機APP叫車，車費依照跳錶計算，可在車上選擇付現或刷實體信用卡。

翻譯軟體Papago

韓國最大入口網站Naver推出的翻譯軟體，有電腦版和手機APP版，可以使用輸入文字和拍照、上傳圖片等方式翻譯，不只是韓文⟷中文，也可以其他語言相互翻譯，雖然不能說百分之百準確，或偶爾還是會有爆笑翻譯，但韓文⟷中文的精準度頗高，現在很多韓國人出國旅遊，也都是使用Papago來翻譯。另有附語音的「全球會話」單元，平常還可以用來學習韓文。

kakao Map

kakao是韓國最大的即時通訊網，與第二大的入口網站Daum合併後所推出的電子地圖，雖然目前的外語介面僅有英文版，對中文語系的遊客來說較不方便，但若要以同一家系統的Kakao T線上呼叫計程車，使用kakao Map查詢後，再複製地名設定目的地，較為方便。

Uber

直接使用台灣同個APP，在韓國開啟為中文介面，但地圖會跳成韓文版，下車時以原本綁定的信用卡線上付款。缺點是不支援韓國電話號碼搜尋，雖然部分地點可用中文查找，但跳出資料還是韓文，部分地區配合車輛較少，且可能有駕駛因不熟悉Uber系統，下車時要跟乘客另外收費的情況。

日常生活資訊

釜山廣域市
http www.busan.go.kr(多國語言)

釜山文化觀光
http tour.busan.go.kr(多國語言)

釜山觀光公社
http bto.or.kr(多國語言)

韓國觀光公社
http www.visitkorea.or.kr(多國語言)

釜山簡史、地理位置

釜山廣域市，簡稱「釜山」、舊稱「東萊」，是韓國第二大城市，也是南部最主要的海空港口，位於朝鮮半島東南端，東和南面與大海相接，韓國最長的河流——洛東江流經西部地區，在乙淑島的附近注入大韓海峽(南海)，有15區1郡，面積占全韓國約0.8%。

釜山在1876年開港後迅速發展，1905年連接首爾、釜山的火車京釜線通車，釜山港腹地擴及全韓國，港口吞吐量也逐年擴大，韓戰(西元1950～1953年)時為臨時首都，1963年升格直轄市，1995年擴大市區範圍並升格廣域市。釜山擁有豐富歷史背景和重要地理位置，是韓國經濟的引航燈塔，也成為韓國近代發展的歷程中，重要且不可抹滅的關鍵。

釜山近代歷史館

面積、人口、語言、宗教

釜山面積約769.8平方公里，人口約360萬人，居民大多信仰佛教、天主教、基督教，語言以韓語和慶尚道方言為主，亦可使用簡單英日語或肢體語言表達溝通。

天氣服裝、賞櫻賞楓

釜山為四季分明的副熱帶季風氣候，受到海洋影響，相較於首爾，夏季稍涼爽、冬季較暖和，雨季為6～7月，年中氣溫零下約53天，沒想像中的冷。釜山早晚溫差偏大，冬季尤其明顯，天冷時室內外溫度亦差距過大，建議洋蔥式層次穿衣法，方便穿脫並有較好的保暖功效，春秋兩季也建議攜帶薄外套備用。韓國氣候乾

韓國全圖

＊五松站(오송역)：位於忠清北道，是韓國高鐵和火車站，東、西兩邊的重要轉乘點，若要從東部釜山、大邱，來往西部的城市景點，可於五松站換車前往。

燥，雖然釜山因靠海而較為和緩，但仍需多喝水和肌膚保溼，夏天須注意防曬，且因為是雨季，建議隨身攜帶雨具備用。釜山櫻花楓葉的時間，櫻花約每年4月初開花，楓葉從10月底到11月初陸續變紅。

韓國氣象廳
http web.kma.go.kr/chn

WEATHER UNDERGROUND
未來一週氣象、日出日落時間查詢
http www.wunderground.com
輸入「Busan」查詢

Google搜尋
Google首頁輸入「釜山天氣」，即可查詢相關資訊。
http www.google.com

時差、營業時間

韓國比台灣快1小時。公家單位上班時間09:00～18:00。營業時間：銀行週一～五09:30～15:30，商場店面以中午開始到22:00之間為主。

電壓

韓國電壓220伏特(V)，直徑4.7公釐圓柱形插座，可自動變壓100V～240V的電器和3C產品，有轉換插頭即可使用；轉換插頭建議自備為佳，台灣的大賣場、網拍通路和五金行等有販售。

轉換插頭 (멀티 플러그 아답터)

■釜山平均氣溫(單位：°C)

月分	1月	2月	3月	4月	5月	6月
最高均溫	7.6	10.4	14.4	19.2	23.7	25.3
最低均溫	-0.3	1.3	6.3	11.9	15.7	19.5
月分	**7月**	**8月**	**9月**	**10月**	**11月**	**12月**
最高均溫	28.5	31.8	26.3	22.3	16.4	12.1
最低均溫	23.0	24.6	20.7	16.1	8.3	3.2

■日出日落時刻表

以釜山中區、每月15日為大略基準，時間可能略有差異，建議可使用天氣網站查詢。

日期	日出	日落	日期	日出	日落
1／15	07:32	17:35	7／15	05:21	19:38
2／15	07:10	18:06	8／15	05:44	19:12
3／15	06:35	18:31	9／15	06:07	18:31
4／15	05:52	18:56	10／15	06:30	17:49
5／15	05:20	19:21	11／15	06:58	17:18
6／15	05:09	19:40	12／15	07:25	17:13

＊以上資訊若有異動，依當地最新公布為準，前往時請務必再次確認。
＊製表：Helena(海蓮娜)

貨幣

貨幣單位韓圜(₩)，紙鈔有5萬、1萬、5千和1千，常用硬幣有500、100、50和10等4種，本書所有金額除另有說明外，皆以韓圜(₩)為單位。

提領現金

在貼有跨國提款標誌的提款機，可使用台灣的金融卡提領韓幣，韓國提款機是使用磁條功能，出國前請先聯絡發卡銀行，確認是否開通跨國提款、取得4位數磁條密碼和了解相關手續費。

在釜山兌換韓幣

韓國以刷卡消費為主，其實匯率也不錯，或是有些信用卡還有海外回饋，但部分商家只能付現金，或是刷卡和付現不同價，並且韓國有部分刷卡機，不收特定卡別的海外卡，因此除了信用卡至少要VISA、Master各帶一張，兌換韓幣現金還是有其必要性。

如果原本就有美金，拿到韓國兌換韓幣，匯率是相對不錯，但不用刻意在台灣先換美金，也可以帶台幣到韓國兌換韓幣，少換匯一次就減少損失匯差。若不是常跑韓國，建議分次小額兌換，避免離開韓國前還有一堆韓幣花不完。

■釜山換錢所主要分佈

匯率是浮動的，每天、每時都有可能不同。此處介紹的換錢所，為網路上討論熱度較高的店家，但無法保證其匯率最好，亦可參考周邊其他業者之報價。

■南浦洞

地鐵南浦站、札嘎其站有很多換錢所。南浦站7號出口出來，右斜前方的路口直走約2分鐘的右邊巷口，可到網路上討論度頗高的友利換錢所，營業時間以08:00多～19:00為主，但提早或延後都有可能，建議09:00～18:00為佳。

南浦站友利換錢所(P.113 / F3)

■西面

地鐵西面站7號出口直走約3分鐘，西面市場的小弄口左轉走一下下，可到網路討論度頗高的那英換錢所，營業時間大約是09:00～20:00，但建議不要壓時間線。

西面市場那英換錢所(P.154 / D4)

■海雲臺

地鐵海雲臺站3號出口直走約6分鐘的商場裡，老闆有時候會臨時不在，但自助換錢機和櫃檯的匯率一樣，亦可利用(機台可能不是每天24小時都有開)。

海雲臺MONEY BOX (P.196 / C3)

■釜山火車站

釜山火車站對面的上海門裡有幾家換錢所，匯率普遍來說有些抱歉，但現在有WOW Exchange換錢機，設在火車站1號出入口旁的東橫inn商務旅館，不是房客也能使用，或是有新開連鎖的MONEY BOX換錢所，匯率相對來說就漂亮許多。

釜山站對面巷弄裡的MONEY BOX換錢所(P.140 / D2)

| 玩 | 家 | 筆 | 記 |

確認無誤後再離開

依照相關規定，換錢所可要求確認換錢人的身分，因此前往換錢所時，請攜帶護照備用。另請切記，務必在櫃檯前就當場清點所兌換的金額，確認無誤後再離開。

釜山現有換錢機

■WOW Exchange

各機台的匯率可能不同，但大多優於同時間的其他換錢機，可使用多種外幣兌換韓幣現金(需刷護照)。亦可以直接存在結合T-money交通卡的「WOWPASS」卡裡(匯率更好)，只有機台辦卡(4,000₩)需刷護照，日後換錢刷「WOW PASS」卡即可。

該卡可在韓國多數商家刷卡消費、搭乘交通工具，亦可提領韓幣現金(單次10萬韓幣內、手續費1,000₩)，專屬APP可查卡片餘額，若手機有NFC感應功能，亦可透過APP查詢韓國多數交通卡的餘額。每本護照只能辦一張卡，且須留意有6年使用效期，外幣兌換存卡餘額要在100萬₩以下，且交通卡需另外加值，無法用存卡餘額轉換。

http www.wowexchange.net (韓、中、英、日)

釜山火車站旁、東橫inn商務旅館1樓的WOW Exchange(P.140 / D3)

釜山機台現況

「WOW」機器目前數量很少，但釜山火車站旁、東橫inn商務旅館1樓的機台，不是房客也能入內使用，可解決釜山站周邊換錢所匯率不佳的問題。

■MONEY BOX

各店匯率可能不同，店門口有換錢機，目前無結合卡片，可多種外幣←→韓幣雙向兌換，窗口和換錢機的匯率大致相同。雖然匯率可能較其他換錢所略差一點，但仍是優於銀行兌換，每次換錢皆需刷護照資料頁後才能進行。

http 各分店不同網站，可在韓國電子地圖輸入「moneybox」搜尋

金海機場電鐵站內的MONEY BOX(P.21右下)

釜山機台現況

「MONEY BOX」陸續增加中，對遊客來說相對便利，但須留意，並非所有機台每天都有24小時開放，若需在特殊早、晚時段換錢，建議需有備案為佳。

■NAMANE卡

可於APP設計專屬卡面圖案，結合「Rail+」交通卡系統，可使用韓幣現金、信用卡儲值，在各店家餐廳刷卡消費、搭程大眾交通，卡內分為「支付餘額」和「交通餘額」，可以分開加值，也能互相轉換金額，每人在APP系統裡可綁4張卡。

兩種餘額可在機台或APP加值，最高各50萬₩，亦能使用APP線上查餘額，但須留意以信用卡加值時，每次手續費機台3%、線上6%，且無法透過機台提領韓幣現金，需等最終餘額使用率超過60%才能申請退款，處理時間為7個工作日，餘額超過2萬₩需手續費7,000₩。

目前釜山的地鐵站無法加值NAMANE交通餘額。

http www.namanecard.com (韓、中、英、日)

釜山火車站內的NAMANE機台(P.140 / D3)

釜山機台現況

「NAMANE」目前數量很少，釜山火車站2樓售票窗口旁的機台，只要火車站有開放，隨時都可入內使用。

消費方式

韓國多數店家可使用信用卡，部分規模較小的商家攤販除外，或是刷卡需外加手續費(수수료)。

治安

釜山治安大致良好，但深夜在外仍有風險，需隨時注意隨身物品和自身安全。

旅遊小秘方！

購物索取收據

在韓國的商店消費，店家會用機器列印感熱紙的收據給消費者，部分店家會省略，若有報帳、記帳等需求，可以向店家索取。

請給我收據／영수증 주세요.

廁所(화장실)

釜山的地下街，和地鐵、火車、巴士車站，以及百貨公司等都可容易找到廁所，部分公廁並非每個馬桶旁都有衛生紙，而是在入口處附近集中設置，「來匆匆」之前，記得先看一下有無衛生紙喔！

釜山物價

在韓國購物，韓系美妝品和服飾類會較便宜，餐飲價格比台灣高，以正餐來說，建議每餐基本預算至少10,000₩(約230～270元新台幣)。

- 瓶裝水、茶飲1,000～2,000₩
- 辣炒年糕4,000₩
- 便利商店便當4,500～5,500₩
- 各式咖啡3,500～7,500₩
- 速食店套餐5,500～7,500₩
- 韓式炸雞18,000₩
- 杯裝泡麵1,000～2,000₩
- 香蕉牛奶1,700₩

藥局(약국)

韓國的藥局感覺上和便利商店一樣多，韓國人也習慣在有輕微小病痛時先去藥局買藥來服用，旅遊時若有需要也可以先去詢問藥師喔！

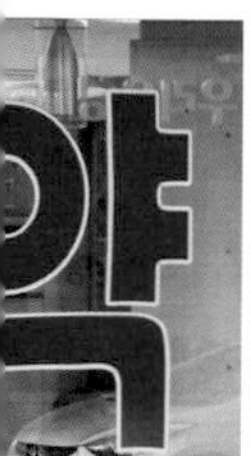

韓國的藥局，外觀都會有「藥」(약)這個字，很容易辨識

藥局實用韓文

發燒	열나다
感冒	감기
咳嗽	기침
頭痛	두통
牙痛	치통
腹瀉	실사
扭到腳	다리를 삐다
肌肉痠痛	근육통
燙傷	화상
頭暈	어지럽다
消化不良	소화불량
胃痛	위통
想吐	구역질
嘔吐	구토
呼吸困難	호흡곤란
藥水	물약
藥膏	연고
止痛藥	진통제
暈車藥	멀미약
眼藥	안약
護腕	손목 보호대
生理食鹽水	생리 식염수
人工淚液	인공 눈물
貼布	파스
口罩	마스크
OK繃	일회용밴드
飯前	식전
飯後	식후
一天3次	하루에 세 번
一天2次	하루에 두 번

觀光案內所(관광안내소)

設置於釜山的部分交通站點和觀光景點，大多有通中、英、日等外語的服務人員，可索取、諮詢旅遊資訊。外觀不盡相同，但都會有圓形「i」的招牌標示。

韓國旅遊專線「1330」

提供24小時旅遊諮詢服務(夜間會轉首爾接聽)，在釜山可直撥，用手機或從釜山以外的地方則撥打「051-1330」，特殊情況亦可聯絡首爾「02-1330」。

釜山的觀光案內所

觀光案內所	位置	電話	時間
釜山外國人服務中心(1330觀光服務電話)	釜山火車站內	(051)1330	09:00～18:00(其餘時間轉接到首爾1330)
金海機場	國際線1樓大廳	(051)973-2800	09:00～18:00
金海機場	國內線1樓大廳	(051)973-4607	08:00～21:00
釜山火車站	釜山火車站正面手扶梯上樓，直走到售票處後左轉	(051)441-6565	09:00～20:00
老圃洞	釜山綜合巴士站大廳內	(051)502-7399	09:00～18:00
釜山觀光案內所	地鐵113釜山站1號出口的中國城內	(051)441-3121	09:00～18:00
昌善觀光案內所	南浦洞光復路中段小圓環的派出所旁	(051)242-8253	09:00～18:00
釜山港國際旅客碼頭	碼頭大廳內	(051)465-3471	08:00～18:30
釜山綜合觀光案內所	地鐵111南浦站2號出口	(051)253-8253	3～10月：09:00～20:00 11～2月：09:00～18:00
海雲臺	海雲臺海水浴場中段位置	(051)749-5700	09:00～18:00
迎月嶺	迎月嶺的海月亭旁	(051)749-5710	09:00～18:00
松亭	松亭海水浴場	(051)749-5800	09:00～18:00
水營	廣安里海水浴場中段位置	(051)610-4216	09:00～18:00

＊以上資訊若有異動，依當地最新公布為準，前往時請務必再次確認。
＊製表：Helena(海蓮娜)

駐韓國辦事處

台灣外交部派駐在韓國的單位，設有24小時緊急求助電話，遇影響生命財產安全的緊急事件可撥打，**非緊急狀況切勿撥打**。

www.roc-taiwan.org/kr

首爾辦公室

(02)6329-6000
週一～五09:00～11:30、13:30～15:30

緊急聯絡電話：
行動電話：010-9080-2761

釜山辦公室

www.roc-taiwan.org/krpus
부산시 중구 중앙대로 70 동원산업빌딩 9층
(051)463-7965
週一～五09:00～11:30、13:30～14:30(下午預約制)
地鐵112中央站6號出口旁東遠產業大樓(동원산업빌딩)9樓

緊急聯絡電話：
行動電話：010-4537-7961

其他緊急聯絡電話

旅外國人急難救助專線：
001-800-0885-0885(直撥)
韓國觀光警察：
(02)700-6277(中文可)
緊急醫療：
1339、119(多種外語)
警局報案：112

新、舊地址

以往韓國的地址是以「XX洞」來呈現，後來雖然有整合修改，但目前還是很多人習慣舊地址，或是在網路上找資料時，可能會有同個地點、兩個地址的情況，基本上還是都能使用。

時間距離換算

本書DATA資訊的步行時間，約62.5公尺／1分鐘，因4捨5入會有些許差異，但可以作為兩點之間的距離換算參考。

通訊與上網

撥打國際電話

台灣3G手機(以上)可在韓國使用，但國際漫遊費率頗高，建議用智慧型手機、平板電腦上網，撥打免費通訊軟體電話，例如LINE、Kakao Talk、Skype等。

台灣直撥韓國

市話：002-82-區域號碼(去0)-電話號碼
手機：+82-電話號碼(去0)

韓國直撥台灣

市話：001-886-區域號碼(去0)-電話號碼
手機：+886-電話號碼(去0)

Wi-Fi上網

釜山常有免費網路訊號可用，如：「Dynamic Busan」、「Public Wi-Fi Free」、「iptime」，但若是想隨時都能上網，建議租上網機或購買上網sim卡，或是申辦台灣電信業者的國際漫遊上網專案服務。

台灣門號行動上網

行動上網也是國際漫遊，費用較昂貴，建議出國前先辦理暫停，避免誤開而帳單金額過高，部分業者有短期國際漫遊上網的優惠專案，詳情請洽詢各電信公司。

台灣租機購卡

Wi-Go行動上網

wi-go.com.tw(讀者優惠代碼HELENA)

韓國租機購卡

韓國SK電信

www.skroaming.com/cn_t/main.asp(有中文版)

韓國KT電信

roaming.kt.com(有中文版)

釜山旅遊行程規畫

想在有限的時間內遊覽釜山，最重要的訣竅就是將景點分區，鄰近的安排在同一天前往，如此可以節省交通時間，行程也會更為順暢，若有景點要在特殊時間前往，例如看日落或夜景等，則在中間做穿插安排。

2天1夜

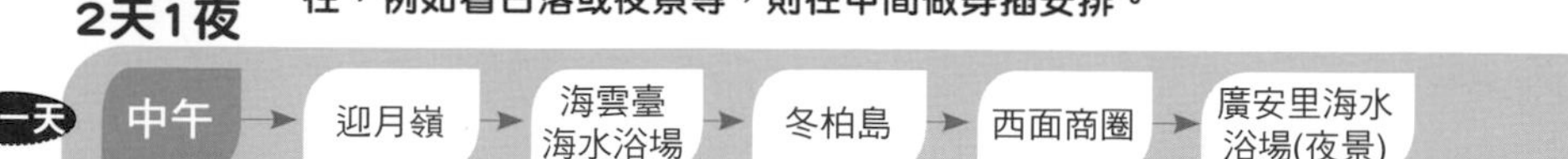

- 第一天 中午：迎月嶺 → 海雲臺海水浴場 → 冬柏島 → 西面商圈 → 廣安里海水浴場(夜景)
- 第二天 早上：甘川文化村 → 札嘎其魚市場 → 影島or松島 → 國際市場 → BIFF廣場 → 光復路時裝街

3天2夜

- 第一天 下午：國際市場、BIFF廣場 → 樂天百貨音樂噴泉、頂樓公園展望台 → 光復路時裝街
- 第二天 早上：海東龍宮寺 → 迎月嶺 → 海雲臺海水浴場 → 海雲臺周邊 → 西面商圈 → 廣安里海水浴場(夜景)
- 第三天 早上：影島 → 札嘎其魚市場 → 甘川文化村 → 松島 → 逛街或大賣場購物

4天3夜

- 第一天 中午：海雲臺市場 → 迎月嶺 → 海雲臺海水浴場 → 冬柏島(夜景) → 廣安里海水浴場(夜景)
- 第二天 早上：甘川文化村 → 札嘎其魚市場 → 國際市場BIFF廣場 → 影島 → 龍頭山公園、釜山塔 → 光復路時裝街
- 第三天 早上：機張市場(吃螃蟹) → 海東龍宮寺 → 機張希爾頓海邊散步路 → 西面商圈 → 逛街或大賣場購物
- 第四天 早上：梵魚寺 → 金井山城纜車 → 東萊蔥煎餅街 → 東萊溫泉 → 溫泉川 → 釜山大學商圈

5天4夜

- 第一天 下午：西面商圈 → 多大浦夢之噴泉
- 第二天 早上：海東龍宮寺 → 機張市場(吃螃蟹) → 迎月嶺 → 海雲臺海水浴場 → 冬柏島(夜景) → 廣安里海水浴場(夜景)
- 第三天 早上：甘川文化村 → 國際市場BIFF廣場 → 龍頭山公園、釜山塔 → 影島or松島 → 札嘎其市場 → 光復路時裝街
- 第四天 早上：釜山博物館、文化體驗 → 釜田市場 → 平和批發市場、釜山鎮市場 → 逛街或大賣場購物
- 第五天 早上：梵魚寺 → 溫泉川 → 東萊蔥煎餅街 → 金井山城纜車 → 東萊溫泉 → 釜山大學商圈

搭地鐵玩遍
釜山
112
Busan

釜山6大印象

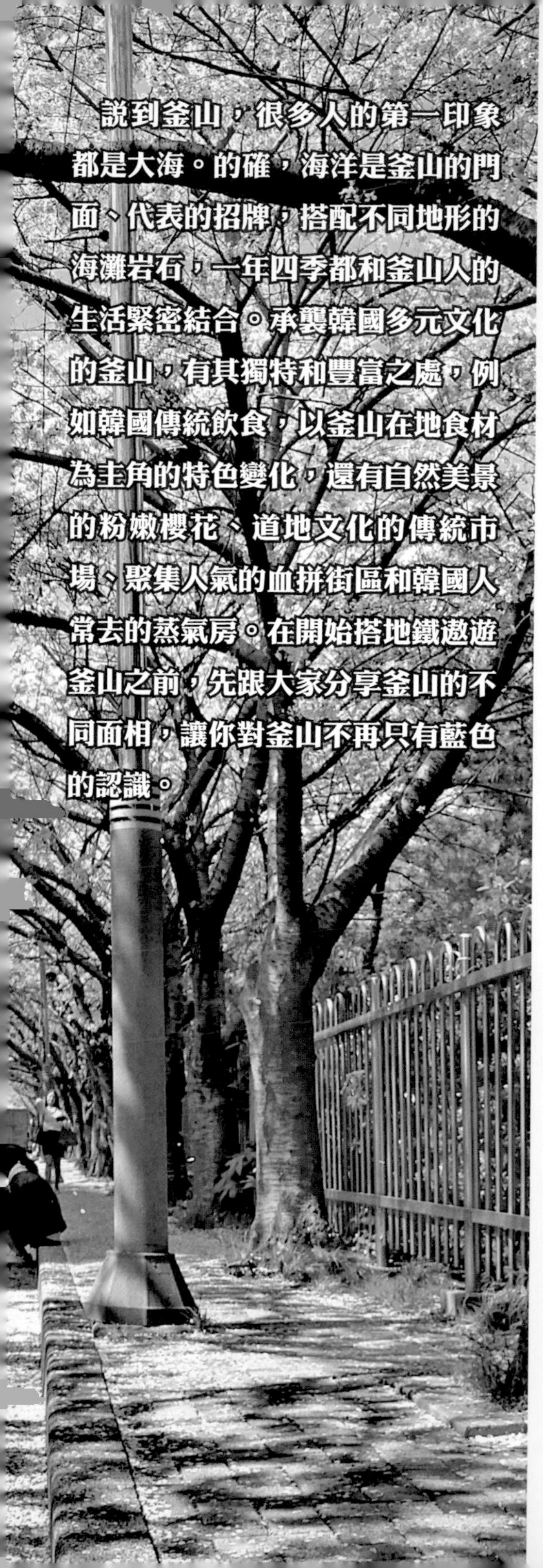

說到釜山，很多人的第一印象都是大海。的確，海洋是釜山的門面、代表的招牌，搭配不同地形的海灘岩石，一年四季都和釜山人的生活緊密結合。承襲韓國多元文化的釜山，有其獨特和豐富之處，例如韓國傳統飲食，以釜山在地食材為主角的特色變化，還有自然美景的粉嫩櫻花、道地文化的傳統市場、聚集人氣的血拼街區和韓國人常去的蒸氣房。在開始搭地鐵遨遊釜山之前，先跟大家分享釜山的不同面相，讓你對釜山不再只有藍色的認識。

釜山是一個容易讓人上癮的地方，即便只是最簡單的藍天白雲，都讓人感到無比舒適，但如果你認為釜山只有藍色的海洋，那就真的太可惜了。釜山緯度較低，雖然無法像北部城市那樣常有雪景，但釜山和周邊城市的粉嫩春櫻與紅黃秋楓，依然是不容錯過的美景，再搭配周邊的慶州和鎮海，更是會讓你想去的地方多到滿出來，解這癮頭的唯一方法，就是趕快買機票、排行程，多飛來釜山幾趟囉！

每年4月初是釜山和周邊地區的櫻花盛開時節，除了前往賞櫻名地鎮海之外，在釜山市區和慶州就有櫻花看到飽的粉嫩美景，此外還有點綴著黃澄澄的油菜花，讓釜山的春景更加豐富多元。

影島東三洞
영도동삼동

DATA

➲**1.**參考P.135國立海洋博物館，從博物館往海邊的對向直走約10分鐘可到。**2.**參考P.137影島交通綜合說明，在影島大橋前的公車站牌，搭88號公車，車程約25～30分鐘，在韓國海洋科學技術院(한국해양과학기술원)下車，旁邊就到 MAP P.133上

影島東三洞小區裡的河邊櫻花，多是當地居民和上班族才會來欣賞的隱密美景。

三樂江邊公園

삼락강변공원

DATA

1.地鐵227沙上站3號出口直走約10分鐘，上Home plus大賣場前的天橋，步行約2～3分鐘於中段下橋即到。**2.**釜山金海輕軌電鐵2掛法站有直接連結上述天橋

MAP 下圖

金海機場賞櫻第一站，在韓國最長的河流──洛東江的出海口附近、堤外沙洲上，步道兩側種滿櫻花樹，綿延不絕、眼望不盡，拖著行李也要馬上來。

迎月嶺櫻花路

달맞이고개 벚꽃길

DATA

P.190

海雲臺旁邊的半山腰路段，可以賞櫻花和遠眺海景，晚上的夜櫻也很浪漫有氣氛呢！

冬柏站櫻花路

동백역벚꽃길

DATA

地鐵204冬柏站1、3號出口旁即到 MAP P.211／B1

雖然櫻花樹規模較小，但是近地鐵站，來往車輛不多，也是可以好好地賞櫻拍照。

南川洞櫻花路

남천동벚꽃길

DATA

地鐵210金蓮山站1、3號出口，往回走到路口轉彎，直走約6分鐘到海邊路口右轉(不用過馬路)，再沿路順走約4分鐘可到 MAP P.219／A3

釜山早期的海景第一排社區樓房，道路兩側有密集櫻花樹，加上海景真是絕配。

大渚生態公園

대저생태공원

DATA

地鐵315江西區廳站1號出口，右轉直走過橋底涵洞到對面，再左轉直走過馬路到洛東江邊即到，從地鐵站走過去約6分鐘。可從大路口天橋走到龜浦大橋上拍油菜花，但此處車速很快，請務必留意安全 MAP 封底裡

占地約11萬坪的壯觀油菜花田，每年4月中旬會舉辦慶典活動，吸引許多遊客前往觀賞。

望洋櫻花路

망양벚꽃길

DATA

P.139

位在釜山火車站對面、山腰面海的望洋路，此處因地勢較高，櫻花會較晚幾天開。

溫泉川櫻花路

온천천벚꽃길

DATA

P.174

釜山居民喜歡的市民公園，櫻花、春花和油菜花，都是這裡的春日嬌點。

慶州

경주

DATA

P.266

以普門湖園區為中心，佛國寺前、大陵苑石牆路等都是韓國東南部賞櫻熱點。

鎮海

진해

DATA

P.284

市區裡的35萬多棵櫻花樹，大街小巷無所不在，是韓國南部賞櫻熱點第一名。

秋

紅黃秋景別有風味

每年10月底到11月初，是釜山與周邊城市顏色最豐富的時刻，這時楓葉慢慢轉紅、銀杏陸續變黃，城市風貌相當繽紛多采，除此之外，櫻花樹的樹葉，也會由綠色漸漸地染成紅黃交錯，成為秋景的另一亮點。

梵魚寺

범어사

DATA

P.181

韓國嶺南(東南部)的三大寺廟之一，寺內各處與所在金井山的樹林溪谷，是釜山秋季欣賞紅葉的熱門去處。

東萊邑城

동래읍성

DATA

P.174

釜山古代的都市發展中心，為抵禦外敵而建造城牆，近年陸續進行整修復原工程，很適合賞秋景兼微登山小旅行。

慶州佛國寺

경주 불국사

DATA

P.278

韓國首批成為世界文化遺產的千年古蹟，寺內各處與主建築大雄殿、極樂殿前，是釜山周邊的熱門秋楓取景地。

慶州統一殿銀杏路

경주 통일전 은행나무길

DATA

P.271

為期望南、北韓統一而建造，殿外筆直的大道上，種植一整排好似綿延無盡頭的銀杏樹，是慶州的秋景代表之一。

一望無際的藍色大海

釜山印象 2

天空步道特色評比

釜山目前有3+1個海上展望台步道(影島的未正式列入紀錄)，都需要以公車或計程車來往，雖然皆為臨海的景點，但4處各有不同特色，若旅遊時間較短，不妨選擇1、2個自已最喜歡的去走走散步吧！

「海洋」是釜山的最佳代言人，多變豐富但也最真實，是吸引旅客到訪的關鍵，釜山的每個海邊都有各自相異的風格，但其中有個共同的特點，就是會讓人心情愉悅，無論是走走散步，找家咖啡廳放空休息，或是到海鮮餐廳，豪爽地品嘗新鮮海產，總而言之，釜山的海、無可取代，就等你來細細體會囉！

五六島Sky Walk

오륙도스카이워크

全部透明 釜山最高

驚悚指數★★★★★

DATA

P.230

釜山距離海平面最高的天空步道，雖然整體長度較短，但除了必要的鋼梁欄杆之外，採完全透明設計，驚悚指數最高，有懼高症者要多注意。

圖片提供／土豪哥

圖片提供／土豪哥

松島雲彩散步路

송도구름산책로

DATA

P.120

釜山最長的海上散步道，高度較低、多為木製地板，較無可怕的感覺，日夜都適宜參觀，一旁還有松島海上纜車，是釜山新興的熱門景點。

青沙浦踏石展望台

청사포다릿돌전망대

DATA

P.192

釜山最新完工開放的海上展望台，位於青沙浦小漁村旁，可以和吃烤貝的行程一同安排，或是在附近的特色咖啡廳，享受悠閒放空的自在。

圖片提供／土豪哥

影島天空展望台

영도하늘전망대

DATA

P.135 絕影海岸散步路

雖然沒有被正式列入紀錄，但卻是釜山最早完工的海上展望台，交通稍微不便，但也因為如此，不是主流觀光區域，環境也更為清幽舒適。

釜山有7個沙灘海水浴場，以及數個岩石港口，對喜歡海的人來說，並非都只是用「藍色」可一語帶過，而是有不同的風景與特點，帶給旅人不同的感受，有歡笑快樂，也有懷古幽情，任何詞語都無法確切形容，唯有身處其中親自感受。

海雲臺海水浴場

해운대 해수욕장

DATA

P.197

釜山最知名的海水浴場，美麗的自然圓弧勾勒出親切的湛藍，一年四季都有不同的特色和活動，吸引著人們嚮往的腳步。

廣安里海水浴場

광안리 해수욕장

DATA

P.220

周邊聚集海鮮餐廳、夜店PUB和各式咖啡店，加上廣安大橋和聲光效果點綴，增添了現代和浪漫的氛圍。

松島海水浴場

송도 해수욕장

DATA

P.120

擁有釜山最長的海上步道，以及視野極佳的海上纜車，日夜都適合來此散步，從不同角度欣賞海灣之美。

多大浦海水浴場

다대포 해수욕장

DATA

P.106

韓國最長河流洛東江的出海口，為淺灘溼地海岸，適合親子戲水，可看到貝類、小螃蟹和過冬候鳥，一旁還有炫彩奪目的夢之噴泉。

松亭海水浴場

송정 해수욕장

DATA

P.236

韓國最東南邊的海水浴場，水深較淺、浪濤平靜，是一個相對寧靜、可以好好放鬆，欣賞島國風情的小清新海灘。

日光海水浴場

일광 해수욕장

DATA

東海線電鐵K124日光站，往1號出口外走到馬路邊，過馬路後再往車站對向直走，從電鐵站走到海邊約6分鐘 MAP 封底裡

雖然距離市區較遠，但水深較淺，周邊住宿和餐廳等齊備，吸引較多家庭遊客前來。雖然沒有很多咖啡店可選擇，但相對也更為寧靜，在機張市場大飽口福之後，不妨來散步消化一下吧！

林浪海水浴場

임랑 해수욕장

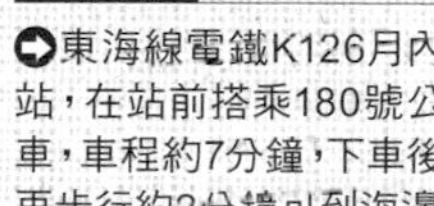

DATA

東海線電鐵K126月內站，在站前搭乘180號公車，車程約7分鐘，下車後再步行約2分鐘可到海邊 MAP 封底裡

沿岸建築多是由矮房組成，連夏天都沒有太多人潮，海灘邊上除了一家便利商店外，連小咖啡店都沒有，就像是個被深藏起來的祕境基地，沿著海邊漫步而行，獨自享受這份單純的寧靜。

萬化多姿的迷人夜晚

夜幕低垂後的釜山，隨著華燈初亮，拉開夜晚亮眼的序幕，從高樓大廈、跨海橋梁到海邊散步路，處處都有燈飾的妝點，很多人來到釜山必排夜景行程，我喜歡喝著咖啡或啤酒，放鬆地欣賞光影魔術師在釜山的華麗演出。

釜山印象 3

釜山港國際旅客碼頭
부산항 국제여객터미널

船隻入港 別有風情
浪漫指數★★☆☆☆

DATA

釜山火車站後面有聯通天橋，步行約10～15分鐘可到

在碼頭建築3樓的室外平台，可以看到停泊靠岸的大小船隻，還能近距離欣賞釜山港大橋的周邊景色，日落後的七彩燈飾更是吸引目光。

The bay 101
더베이101

百萬頂級 高樓夜景
浪漫指數★★★★★

DATA

P.213

入夜後妝點建築物的多采燈飾，倒影在海灣水面之上，形成繽紛又華麗的極致夜色，夏日裡來杯清涼啤酒更是暢快。

天馬山路

천마산로

DATA

P.16

雖然和其他景點相比交通較為不便，但也就因為如此，可以享受到有著更寬闊景色的視角，夜景很推，但日景也不遜色喔！

樂天百貨光復店

롯데백화점 광복점

DATA

P.125

連接地鐵站出口，不用門票就可以前往頂樓的展望台，欣賞影島周邊的景色，買杯外帶咖啡來這裡也是一種享受。

廣安大橋

광안대교

DATA

P.220

天色漸暗、橋梁上的燈飾亮起，讓這跨海灣的大橋，成為釜山的知名地標，也串起海灘邊無限的浪漫氛圍，每當舉辦釜山國際煙火節時，更是眾人的目光焦點。

松島

송도

DATA

P.120

大多數人都被天空步道、龍宮雲橋和海上纜車所吸引，旅遊行程來去匆匆之時，沒發現這裡的夜景燈飾也別有浪漫氣氛，是新一代的夜間漫步好去處。

多大浦

다대포

水舞噴泉 清涼夏夜
浪漫指數★★★★☆

DATA

P.106

此處最讓人驚豔，專程前往觀賞的誘因，莫過於搭配多采燈光和各類音樂的水舞噴泉秀，夏日夜裡尤其受到歡迎。

甘川文化村

감천문화마을

不一樣的 歷史情懷
浪漫指數★★☆☆☆

DATA

P.114

雖然稱不上很浪漫，但隨著入夜後逐漸亮起的小燈，有別於白天熱鬧人聲鼎沸，來感受泛黃背景的往日歷史氣息。

草梁故事路

초량 이바구길

DATA

P.139

搭公車到釜山站對面的山腰道路，暫時遠離城市的喧囂，遠眺欣賞日落後，還有閃爍燈光的釜山港大橋多采夜景。

電影的街道

영화의 거리

DATA

P.213

以廣安大橋為背景，結合電影元素的海邊散步路，和地鐵站有段距離，是人潮相對較少的區段，氣氛更為清靜。

電影的殿堂

영화의 전당

DATA

MAP P.214／A1

造型獨特的前衛建築，夜晚之時在七彩LED燈飾的襯托下更顯耀眼，是許多攝影愛好者喜歡來取景練拍的景點。

國際金融中心

국제금융센터

DATA

!? 國際金融中心展望台目前已結束開放

西面附近的綜合金融摩天大樓，曾經免費提供63層頂樓，給大眾觀看視野極佳的釜山市區日夜景色，期待能再度開放參觀。

釜山印象 4

釜山位於朝鮮半島東南部，是韓國本土南邊最重要的進出港口，有著自已獨特豐富的歷史背景與農漁物產，由此除了承襲傳統韓式美味之外，也發展出其獨特樣式，就像海納百川的廣闊，釜山料理的內容豐富、選擇多樣，從高檔饗宴到平價美食，甚或是街邊小吃，都可以滿足大家不同的味蕾，肯定是吃它千遍也不厭倦。

豬肉湯飯 돼지국밥

湯飯是朝鮮半島的三大飲食之一，原是以牛骨、牛肉和米飯製作，但是在不同的地區，主材料也會不同，例如江原道和京畿道的血腸湯飯、全羅道的黃豆芽湯飯。韓戰爆發後，因物價過高、物資取得不易，所以來到釜山的難民改用較平價的豬肉代替牛肉，做成獨特的豬肉湯飯，並用蝦醬(새우젓)和生拌韭菜(부추겉절이)來調味，口感清爽無負擔，是釜山的招牌料理，尤其天冷時來上一碗，真的是會有莫名的感動啊！

WHERE TO EAT

- 大建名家(P.147)
- 密陽血腸豬肉湯飯(P.209)
- 雙胞胎豬肉湯飯(P.227)

|玩|家|筆|記|

湯飯(국밥)、分開湯飯(따로국밥)

湯飯是韓國的常見料理，有直接把飯放在湯裡的，也有另外用鐵碗裝著，要吃的時候再拌入湯裡，若同一家店兩種都有，通常飯另外裝的價格會多約500～1,000₩，就看個人的喜好來選擇囉！

東萊蔥煎餅
동래파전

釜山舊稱東萊，以前是蔥的重要產地，蔥煎餅是韓國常見的國民料理，通常使用麵粉製作，但釜山地區習慣以糯米和粳米粉來增加口感，古代為進貢給國王的御膳，一直是韓國蔥餅界的名牌。與台式蔥油餅不同，蔥煎餅的麵糊比例較低，用整把未切過的青蔥當底，加入海鮮等配料，起鍋前淋上蛋汁，吃之前再剪成小塊，可當作正餐或下酒菜，通常會搭配燒酒和馬格利酒，鮮嫩柔軟的口感，是最道地的韓式口味。

WHERE TO EAT

■ 鍾路綠豆煎餅(P.118)

朝鮮半島三大飲食(全州拌飯、開城湯飯、平壤冷麵)裡的冷麵，是韓國人非常喜歡的解熱飲食，這種以蕎麥粉做成的麵條，搭配清涼酸甜爽口的湯汁，加上肉片、蔬菜和蛋絲，在炎熱的夏天來上一碗，頓時讓人透心涼。來到以前是小麥主要產地之一的釜山，小麥取代了蕎麥，做成和冷麵相似的麥麵，麵體略粗些，但口感卻更為Q彈。

WHERE TO EAT

■ 草梁麥麵(P.147)

1 麵體很長，要先剪斷後再吃 2 點麥麵時會提供熱湯，有暖胃作用 3 水麥麵，辣椒是提味用，吃起來不太會辣 4 辣味的拌麥麵

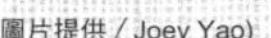
(圖片提供 / Joey Yao)

走在釜山常可看到「대구탕」的招牌，字面可翻譯成大邱(韓國地名)湯，但其實是釜山有名的料理大口湯。大口魚類似鱈魚，盛產於釜山和鎮海交界的加德島，韓國人認為食用大口魚可強肝健胃、活化視力、恢復體力，對於解除宿醉也有很好的功效。大口魚被捕撈後不易存活，多半是冷凍後再烹煮，但肉質鮮甜、魚湯爽口，無損大口湯在韓國人心中的地位。

WHERE TO EAT

■舒暢大口魚湯(P.207)

炸醬麵
짜장면

起源於距離中國頗近的仁川港，從開港到國共內戰，許多中國北方人移居仁川，家鄉味就隨之傳入，後來變成韓國人偏好的口味。韓式炸醬麵口味偏甜，醬料裡有洋蔥和碎豬肉，來到海港城市釜山，不妨點加料版的海鮮炸醬麵，此外還有稱為「炒碼麵」的辣海鮮湯麵，以及使用無骨豬肉製作的糖醋肉，這韓式中華料理界的三寶，常讓饕客難以選擇呢！

WHERE TO EAT

■太宗台辣海鮮麵(P.136)
■龍門中華料理(P.127)

韓國知名美食，通常會附上泡菜和其他小菜，可以單吃烤肉，或用生菜、酸蘿蔔片把烤肉和小菜包著一起吃，韓國人覺得吃生菜包肉時，要一口吃下才是最美味的吃法喔！

WHERE TO EAT

■長工王鹽烤(P.160)
■善良的豬(P.160)
■味讚王鹽烤(P.170)
■伍班長(P.206)

|玩|家|筆|記|

烤肉停看聽

■豬(돼지) or 牛(소)？

韓國有些烤肉、烤腸店，會同時提供豬和牛的選擇，如果擔心誤食到自己不吃的，點餐前建議先詢問一下囉！

■烤海鷗肉(갈매기살구이)？

別緊張，不是真的海鷗肉啦！雖然「갈매기」是海鷗，但這個字用在豬肉部位，是指豬內臟中的橫膈膜，橫膈膜(횡격막)又稱為「가로막」，簡化發音後稱為「갈매기살」(海鷗肉)。橫膈膜肉含有豐富不飽和脂肪酸、維他命B1和胺基酸，膽固醇含量低，可預防動脈硬化，對於消除疲勞、預防貧血和保護肝臟等有功效，吃起來鮮嫩香甜、不會油膩。

■美味防烤焦

將幾片生菜鋪放在烤盤上，把烤好的肉放在上面，如此既可保溫又能防止烤焦，可以慢慢享受美味的烤肉喔！

■去除異味好幫手

享受美食後，身上或口腔會有殘留味道，為了去除這些氣味，部分餐廳會在櫃檯準備薄荷糖和去除異味的噴劑給客人使用。

豬腳富含膠質，對於身體保健、養顏美容有益處，釜山豬腳的特色吃法，是帶有微辣口感的涼拌豬腳，搭配海蜇皮和小黃瓜等蔬菜，用微微嗆鼻的芥末調味，吃起來口感清爽有勁！

WHERE TO EAT

■如松齊(P.119)
■歡笑豬腳(P.119)

| 玩 | 家 | 筆 | 記 |

餐廳裡的免費咖啡機

韓國人習慣「飯後來一杯」，因此韓國餐廳通常有自動咖啡機，機器上如果顯示「000」，代表免費。按下按鈕後，機器裡會掉出紙杯來接咖啡，有很多還真的是挺好喝的呢！（通常每人一杯喔！）

所謂的「粉」，最早指的是麵粉，韓戰開始後主食稻米缺乏，為了解決食的問題，政府鼓勵改以麵粉製作的料理當作主食，後來才演變成專賣小吃類餐點的店家。釜山的麵食類，湯底多以海鮮高湯為主，手工製作的麵疙瘩、刀切麵，口感Q彈有嚼勁，並且相對實惠、富飽足感，是經濟用餐的好選擇。

WHERE TO EAT

■德家手工麵疙瘩(P.109)
■老洪蒸餃刀切麵(P.202)

在釜山這海港城市，海產新鮮味美、選項豐富且價格實惠，無論是著名的海鮮市場札嘎其、吃美食配美景的廣安里，或是以螃蟹為主力的機張市場，到處都能品嘗各種新鮮活跳的海鮮料理，在這裡無關蝦蟹魚類，有的就是「尚青」的海味饗宴。

| 玩 | 家 | 筆 | 記 |

釜山海鮮哪裡吃

釜山有很多可以吃海鮮的地方，如札嘎其、廣安里和海雲臺等以綜合海鮮為主，離市區較遠的機張市場，是帝王蟹、大蟹的主要產地或進口港，因此以螃蟹為主。因氣候的關係，釜山的帝王蟹只有4～5月以韓國產為主，其他月分則是同一海域的俄羅斯產，其餘海鮮則多以韓國產的為主。

帝王蟹、大蟹
킹크랩、대게

機張是主要的產區和進口港，價格約是釜山其他地區的6～7成，夏季螃蟹保存不易，價差更為有感。(圖片提供 / Joey Yao)

青花魚
고등어

釜山市的市魚，為成長速度快的經濟魚種，魚刺較大，易剔除食用，以乾煎、燉煮泡菜湯鍋的料理方式較常見。

生魚片
생선회

韓國吃生魚片會切成條狀或片狀，也可以做成生魚片握壽司，或是用生菜包著小菜、醬料一起吃。

烤鮮貝
조개구이

新鮮現烤的綜合貝類拼盤，除了肉之外，湯汁也是一等一的精華，直接烤或是加起司的口味都不錯。

海腸
개불

因其形狀又稱為海蚯蚓，新鮮處理的生食方式，口感極為脆嫩，直接吃或略沾辣椒醬吃都不錯。(圖片提供 / Joey Yao)

烤盲鰻
곰장어구이

料理新鮮剝皮的盲鰻，釜山傳統是用稻草燒烤，現在比較常見鹽烤原味和醬料調味的方式。(圖片提供 / Joey Yao)

魟魚
가오리

屬於軟骨類，其魚翅和魚肉一樣，是可以直接食用的酥脆口感，亦有生魚片或涼拌的料理方式。(圖片提供 / Joey Yao)

生章魚
생낙지

新鮮有活力的章魚腳，現切後直接生食，記得要沾以油和鹽做成的沾醬一起吃，防止吸盤吸住食道。(圖片提供 / Joey Yao)

刀魚
갈치

乾煎、鹽烤或燉煮等方式來料理，可避免流失豐富的不飽和脂肪酸，燉煮時大多會搭配白蘿蔔一起料理。

| 玩 | 家 | 筆 | 記 |

海鮮料理的實用韓文

基本料理

- ■辣的／맵게
- ■不辣的／안맵게
- ■湯／탕
- ■鍋／샤브샤브
- ■粥／죽
- ■白飯／공기밥
- ■炒飯／볶음밥

分量

- ■大的／큰 것
- ■小的／작은 것
- ■多／많이
- ■少／조금

料理方式

- ■蒸／찜
- ■煎／부침
- ■炸／튀김
- ■烤／구이
- ■鹽烤原味／소금 구이
- ■醬料調味／양념 구이
- ■燉／조림
- ■炒／볶음
- ■川燙／데침
- ■生食／날것／회

海鮮料理

- ■綜合生魚片／모듬회
- ■生魚片定食／회백반
- ■生魚片壽司／회초밥
- ■生魚片蓋飯／회덮밥
- ■綜合海鮮／해물모듬
- ■烤鮮貝／조개구이
- ■烤海鮮／생선구이
- ■乾煎刀魚／갈치부침
- ■燉煮刀魚／갈치조림
- ■海鮮湯／해물탕
- ■鮮魚湯／지리탕
- ■辣魚湯／매운탕
- ■炒章魚／낙지볶음
- ■鮑魚粥／전복죽
- ■鮑魚生魚片／전복회
- ■帝王蟹／킹크랩
- ■大蟹／대게
- ■魟魚／가오리
- ■魷魚／오징어
- ■烤鰻魚／장어구이
- ■調味烤盲鰻／양념곰장어 구이
- ■海腸／개불

辣魚湯 VS 鮮魚湯
매운탕 VS 지리탕

在韓國的海鮮餐廳，一般韓國人大多會點辣魚湯，但如果不太能吃辣，也可以改成鮮魚湯，用餐時比較不會有負擔。

製表：Helena(海蓮娜)

釜山水產資源豐富，將各種配料拌入新鮮魚漿，塑形炸或蒸熟後的食物稱為「魚糕」，單吃或煮湯、拌炒、乾煎都不錯，也可以當成點心喔！釜山魚糕的生產量逐年成長，約占全韓國總量的34%，成為代表釜山的在地美味。

魚糕的起源與變化

日本關西的「天婦羅」傳入釜山，開港後漁業旺盛、需求增加，釜山成為韓國魚漿製品最大的製造地，因為成本便宜、價格實惠，魚漿製品為當時常見的食品，也是人民攝取蛋白質的主要來源。以前釜山有許多日式魚漿製品的工廠，光復後魚漿製品從高級化、日式風格，調整為更符合韓國人的大眾化口味。韓戰時糧食不足，相對平價的魚漿製品就是最好補充蛋白質的食物，後來逐漸變成韓國常見的小吃。

正名後的精緻美味

魚漿製品最早稱天婦羅(덴푸라)、御田(오뎅)，是日本關西地區的用法，光復後仍沿用日式名稱，之後使用過肉糕(고기떡)、生鮮糕(생선묵)等名稱，直到1986年代食品衛生法修正時，才正式確認稱為魚糕(어묵)。現在的釜山魚糕，使用更好的原料、不加防腐劑，魚肉含量達70%以上，讓品質口感更優、更有嚼勁，也開發多元口味和料理樣式，同時藉由便利的交通，將釜山魚糕的好味道，擴及到韓國各地。

玩家筆記

把魚糕帶回家

魚糕多以熟食販售，保存期限約冷藏5天、冷凍6個月，冷藏或常溫時，用微波爐加熱即可食用，也可當作各式料理的配料。依照台灣現行相關法律規定，魚漿類海鮮製品(不含肉菜)可帶回國(建議先冷凍)，但請留意勿超過6公斤的限制(若加保冷劑需放託運行李)。

質感提升流行食尚

以往魚糕的小吃形象深植人心，因此多少帶有一點傳統、廉價的感覺，近年釜山和魚糕業者合作，將老舊店面重新設計裝潢，有如新式麵包店或咖啡店般的溫馨感受，眾多口味的魚糕產品創意十足、令人驚豔，半開放的廚房可以看到製作過程，開架陳列自由選購，並設有座位區或體驗教室，方便現買現吃或親手製作魚糕，同時也積極在百貨商場設點，賦予「魚糕」年輕有活力的清新形象。

WHERE TO EAT

■三進魚糕(三珍)(P.146)
■古來思(P.204)

炸雞配啤酒
치킨 + 맥주

韓戰後物資缺乏，牛、豬肉的價格昂貴，相對來說雞隻的飼養時間短、成本較便宜，因而出現一些以雞肉為主的料理，例如：一隻雞、辣炒雞排、雞肉刀切麵等，「炸雞」就是在那個年代從美國引進，而後演變出獨有的韓式口味，是韓國人生活中不可缺少的休閒、外賣美食，近年經由韓劇的曝光，很多人到韓國都指定要吃韓式炸雞，尤其是搭配啤酒一起的「雞啤」，更是受到大家的歡迎。

新式連鎖的多變選擇

就算還沒去過韓國，可能都聽過「橋村」、「bhc」、「BBQ」的響噹噹名聲，這些屬於全國連鎖的炸雞店，除了基本的原味、醬油、辣味、醬料調味等，還會有其他特殊口味，例如橋村的蜂蜜炸雞、米炸雞，或是蒜味、青蔥、起司……，有些還會加入表面炸到微焦的年糕，這類店家大多是現點現做，基本至少需要約20分鐘，但好口味是值得等待的囉！

傳統市場的味道記憶

攤位上擺放著數隻炸全雞，第一次看到的人可能會有點震撼，這就是傳統市場炸雞店的直白魅力，一般來說沒有太舒適的用餐環境，餐點也不見得多精緻，但設置在店前的油鍋爐，總讓人有更親切直接的感覺，通常會有新式連鎖炸雞店沒有的選項，例如超有口感好下酒的炸雞胗，幾乎只能在這裡找得到喔！

WHERE TO EAT

■吃過了嗎？村雞(P.131)
■梁山咕咕炸雞(P.166)
■橋村炸雞(P.167)
■親親桶雞(P.201)
■bhc炸雞(P.208)

1韓式炸雞常會附上各種口味沾醬 2傳統市場炸雞店常見數隻炸雞排列在攤位上 3炸雞胗通常在傳統市場裡的店家才能吃到 4炸雞就是要現炸的最好吃 5能一次吃到多種口味的炸雞拼盤

6每份炸雞適合約2～3人吃，多找朋友一起就能嘗試不同口味 7通常炸雞可以選特定喜歡的部位 8加蔥絲的炸雞

| 玩 | 家 | 筆 | 記 |

炸雞吃貨食用祕笈

炸雞分量幾人吃？

通常每份炸雞約2～3人吃，或是內用吃不完可以打包外帶，但還是不建議一次點太多，總是現點現炸的最好吃囉！

什麼是點「半半」(반반)？

「半半」指兩種口味各半，通常炸雞「半半」，以原味、醬油、辣味、醬料調味等基礎口味為主，其他特殊的口味通常都要點一整份。

炸雞店的最佳綠葉

無論是內用或外帶，通常會伴隨炸雞出現的，就是附送的塊狀酸味醃蘿蔔，可以去油解膩，讓你胃口大開吃更多！

美味炸雞外送好方便

多數炸雞店都有外送服務，可請旅館民宿的櫃檯協助叫外賣，通常一份即可外送，並且會贈送可樂，或是推薦搭配生啤酒，如此更加對味！

街邊小吃
길거리 음식

來到釜山很需要大容量的胃袋，從眾多餐廳美食一路吃到這裡，如果沒有品嘗在地小吃，那就真的是太可惜了啊！在釜山的各個商區和傳統市場，都能體驗韓國道地小吃，其中南浦洞BIFF廣場和海雲臺市場，有著更多樣豐富的選擇。什麼，怕胖、要減肥？旅遊字典裡可沒這詞彙唷！

辣炒年糕
떡볶이

將圓長形的白年糕和魚糕用辣椒醬拌炒，也可以喝一旁的魚糕清湯，是韓國最常見的小吃之一。

魚漿串黑輪
오뎅

以魚漿和麵粉做成片狀、條狀的魚糕串起，還能來杯熱呼呼的清湯，通常和辣炒年糕出現在同一攤位。

血腸
순대

將粉絲和蔬菜剁碎灌入豬腸，清蒸後沾辣椒醬或鹽吃，通常會搭配豬內臟，釜山BIFF廣場則是以辣椒醬拌炒的為主。

五穀糖餅
씨앗호떡

餅皮內包入糖粉，經過油炸後化為糖漿，吃的時候要小心燙口！釜山的特殊口味，是在起鍋後包入五穀雜糧。

煎餃
군만두

餡料以剁碎的豬肉、蔬菜和韓式冬粉為主，通常會在有賣辣炒年糕的攤位出現，可單吃或沾辣醬汁一起吃。

扁餃子
납작만두

飽含歷史回憶的小吃，韓戰後物資缺乏，用餃子皮包著少量剁碎的韓式冬粉和蔬菜，再包著辣拌生菜和魷魚一起吃。

炸物
튀김

把章魚腳、魷魚、蔬菜、雞蛋、飯捲、水餃等食材拿去油炸，直接吃或可沾辣炒年糕醬料一起吃。

烤魚片
쥐포구이

烤過的海鮮較易保存，加上取自海洋的成本低，韓戰後成為人民補充營養的主要來源，現在則是常見的零食下酒菜。

雞肉串
닭꼬치

韓戰後雞肉是相對平價的營養來源，因而成為代表性的小吃，將小塊雞肉串在一起，以鹽烤或是加醬料炭烤而成。

雞蛋麵包
계란빵

稱為「雞蛋糕」也許更貼切，韓式口味的作法，是在模具裡倒入麵糊，再加上一整顆雞蛋後烤熟，天冷時吃感覺最讚！

豆皮包粉絲
유부전골

用薄豆皮包著韓式冬粉和少量剁碎的蔬菜，通常還會搭配小塊的魚糕和黑輪，以高湯一起煮來吃。

杯子炸雞
컵 닭강정

把韓國人愛吃的調味炸雞改成小份杯裝版，有些還會加炸年糕，方便邊走邊吃，分量剛好無負擔。

（圖片提供／土豪哥）

有些人去韓國，每天都逛街也不厭倦，正所謂血拼一條龍，精神活力超十足！「但釜山真的好買嗎？要去哪裡買呢？」基本上首爾有的，釜山也不會缺少，有些限量商品還更容易買到，從流行商圈到傳統市場、百貨公司免稅店等，不怕你愛買，就怕你口袋破大洞，買太多搬不回來！

血拼聖地重點商圈

韓國很多地方都能使用信用卡，不用擔心沒換夠錢就不能買，但是傳統市場、地下街的部分店面，刷卡價會比現金價高一些，以現金付費的議價空間較大。此外，某些類別的進口商品關稅較高，例如化妝、保養品，建議以購買韓系品牌為主。

CREDIT CARD

光復路時裝街
광복로 패션거리

DATA

P.126

釜山流行文化的指標熱點，有各式韓國品牌的保養、化妝品店，以及各類服飾、運動用品、生活雜貨等，周邊巷弄和BIFF廣場聚集許多小吃攤，是必然要鎖定的血拼目標。

國際市場
국제시장

DATA

P.117

韓戰後形成的傳統市場，以生活用品、五金雜貨等為主，也有近來很多人喜歡買的韓製棉被，此外還有幾家販售明星周邊、韓風伴手禮小物的商店和各式小吃攤車。

西面商圈

서면

DATA

P.152

釜山的商業中心，路面上以各式餐廳為主、購物商店為輔，連接地鐵的地下街，則是有美妝保養品、各類服飾、生活雜貨等，還有樂天百貨和免稅店，形成豐富多元的商圈。

釜田人蔘市場

부전인삼시장

DATA

P.155

釜田市場是釜山最大的綜合類傳統市場，其中位在2樓的人蔘市場聚集眾多商家，可以用批發價格買到多樣人蔘相關製品，想要補元氣增強體力就來這裡吧！

釜山鎮市場

부산진시장

DATA

P.158

釜山最有名的布料、結婚用品、日用雜貨市場，周邊還有專賣玩具和毛巾的店家，雖然離地鐵站稍遠，但近來受到大家歡迎的韓製棉被，在這裡才是釜山最大規模的選購地。

平和批發市場

평화도매시장

DATA

P.158

以獨立商家的小店鋪為主，有各種流行服飾、內睡衣、童裝等可選購，還有遊客到韓國喜歡買的可愛襪子、毛巾褲和搓澡布，周邊則是金飾店的聚集地。

自由批發市場

자유도매시장

DATA

P.159

聚集五金類、綜合類的商品，亦有服飾類，但適用的年齡層較高，本棟的亮點在於4樓花藝用品市場，各種鮮花、乾花和相關配飾應有盡有，很推薦來此挖寶。

釜山大學年輕的街道

부산대학교 젊음의거리

DATA

P.182

以年輕人為主要客群，各類美妝品、流行服飾是這裡的當然主力，價格相對來說較便宜，周邊有很多美食小吃，建議開學期間來逛，若學生放長假，會有比較多店家休息。

新世界百貨 Centum City店

신세계백화점 센텀시티점

DATA

P.215

目前世界上最大的百貨公司，結合新館的免稅店，各類知名品牌服飾在此聚集，還有蒸氣房、超市餐廳、頂樓公園等，兼顧逛街血拼與休閒生活，是天氣不好時的最佳備案。

樂天百貨 光復店

롯데백화점 광복점

DATA

P.125

與地鐵南浦站的地下街連通，結合百貨公司、美食街、超市大賣場、室內噴泉秀、電影院和頂樓展望台，後方正在進行樂天塔的工程，為相當豐富的複合式商場，與光復路時裝街連成所謂的南浦洞商圈。

超市賣場補貨首選

很多人都喜歡逛韓國的超市，因為這裡的韓貨，是真正韓國人日常生活中吃的、用的，不是刻意迎合觀光客的包裝產品。類似台灣的愛買、家樂福、大潤發等大型賣場，除了品項多、價格實惠、標價清楚之外，各種試吃更是嘗鮮的好機會，大賣場絕對是購買伴手禮和體驗韓國文化不可錯過的好地方。

|玩|家|筆|記|

去大賣場請自備購物袋

因應限塑環保政策，韓國的大賣場不會免費提供塑膠袋，需要額外付費購買，通常以家用垃圾袋為主，且從2020年1月1日起，以往多數賣場都有的自助打包台也將撤除，僅保留自行取用廢紙箱，但不提供膠袋和繩子。日後要前往大賣場購物，建議自備購物袋為佳，若日後政策再有異動，有需要打包的紙箱，可以在韓國的郵局購買。

大賣場的美食街

大賣場通常都附設有美食街，可先在模型櫥窗看餐點編號，然後到旁邊的共用收銀櫃檯點餐結帳，之後憑收據上的號碼到各店家取餐。

連鎖大型賣場

釜山地區的大賣場，多在每月第二、四個週日公休，排行程時要留意。若非有特定原因，建議以自己的交通便利性選擇購物地點，靠近地鐵站或計程車短程可到者為佳。(以下賣場分店皆可退稅)

店名	分店	如何前往或位置	營業時間／電話
LOTTE Mart **롯데마트，樂天超市** 韓國三大綜合類連鎖賣場之一 http www.lottemart.com ＊P.242樂天MALL裡亦有分店	光復店 (광복점)	地鐵111南浦站、和樂天百貨連在一起，面對音樂噴泉，右後方有連接通道	10:00～23:00 (051)441-2500
	東萊店 (동래점)	地鐵126明倫站往5號出口方向的樂天百貨B1	10:00～23:00 (051)668-2500
	釜山店 (부산점)	地鐵220釜岩站4號出口直走約7分鐘的路口，過馬路到左斜對側	10:00～23:00 (051)608-2500
e-mart **이.마트** 韓國三大綜合類連鎖賣場之一 http store.emart.com	海雲臺店 (해운대점)	地鐵202中洞站7、9號出口旁	10:00～22:00 (051)608-1234
	門峴店 (문현점)	地鐵217國際金融中心・釜山銀行站1號出口直走到路口後右轉，再直走約2分鐘的左側對面	10:00～22:00 (051)609-1234
	沙上店 (사상점)	地鐵227沙上站3號出口直走約5分鐘／電鐵掛法站1號出口往後步行約3分鐘	10:00～22:00 (051)329-1234

＊以上資訊若有異動，依當地最新公布為準，前往時請務必再次確認。　＊製表：Helena(海蓮娜)

Home plus **홈플러스** 韓國三大綜合類連鎖賣場之一 corporate.homeplus.co.kr	東萊店 (동래점)	地鐵127溫泉場站往5號出口方向的對面商場B1	10:00～24:00 (051)559-8000
	西釜山店 (서부산점)	地鐵227沙上站3號出口直走約8分鐘／電鐵掛法站1號出口旁	10:00～24:00 (051)319-8000
	Centum City店 (센텀시티점)	地鐵206Centum City站2號出口直走約3分鐘	10:00～24:00 (051)709-8000
	影島店 (영도점)	地鐵111南浦站周邊搭計程車，車程約8分鐘、車費約4,500₩	10:00～23:00 (051)419-8000
農會超市 **농협 하나로마트** 規模較小，但泡麵、零食一應俱全 www.nhhanaro.co.kr	札嘎其店 (자갈치점)	地鐵110札嘎其站10號出口旁	08:00～22:00 (051)250-7700
	釜田店 (부전점)	地鐵120釜田站1號出口直走約1分鐘	09:00～22:00 (051)801-9000
MEGA MART **메가마트** 釜山最早的地區連鎖大賣場 home.megamart.com	東萊店 (동래점)	地鐵125東萊站2號出口，左斜前方的巷子直走，約3分鐘的右側	08:00～24:00 (051)550-6000
	南川店 (남천점)	地鐵211南川站3號出口直走約3分鐘的路口左轉，再直走約7分鐘	10:00～22:00 (051)608-6000

＊以上資訊若有異動，依當地最新公布為準，前往時請務必再次確認。 ＊製表：Helena(海蓮娜)

中型平價超市

有時旅程緊湊到沒時間去大賣場，或是根本就忘記公休日期，這時住宿點附近的中型超市就發揮功效，這類型的賣場雖然規模小、品項少、不能退稅，也沒有服飾和化妝品，但一般遊客喜歡買的食品類伴手禮，在這裡還是能找到喔！

鄰近區域	店名	如何前往或位置	電話
海雲臺	i MART (아이 마트)	地鐵203海雲臺站2號出口直走約3～4分鐘	(051)731-0004
廣安里	農畜產超市 (농축산마트)	地鐵209廣安站3號出口，往回走到路口左轉，再直走約5分鐘	(051)756-9991
南浦洞附近	加倍MART (두배로마트)	地鐵111南浦站7號出口斜對面巷子直走約4分鐘	(051)241-5175
釜山火車站	加倍MART (두배로마트)	地鐵113釜山站1號出口直走約2分鐘	(051)463-7111
	TOP MART (탑마트)	地鐵113釜山站7號出口，直走約1分鐘的第二個巷口左轉，再直走約1分鐘的第二個巷口右轉，再直走一下即到	(051)466-2112

＊以上資訊若有異動，依當地最新公布為準，前往時請務必再次確認。 ＊製表：Helena(海蓮娜)

遊客掃貨熱門商品

泡麵

同口味的麵體，袋裝會比杯裝略粗，要用煮的才最好吃。

咖啡隨身包

各品牌的藍色系列包裝是夏季限定，可直接用冷水沖泡。

泡菜

留意保存溫度，或是用保冷袋託運帶回，風味更佳。

餅乾

建議手提上飛機帶回來，不然容易爆開，要含淚說拜拜。

堅果

有多樣口味類別可選擇，下酒佐茶、男女通殺的伴手禮。

巧克力派

甜蜜蜜螞蟻族的最愛，不定期會有季節限定的口味。

海苔

韓國旅遊的常青伴手禮，大人小孩、正餐零食都適用。

麻油

愛料理一族的廚房必備品，只要加一點點就香氣四溢。

醬料

辣醬和大醬(韓式味噌)，各式料理皆可、簡直萬用。

微波飯

米飯是韓國人的重要主食，覺得一定要吃「飯」才會飽。

海苔酥

調味處理過，可拌白飯或配白稀飯一起吃，增添味道。

花車零食

散於賣場各處，就是特價促銷，走過逛過，千萬別錯過！

歷久不衰的國民三兄弟

有些古早的點心零食或小玩意，在現代的觀點來看，多半會有不夠營養健康或新奇有趣的疑慮，但對於年長一輩的人來說，卻是最美好的童年回憶，不妨拋開一些成見和顧慮，來細細品味這些時代的意義吧！

香蕉牛奶（바나나맛 우유）

韓戰後、經濟不景氣的70年代，營養豐富的牛奶和香蕉都量少價高，為了讓人民可以補充營養、嘗試味道，在韓國有近50年歷史，以生產乳製品和冰品為主的公司「빙그레」，於1974年推出了以「바나나맛우유」(香蕉口味牛奶)為品牌名稱的香蕉口味調味乳，雖然是以食用香料調配出來的，但在當時依然是高貴的奢侈品，只有在特殊時候才能看見，對小朋友來說，香蕉牛奶是逢年過節，或難得郊遊、搭火車的時候，才有機會喝到的珍貴飲品；窄底豐腰的瓶身，就像是韓國製作泡菜的陶甕，半透明的瓶身，透著象徵香蕉的淡黃色，圓潤飽滿的外型，除了可愛討喜之外，也有傳承的意味。

現在「香蕉牛奶」泛指各家廠牌推出的產品，也有多樣口味的調味乳，但最初的胖胖瓶香蕉牛奶，在飲料選擇多樣化的現代，持續穩坐市場占有率的第一位，號稱只要有販售瓶裝飲料的店家，幾乎就一定會有它的身影，經過數十載的變遷，在韓國的食品發展史上，依然占有一席之地。

哈密瓜牛奶　原味香蕉牛奶　草莓牛奶

低脂香蕉牛奶　焦糖香蕉牛奶　橘子牛奶

其他各家廠牌的香蕉牛奶

看卡通也要喝香蕉牛奶喔！

豆乳(두유)

黃豆是植物類食品中含有較高蛋白質的，除了含有人體所需的胺基酸、維他命和礦物質等多種維生素外，也含有動物性食物所缺乏的不飽和脂肪酸和卵磷脂，在中國名醫李時珍的「本草綱目」和朝鮮名醫許浚的「東醫寶鑑」裡都有記載其營養價值，而用黃豆製作出的豆漿，比起豆腐更適合小孩或咀嚼不便的病患食用。

韓國是從韓戰過後的1973年，開始推廣和豆漿相似的「豆乳」(두유)，當時一般人很難喝得起牛奶，為了讓人民可以補充養分，利用價格較便宜、保存期限較長、和牛奶有相似營養成分的豆乳來替代；適量的飲用豆乳，可以預防動脈硬化等成人疾病，也因不含乳糖，對於有牛奶過敏或乳糖不耐症的患者來說，是很好的代用食品，後來也利用不同的食材來開發各種新口味，讓豆乳的種類更為豐富多變。

黑豆豆乳
香蕉豆乳
原味豆乳
紅豆豆乳
栗子豆乳

情巧克力派(정 초코파이)

韓戰後、正在恢復元氣的那個年代，一般人民生活困苦，對連正餐都難吃飽的人來說，點心零食實在是奢侈的夢想，當時的東洋製菓(現在的「오리온」好麗友)公司，在1973年推出了從美國引進的巧克力派，除了提供平價的點心外，在糧食不足或天氣寒冷的時候，巧克力就是最好的能量補給，發揮溫暖人心的功效，之後雖然各家食品公司都陸續推出了各種的巧克力派或巧克力相關的點心，但「情巧克力派」依然是韓國點心界的長銷商品。

現在韓國市面上有眾多廠牌的巧克力派

釜山印象 6

出國旅遊，有時不見得會想追尋多「威」的景點，相反的，很多人更喜歡體驗當地人的生活，即使對於在地居民來說都很稀鬆平常，但就是想來感受，有別於自己國家的風俗文化，這就是我們所喜歡的旅行魅力囉！

老屋企業的新故事

從日據時代開始，釜山啟動了近代的發展，至今也有數十個年頭，隨著歲月的增長與流逝，一些古屋老宅逐漸斑駁凋零，但是接下來，拆除改建就是它們唯一的命運嗎？以往讓人羞於啟齒的老舊與過時，如今有了不同的春天，不一定老建築就得被迫消失，老公司就得被淘汰，換個思考方向和作法，不僅能保留深度的歷史文化，更能替城市發展增添富含吸引力的氣息，釜山最老的新故事，期待你有機會實際走一趟，親身感受、細細品味。

玩家筆記

西式餐點飲料的韓文

咖啡、蛋糕、水果塔派等，這些西式類型的店家，餐點飲料的名稱大多是使用英文音譯的外來語，因此在這些地方點餐，包含飲料的大小和冷熱，都可以試著用簡單的英文來表達需求喔！

文化共感 水晶
문화공감수정

DATA

🖂부산시 동구 홍곡로 75(수정동) ✆(051)441-0740 ⏲10:00～17:00 休每週一 $飲料每杯3,000₩起，每人要點一杯 ➡地鐵115釜山鎮站1號出口，直走 (斜坡往上)約7分鐘 ⓘ進入室內要換穿現場準備的拖鞋

日式文化遺產的幽靜

位於釜山的水晶洞，原名貞蘭閣，是1939年所建的鐵路廳長官舍，為採用日本九州地區建築樣式的雙層木製樓房，日據解放後曾經是專門接

待外賓的高級聲色場所，2007年被登錄為韓國的文化財，其建築背景和設計樣式，是研究近代釜山歷史的珍貴資料。此處保留著初建時的日式風格，擁有影視作品導演們喜歡的異國氣氛，坐在榻榻米上喝茶，倚著木頭門框放空，也許穿越時空有一天會成為老梗，但短暫地回到過去，嗅聞著老建築的往日氣息，依然有著富含想像空間的慢活新魅力。

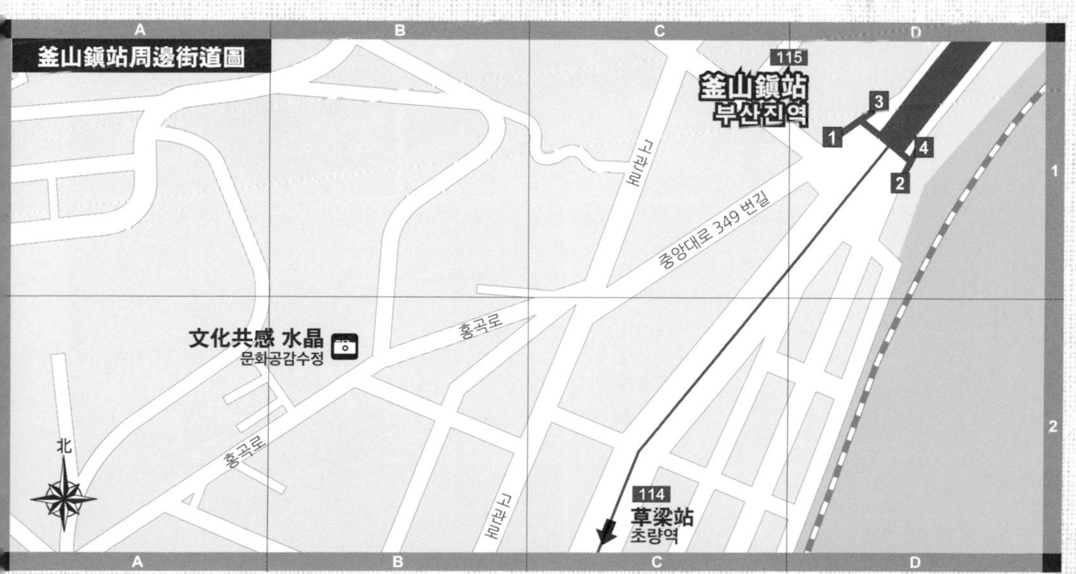

F1963

F1963

DATA

🌐www.f1963.org(韓、中、英、日) ✉부산시 수영구 구락로123번길 20(망미동) 📞(051)756-1963 ⏰咖啡店09:00～21:00(最後點餐20:30)，Yes24二手書店11:00～20:00(假日到21:00)，其他依照各店家和活動時間不同 💲Terarosa咖啡店各飲料點心麵包3,000～6,000₩ ➡地鐵208/301水營站5號出口直走約3分鐘公車站牌，搭54號公車，車程約15～20分鐘，可說要在「코스트코」(Costco)美式大賣場下車，F1963就在旁邊。或搭計程車前往，車程約7分鐘，車費約4,800₩ MAP封底裡

鋼鐵工廠的文藝新生

鋼鐵交織的廠房、暗土色系的建築，只從外觀快速瞄過一眼：「啊！是某個公司的工廠。」如果就這樣匆匆一撇而過，除了可惜，也想不到更好的形容詞了。

這裡原來是高麗製鋼公司生產鋼絲繩的工廠，「F」代表Factory(工廠)，而1963則是工廠設立的年分，2008年結束廠區運作，在2016年作為釜山雙年展的會場之後，改造成為追求再生與環保的多元藝文特區，依據建築師趙炳秀「新舊共存」的再生建築理念，在不破壞基礎結構之下，將建築內部改造成更符合現代使用的設計，並結合綠色環保概念，在屋頂設置太陽能集熱板，於戶外打造竹林庭院，一改鋼鐵工廠冷色系的生硬感，拉近與人文之間的距離。

如今的F1963，有藝廊、咖啡店、二手書店、特色餐廳酒吧、庭院與森林園藝店等組成，其中「Terarosa　Coffee」保留鐵板、捲線軸、操作機台等元素，將老工廠的廢棄舊物，改製成咖啡店的桌椅與裝飾，再加上現沖咖啡與手工麵包的溫暖香氣，無違和感的現代新美學在此蔓延。

GEMSTONE

젬스톤

DATA

부산시 영도구 대교로6번길 33(오양대교맨션)(봉래동) (0507)1444-1206 11:00～22:00 各式飲料麵包約4,700～8,500₩ 入口位於影島Home plus大賣場附近的公寓1樓。**1**.從地鐵111南浦站出發，搭計程車約5分鐘、4,800₩，若步行前往約1.5公里、25分鐘；**2**.或從地鐵111南浦站6號出口，順路右彎直走，上橋前的公車站牌搭88A、186、190公車，約10分鐘在「교통순찰대」(交通巡查隊)站下車，再步行約5分鐘前往 為了安全，店內部分空間禁止小孩進入 MAP P.133／A2

廢棄泳池的休閒氣息

隱身在舊社區的咖啡店，即便有新裝設的玻璃大門，也絲毫感覺不出有什麼特別，可是經過點餐櫃檯，再往裡面走幾步，卻頓時會湧起驚訝的感覺。「GEMSTONE」由廢棄游泳池改造，保留舊時的場地設施和各式標誌，為了維持游泳的休閒氣氛，座位空間寬敞不擁擠，除了復古的馬賽克磁磚與浴室置物櫃，也添加充滿設計感的桌椅布置，是個沒有壓迫感，可以盡情拍照的流行熱點。

新起產業

신기산업

DATA

www.sinki.co.kr 부산시 영도구 와치로51번길 2(청학동) (070)8230-1116 咖啡店11:00～23:00，雜貨店12:00～21:00 各式飲料點心5,500～12,000₩ 地鐵111南浦站6號出口，順路右彎直走，上橋前的公車站牌搭9號公車，車程約30分鐘，在「롯데낙천대」(樂天Nakcheondae)站下車對面即到，從咖啡店前木階梯再往下走可到雜貨店 為了安全，頂樓禁止13歲以下小孩進入 MAP P.133／D3

在地企業的多元轉型

釜山影島上的這個白色貨櫃屋，除了是擁有制高點絕佳視野的咖啡店，也是1987年於影島起家的文創產業「新起」的所在地。原是製作鈴鐺的工廠，經過數十載的經營與逐漸轉型，如今「新起」包辦設計、製造和流通，從禮物用品、辦公文具，到結合漫畫卡通的造型小物，持續開發新商品。

此外在咖啡店下方的「新起雜貨店」，這裡銷售的文創商品，以釜山在地設計師的作品為主，可以買到充滿釜山味的設計小物，更具有紀念意義。

Brown Hands百濟

브라운핸즈백제

DATA

http www.brownhands.co.kr(韓) ✉ 부산시 동구 중앙대로 209번길 16(초량동) ☎ (051)464-0332 ⏰ 10:00～21:30 $ 各飲料點心5,000～8,500₩ ➡ 地鐵113釜山站7號出口直走約1～2分鐘巷口左轉，再直走約1～2分鐘的右邊 MAP P.140／D2

紅磚老牆的歷史痕跡

「Brown Hands」是以自然素材為主，來製作手工生活風用品的設計家具公司，同時也經營藝廊咖啡店。位於釜山火車站對面小巷裡的分店，這棟1922年建造的古老西洋式紅磚建築，最初為釜山第一家現代化綜合醫院「百濟醫院」，後歷經多樣用途，1972年遭逢火災後將5樓部分拆除。

目前2樓以上是辦公室或藝文空間，而1樓咖啡店內部，保留老舊磚牆和木造結構，結合藝術品的展示，是極具復古風的特色咖啡店。

草梁1941、草梁845

초량1941、초량845

DATA

http IG：choryang ✉ 부산시 동구 망양로 533-5(초량동) ☎ (051)462-7774 ⏰「草梁1941」10:30～18:00；「草梁845」11:00～21:00 休「草梁1941」每週一；「草梁845」每週三 $ 兩家的飲料餐點約4,000～15,000₩ ➡ 參考P.139望洋路，「草梁845」在前，可由此進入，通往後方高處的「草梁1941」，或是從左邊斜坡往上，穿過停車場前往 ⁉「草梁1941」入口有寫請勿帶大相機和筆電。部分區域小孩無法進入 MAP 140／B1

擁抱釜山港的往日情懷

釜山站對面山腰的望洋路，在韓國舊地址屬於草梁洞的範圍，「草梁1941」是日據時代1941年建造的日本商人家屋，度過年久失修的歲月，經整理後目前是特色咖啡店，但這裡最有名的是各種口味的牛奶。前方的「草梁845」，名稱包含舊地址的門牌號碼，由老工廠改建，2樓擁有面對釜山港的絕佳視野，店內提供單西式簡餐和甜點飲料，1樓是藝文展示空間，即使不在櫻花的季節，也是望洋路上值得探訪的祕境。

在韓國吃素食

近年韓國素食人口漸增，在部分大城市能找到令人驚艷的素食餐廳，滿足基本需求，但五辛素仍不易克服，請一般店家特製素菜通常也有難度。若有純素需求，可先尋找素食店家，以翻譯軟體(P.33)溝通後再料理。建議以鍋邊素、方便素為佳，或選擇有廚房可煮食的住宿，自備素食泡麵罐頭，韓國很常見的微波盒裝飯「즉석밥」，亦可解決素食用餐問題。

註：韓網搜尋「Vegan」，或英文網站「HappyCow」，輸入城市名稱可查詢素食料理餐廳。

WHERE TO EAT

■茶田(P.168)　■素食與我(本頁)

素食與我

베지나랑

DATA

blog.naver.com/vege_narang 부산시 수영구 광안해변로370번길 9-32(민락동) 901호 (070)4177-5555 11:30～15:00、17:00～21:00，最後點餐20:00 單點約11,500～26,000₩，套餐20,000～55,000₩/人 在民樂水邊公園旁，距離地鐵站較遠，建議搭計程車前往。從地鐵廣安站5號出口搭計程車，車程約9分鐘，車費約5,300₩ 團體5人以上、A套餐要先預約。中秋春節等特殊假日，建議先詢問是否營業 MAP 219／D1

連五辛香料都無添加的純素食

從無咖啡因的博士茶，酪梨飯捲裡的豆鮪魚醬，香酥可口豆豬排，好像糖醋肉的油炸香菇佐梅子醬，類炒碼麵的辣炒米線，有神似鮑魚的香菇鍋巴湯，店家推薦油炸秀珍菇，到以濟州島橘子醬調味的豆優格(無牛奶)，都是沒有五辛調味的餐點，完全純素食的人能放心用餐。「素食與我」榮獲2022年韓國消費者產業評價的外食業金牌，口味清爽不油膩，搭配廣安大橋的美麗海景，若想坐靠窗戶的位置，記得一定要先預約。

玩家筆記

容易被誤認是素食的韓國料理

韓國素食分法與台灣有異，基本沒有五辛禁忌，但為符合傳統料理的製作，卻有海鮮素、雞鴨素等類別，吃嚴格全素的人要多留意。「泡菜」除抹鹽與加辣，還會以蝦醬、魚露調味，大多為葷食，純素泡菜不易購買。「韓式拌飯」的專門餐廳，通常會以肉類高湯來烹煮米飯。「湯麵」無論熱或冷食，大多會以海鮮、牛骨等熬製湯底。

韓國連鎖的「LOTTE　Mart」(樂天超市、P.73)，增設素食冷凍食品專區，可以參考利用。

1酪梨飯捲(아보카도롤) 2香菇鍋巴湯(버섯누룽지탕) 3辣炒米線(스페셜볶음쌀국수) 4油炸香菇佐梅子醬(매실찹쌀탕수) 5豆豬排(흑미콩까스)

乾一杯韓國三大酒

韓國酒類飲品界的三大天王，分別是：燒酒、啤酒、馬格利酒，其中燒酒的地位，足以堪稱「國民酒品」，是大部分餐廳、小吃攤和居家必備的主角，其他二者也不遑多讓，這三種酒有些品牌是全韓國都可以買到，但也有所謂的在地品牌，外地是買不到的喔！

燒酒

燒酒是蒸餾酒，古時候多是酒樓客棧自行釀製，或是個體戶的小規模經營，以前使用稻米為主要原料，韓戰後因糧食缺乏，逐漸改以穀物釀造。現在原味燒酒的酒精濃度，多介於16.9～21%，若不善於喝酒但又想體驗小酌，可以選擇酒精濃度約13.5%的水果口味燒酒，對於初次飲用的人來說更好入口，接受度也相對較高。

大鮮酒造(대선주조)

釜山代表

「大鮮」是釜山歷史最久的酒類製造商，成立於1930年的日據時期，名稱由「大」日本和朝「鮮」組成，光復後的1996年，推出「C1」(시원)品牌燒酒，名稱有「Clean　No.1」和韓文「시원하다」(爽)的含義，酒精濃度19%，受到

| 玩 | 家 | 筆 | 記 |

這些是酒嗎？

是的，這些都是「酒」喔！從柚子、水蜜桃燒酒開始，近幾年韓國陸續出現許多水果味燒酒、氣泡酒，有些包裝圖案可愛的酒類，常會被誤認是果汁和汽水，最簡單的分辨方式，就是酒類瓶身上會註明「ALC」酒精濃度。相較於同類酒品，水果酒的酒精濃度較低、較好入口，來韓國旅遊時，不妨嘗試看看囉！

中年以上客群歡迎，全盛時期在韓國有90%的市占率。

2017年推出用公司名稱「大鮮」(대선)為品牌的復刻版燒酒，以偏好低濃度燒酒的年輕消費者為主要族群，要讓燒酒的口感更為柔順好入口，因此酒精濃度下調至16.9%，此外也推出更低濃度的水果口味燒酒，要讓老酒廠也能有跟上潮流的清新形象。

http c1.co.kr (韓)

大鮮燒酒
(대선)

C1燒酒
(시원)

| 玩 | 家 | 筆 | 記 |

燒酒常見搭配美食

很少有賣韓式料理的餐廳會沒有燒酒，因此除了西餐以外，幾乎所有韓餐都能搭配燒酒，但是以外國遊客來說，因為深受韓劇的影響，多半還是會在燒烤店裡吃肉喝燒酒囉！

昌原(馬山)代表

舞鶴酒造(무학주조)

「舞鶴」是馬山代表的釀酒廠，從1929年成立至今，生產多個品牌酒類，其中最為人熟知的，莫過於「好日子」(좋은데이、GOOD DAY)，以年輕人為主要客群，原味燒酒濃度僅16.9%，亦有推出多種口味的水果燒酒和碳酸酒，希望任何人都能沒有負擔、愉快地喝燒酒。

為了讓老酒廠有年輕氣氛，也推出創意酒類，「好日子」1929系列燒酒，酒精濃度更低(15.9%)，主要鎖定19～29歲消費族群，1929也代表「舞鶴」的成立年分，瓶身採全透明玻璃瓶，有別於以往的綠色燒酒瓶，此外將兩瓶1929燒酒放在一起，中間會出現愛心，適合作為另類的告白禮物唷！

GOODDAY MUSEUM酒博物館，P.294

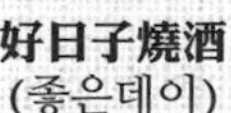

好日子燒酒
(좋은데이)

酒精濃度僅有5%的碳酸燒酒

好日子1929系列燒酒

馬山釀酒業的發展

馬山港的背景與起源

「漕運」是古代的重要財政制度，為水路調運糧食的經濟模式，臨海的馬山，成為古時候的國家糧倉。「米」是朝鮮半島的主食，也是釀酒的主原料，加上有好水質與適宜的氣候，以及港口發展，都是馬山釀酒業的發展助力，進而成為慶南地區的穀物集散地與經濟中心。

馬山港於19世紀末開港，以農作物外銷和進口絲織品等為主，之後貿易量迅速成長，日據時期，通過馬山港(經濟)和旁邊鎮海港(軍事)的綜合發展，打開馬山的近代產業之門，對外和日本、中國進出口貿易，對內則藉由釜山港、蔚山港與公路、鐵路等，將貨物流通到各地。

日據時代的酒鄉馬山

日據時期為了增加財政收入，在各地成立釀酒廠，馬山因具備極佳的釀酒條件與發展背景，使得在地釀酒業發展興盛，1930年代末期，馬山地區的工商業，實際上由釀酒業主導，成為代表馬山的鄉土產業，生產量超越釜山，更創全國最高的紀錄。

解放後的馬山燒酒

日據解放後，日本人在馬山留下幾家釀酒工廠，1970年代為了抑制燒酒公司過度競爭，依據韓國「一道一廠」的政策原則，馬山僅留下「舞鶴」釀酒廠，即便該政策後已廢止，但受到韓國消費模式的影響，形成各地區僅有少數幾家燒酒公司的現象。

| 玩 | 家 | 筆 | 記 |

燒酒輕便裝

韓國人常喝燒酒是出了名的，不只是吃飯要喝，有時就連登山健行，或到球場看比賽時，也要跟朋友來一杯，但舊式的玻璃瓶裝燒酒太重、攜帶不便，而易碎也會有一定的危險性，為此開發出輕便包裝，以寶特瓶、鋁箔包來裝燒酒，既能減輕重量，也符合韓國體育活動的入場標準，此外，也可以是新奇少見的伴手禮，當成禮物分送親友喔！

啤酒

啤酒於20世紀初傳入朝鮮半島，相較於燒酒和馬格利酒，有著讓人感覺較為年輕的形象，目前在韓國的市占率，最高的是OB公司的「cass」和「OB」品牌，次之為hite公司的「hite」和「Max」品牌，而hite公司於2019年推出清爽口感的「TERRA」啤酒，由知名演員孔劉代言，受到女性們歡迎，喜愛啤酒的人千萬別錯過！

清爽 → 較苦

馬格利酒

又稱濁酒或濃酒，為發酵類的酒，主原料是米，但和台灣米酒不同，馬格利酒帶有氣體，呈現混濁米白色，除了主原料，有時也會結合各地特產來製作，是韓國歷史悠久的傳統酒，有分生鮮要冷藏的包裝，或是常溫可保存的版本，一般來說比較推薦生鮮的馬格利，雖然保存期限短，但是「尚青」的才最好喝囉！

|玩|家|筆|記|

啤酒常見搭配美食

在韓國的各類本國和異國餐廳，都幾乎沒有違和感，啤酒更略勝一籌，甚至許多文青咖啡店，晚上還會變身手工啤酒酒吧，但一般外國遊客最熟悉的，想必是炸雞配啤酒，以及滿街都能看到的燒烤店囉！

馬格利常見搭配美食

因為有著「傳統酒」的背景，馬格利濁米酒給人較為年長的印象，通常在韓式料理店出現，特別是山區景點附近的餐廳，和有賣傳統煎餅的店家，總覺得這樣才最為搭配！

去蒸氣房放鬆舒壓

「蒸氣房」是韓國常見的休閒場所，爽快地洗澡後，享受泡湯和蒸氣烤箱，藉以打通氣血、保養美容，也很推薦付費搓澡，全身去角質後搓下驚人汙垢，感覺肌膚瞬間變光滑。此外依照蒸氣房的規模，還有食堂、睡眠室、兒童遊戲室和美容按摩室等附加服務。一般蒸氣房入場費約15,000₩左右，可使用約12小時，若只要三溫暖(洗澡)為12,000₩左右，搓澡按摩約25,000～60,000₩，以現金交易為主，部分使用感應式鑰匙，場內消費會記錄在鑰匙內，於離場時再次結帳。

旅遊小祕方！

使用蒸氣房注意事項

- **需自備的物品：**浴室裡通常會有肥皂和牙膏，建議可攜帶慣用的小包裝沐浴用品，也可在更衣室的櫃檯購買。
- **鑰匙和貴重物品：**可將置物櫃鑰匙套在手腕、腳踝或綁在頭髮上，若遺失務必立刻通知服務人員！特殊貴重財物建議詢問入口櫃檯是否可另外保管。
- **注意身體狀況：**常有溫差過大的情況，患有心臟病、高低血壓，及飲酒後的人需謹慎使用，一般人也請隨時注意身體狀況。
- **浴室的清掃時間：**通常會在深夜1～5點的冷門時段，安排職員打掃浴室和泡湯池，此段時間可能無法洗澡泡湯。

蒸氣房大不同

汗蒸幕(한증막)

韓國傳統的汗蒸幕，經由燃燒松木，讓火窯保持攝氏70℃以上高溫，熱氣使身體加速排汗、提高新陳代謝，藉以排出體內毒素，需覆蓋或墊鋪麻布防止燙傷，且勿攜入3C產品和易燃的報章雜誌。

各種溫度的汗蒸幕

蒸氣房(찜질방)

蒸氣房大廳有不同樣式、溫度和效果的土窯，如：水晶窯、粗鹽窯、黃土窯、寶石房和低溫房等，還有各種休息空間，提供墊子和枕頭，部分也有男女分開的睡眠室。

休息大廳有各種溫度功能的水晶窯和寶石房

韓式三溫暖(사우나)

男女分開使用，有淋浴、烤箱、蒸氣室和搓澡按摩(另外付費)，只使用三溫暖會提供毛巾但沒有衣服，入場價格也較便宜。通常25,000₩是基本全身搓澡，以下金額單搓背，以上金額加按摩敷臉。

更衣室裡的商品櫃檯，有販售各種沐浴相關的用品

蒸氣房的餐點小吃

果汁(생과일쥬스)，較常見的口味是草莓(딸기)、奇異果(키위)、番茄(토마토)等

煮泡麵(라면)

湯餃定食(만두국정식)

紅豆冰(팥빙수)

甜米露(식혜)

柿子醋(감식초)

泡麵湯餃(라면만두)

汗蒸幕蛋(훈제란)

梅實汁(매실)

冰咖啡(아이스커피)

海帶湯定食(미역국정식)

大醬鍋定食(된장찌개정식)

使用蒸氣房 Step by Step

各家蒸氣房的使用過程大致相似，少部分偶有差異，但不會相差太多，無需太過擔心！

STEP 1 櫃檯付費

在櫃檯付費，領取鑰匙、毛巾(通常每人兩條)和蒸氣服(찜질복)，之後在入口處附近找到和鑰匙上號碼相同的鞋櫃放鞋子。

STEP 2 前往更衣室和浴室

前往男女生分開的更衣室和浴室，通常都會有明顯的圖案、標誌或文字，可以分得出來該往哪邊走。

STEP 3 使用置物櫃

到更衣室裡找和鑰匙上相同號碼的置物櫃(開關不限次數)放個人物品，之後前往旁邊的浴室洗澡。

STEP 4 先洗澡

沐浴設備多為大眾一起的淋浴，請先洗澡之後，再使用泡湯和蒸氣室等設備，也可以選擇付費按摩、全身去角質或藥草坐浴蒸氣等項目。(除非要使用泡湯或蒸氣室，不然也可以離場前再洗澡，次數上沒有限制)。

韓式三溫暖都是共浴，沒有單獨隔間

STEP 5 使用蒸氣房

換上蒸氣房提供的衣服，前往男女共用的大廳休息，使用各種溫度和功能的蒸氣房土窯設備，也可在販賣部(매점)或餐廳(식당)，購買甜米露、汗蒸幕蛋來補充水分和蛋白質，或在此用餐。

蒸氣房提供的衣服、毛巾、鑰匙

蒸氣房內販賣部

STEP 6 休息、歸還鑰匙

在大廳內休息或過夜之後，回到更衣室換回自己的衣服，並拿取私人物品和鞋子，離開時將鑰匙還給櫃檯的服務人員。

WHERE TO GO

- 虛心廳(P.179)
- SPA LAND (P.217)
- AQUA PALACE (P.221)
- HILL SPA蒸氣房(P.315)
- CLUB D OASIS水上樂園(P.316)

| 玩 | 家 | 筆 | 記 |

蒸氣房的實用韓文

用品、設備

- 男子／남자
- 女子／여자
- T恤／티셔츠
- 短褲／반바지
- 毛巾／수건
- 鑰匙／열쇠
- 鞋櫃／신발장
- 置物櫃／보관함
- 廁所／화장실
- 浴室／욕실
- 墊子／매트
- 枕頭／베개
- 毯子／담요
- 梳子／빗
- 肥皂／비누
- 牙膏／치약
- 吹風機／헤어드라이어
- 搓澡布／때밀이수건
- 睡眠室／수면실
- 按摩室／마사지실
- 美容室／미용실
- 電影欣賞室／영화감상실
- 指甲美容／네일아트
- 搓澡／때밀이
- 坐浴／좌욕
- 黃瓜搓澡／오이 때밀이
- 油壓按摩／오일 마사지
- 精油按摩／아로마 마사지
- 特別精油按摩／스페샬 아로마
- 維他命按摩／비타민 마사지
- 頭皮按摩／두피 마사지

餐點小吃

- 冷飲／시원한 음료
- 熱飲／뜨거운 음료
- 甜米露／식혜
- 柿子醋／감식초
- 梅實汁／매실
- 石榴汁／석류
- 草莓果汁／딸기 쥬스
- 奇異果汁／키위 쥬스
- 咖啡／커피
- 綠茶／녹차
- 生薑茶／생강차
- 紅棗茶／대추차
- 柚子茶／유자차
- 紅豆冰／팥빙수
- 汗蒸幕烤蛋／훈제란
- 杯裝泡麵／컵라면
- 煮泡麵／라면
- 年糕泡麵／떡라면
- 湯餃定食／만두국정식
- 大醬鍋定食／된장찌개정식
- 拌飯／비빔밥
- 泡菜鍋／김치찌개
- 嫩豆腐鍋／순두부찌개
- 煎餃／군만두
- 刀切麵／칼국수
- 辣牛肉湯／육개장
- 水冷麵／물냉면
- 拌冷麵(辣)／비빔냉면
- 冰豆汁麵／냉콩국수
- 辣炒年糕／떡볶이

實用會話

- 可以幫我保管______嗎？
  ______을 좀 보관해 주실 수 있어요?
- 請問清掃時間是幾點到幾點呢？
  청소시간이 몇시부터 몇시까지예요?

＊製表：Helena(海蓮娜)

釜山
地鐵快易通

釜山地鐵系統

釜山的都市鐵道(도시철도)，就是所謂的地鐵(以下簡稱)，目前有4條路線，搭配金海輕軌和東海線電鐵，使釜山市區來往金海機場、機張郡的交通有更多元便利的選擇。

釜山各地鐵站的營運時間，大約是在05:30～23:30，部分班次為區間運行，末班車有可能無法轉乘其他路線，若有特殊情況須在較早或較晚的時間搭乘，建議事先查詢當日車班情況。(地鐵路線圖請看本書封面裡)

釜山交通公社
http www.humetro.busan.kr (韓、中、英、日)

釜山金海輕軌電鐵
http www.bglrt.com (韓、英)

釜山地鐵1～4號線

1、2號線歷史較久，電梯和手扶梯偏少，近年有陸續更新設備，以及更換閘門樣式，相較以往便利不少。地鐵車票主要為單程票和交通卡，搭乘距離在10公里內為1區間，超過則為2區間，1～4號線相互轉乘時通常無須出站，依照站內指標前往月台搭乘即可。

地鐵1～4號線的單程票，和金海輕軌、東海線電鐵互不通用。

釜山金海輕軌電鐵

連接釜山、金海兩地，行經金海機場，高架列車行駛，有便利的手扶梯和電梯，雖然與地鐵單程票不通用，轉乘須先出站後再進站，但可用交通卡取得轉乘優惠，若使用單程票需回收，出站後投放在刷票口前的透明箱子。

東海線電鐵

東海線電鐵(동해선전철)❶由韓國鐵路公社營運，和原火車路線並行❷，讓釜山市區來往機張的交通更方便，可刷交通卡或於入站閘口附近機器購買單程票搭乘(不是在火車售票櫃檯購票)。站名指標多為韓、英文，在本書的各站介紹部分，特別加入英文站名，以利讀者辨識。目前開通釜田～太和江區段，相關轉乘站如下：

■**地鐵轉乘站：**巨堤(3號線)、教育大學(1號線)、BEXCO(原地鐵205市立美術館站)。

■**火車轉乘站：**釜田、Centum、新海雲臺、機張等。

❶轉乘地鐵時，要先出站後再進站，或是跨區域時多刷一次票卡。

❷若該車站為東海線電鐵和火車的共用站，區分月台的方式，東海線要刷票出入閘口，但火車購票後可直接往月台乘車。

■釜山地鐵1～4號線票價(大人)

類別	票價		備註
	單程票	交通卡	
1區間	1,550₩	1,450₩	10公里內
2區間	1,750₩	1,650₩	10公里以上
1日票	每張5,500₩	＊購買當天不限次數使用 ＊不可以搭乘公車和電鐵 ＊詳見本頁「旅遊小秘方」	

■釜山金海輕軌電鐵票價(大人)

類別	1區間		2區間	
	單程票	交通卡	單程票	交通卡
票價	1,550₩	1,450₩	1,750₩	1,650₩

■東海線電鐵票價(大人)

類別	票價		備註
	單程票	交通卡	＊車程每超過10公里加200₩ ＊釜山、蔚山太和江二區間連續搭乘時加200₩
票價	1,400₩	1,300₩	

＊以上資訊若有異動，依當地最新公布為準，前往時請務必再次確認。
＊製表：Helena(海蓮娜)

釜山地鐵1日票

新版的地鐵一日票，已無實體票券，僅能透過手機APP「부산철도공사」(釜山鐵道公社)，於購票機上購買，但目前鎖定區域，外國版手機無法下載該APP。

釜山地鐵和金海輕軌電鐵的換乘

地鐵和電鐵間可從227沙上或317大渚站換乘，須先出站再進站，其中317大渚站為3號線起站，轉乘位置距離較近，就在樓上樓下、有電梯連接，可避開人潮較多的西面和沙上站，雖然要多坐幾站，但較節省力氣，建議可走此路線；於沙上站轉乘時，中間需步行約5～10分鐘的連接通道。

東海線電鐵和火車轉乘

因系統不同，在兩者之間換乘時，要留意交通卡的刷進刷出；換乘火車須先購票後再上車，於車上補票時會加收費用(可參考P.32「玩家筆記」說明)。

交通卡
교통카드

韓國兩大交通卡「T-money」「cash bee」卡，已經整合為全國互換(전국호환)、具有「OneCard All Pass」標誌的全國通用卡，搭乘釜山市內的大眾交通皆可使用，或是在部分商店、販賣機等可小額付費，若無特殊需求，以上兩種卡片擇一即可。

使用交通卡搭乘釜山的地鐵、電鐵和公車，下車後30分鐘內，換乘其他交通工具，能享票價折扣優惠，可換乘2次(每天最多4次)，但地鐵同號線車站和同一路線公車之間換乘不能享有優惠。若要使用換乘優惠(一人一卡)，下公車時要再刷一次卡，之後轉乘地鐵才可享有優惠。雖然卡片基本費不一定能全部賺回，但可節省購票或準備零錢的麻煩，因此仍建議使用交通卡為佳。

新版T-money交通卡的一般基本卡(空卡每張售價2,500₩)

有提供購買、儲值T-money卡服務的店家標誌

新版cash bee交通卡的一般基本卡(空卡每張售價2,500₩)

有提供購買、儲值cash bee卡服務的店家標誌

T-money卡
www.t-money.co.kr (韓)

cash bee卡
www.cashbee.co.kr (韓、英)

■釜山交通卡的銷售與儲值 (T：T-money卡、C：cash bee卡)

店家	銷售	儲值	說明
GS 25便利商店	T卡、C卡		■搭乘釜山的地鐵、電鐵和市內公車，部分商家、販賣機小額付費 ■電鐵機場站內無販售交通卡，請在金海機場國際線大廳的7-11購買
CU便利商店			
7-11便利商店	C卡	T卡、C卡	
其他超商、雜貨店	T卡、C卡		
地鐵站、電鐵站	C卡	T卡、C卡 東海線電鐵站的加值機，目前無法儲值C卡	

＊以上資訊若有異動，依當地最新公布為準，前往時請務必再次確認。
＊製表：Helena(海蓮娜)

交通卡購卡費用

交通卡基本卡面的每張2,500₩，特殊卡面圖案的每張4,000₩起，其他另有手機吊飾款可選擇。(亦可使用結合換匯＆交通卡功能的卡片，可參考P.37)

小孩、青少年交通卡優惠登錄

在便利商店購買小孩、青少年交通卡，請店員協助登錄使用者的出生年月日(생년월일)，即可使用優惠票價，部分店家可能因電腦連線問題無法提供登錄服務，購買前可先確認。

如何退還餘額

交通卡餘額未滿20,000₩，可於部分便利商店辦理退款，CU、MINI STOP、e mart 24等可處理，但須扣除500₩手續費，購卡費不退，卡片可保留，日後繼續使用，若餘額過多，處理手續較為麻煩，因此不建議儲值過多。

|玩|家|筆|記|

交通卡的實用韓文

■請幫我儲值 충전해 주세요

■請幫我退款
환급 부탁드려요

■請把交通卡還給我
교통카드를 되돌려 주세요

■交通卡無法使用
카드가 안 돼요

■小孩／青少年交通卡優惠登錄
어린이／청소년 할인등록

■出生年月日 생년월일

購票、儲值

釜山地鐵站裡的售票、儲值機，已陸續更新為綜合多功能的新版機器，並且韓國各種面額的紙鈔、銅板皆可使用，因此已撤除原來的換鈔機，使用上也更為便利。

新版的釜山地鐵單程票

紙鈔找零口會限時關閉，請盡快取出紙鈔，避免還要呼叫站務人員處理。

售票機操作解說 Step by Step

釜山地鐵、電鐵❶以出發站為基準，依距離分為兩個區間收費，售票機都有中文介面可輕鬆購票，唯須留意非優惠身分者不能使用優惠票價，請選擇使用正確價格的車票。

❶電鐵乘車區間各自獨立，不與地鐵相加計算。

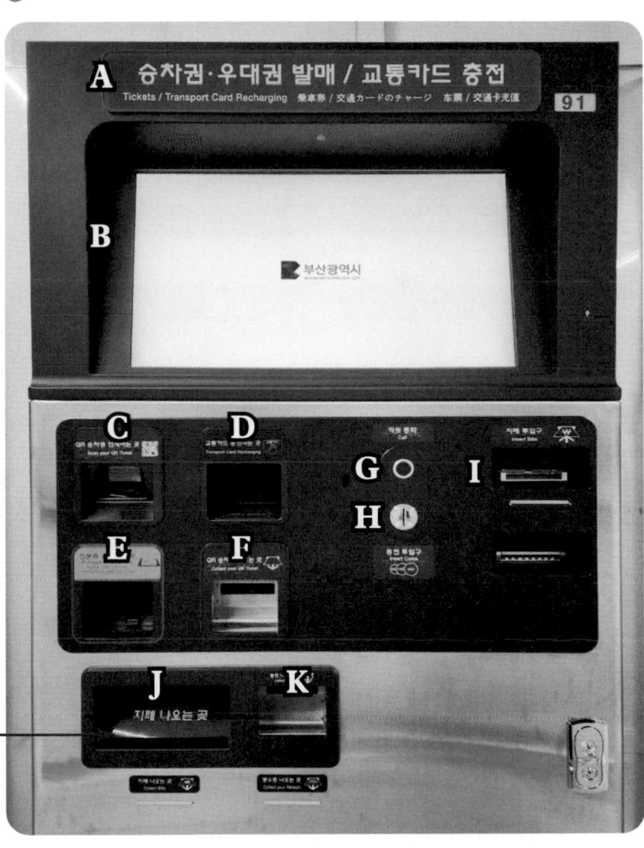

A.乘車券、優待券販賣 / 交通卡加值 / B.觸控畫面操作 / C.QR乘車券印出 / D.交通卡放置處 / E.身分證讀取(韓國人優待票使用) / F.QR乘車券出票 / G.與站務人員通話 / H.銅板投入口 / I.紙幣投入口 / J.紙鈔找零 / K.銅板退還

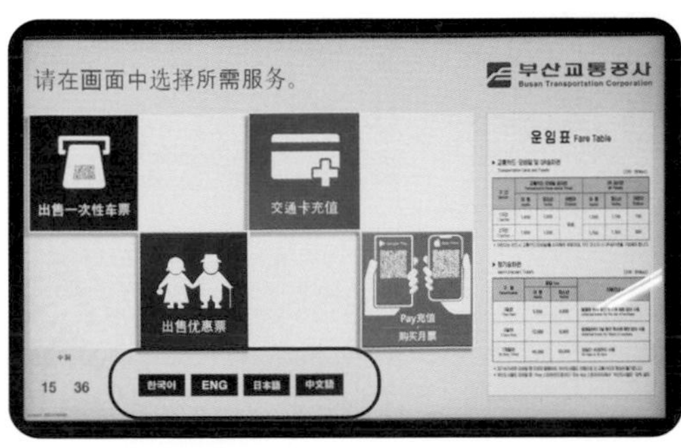

觸控式螢幕的下方，可以切換韓、中、英、日等語言介面，使用上相當方便

交通卡加值 Step by Step

STEP 1 放置交通卡

點選「交通卡充值」，把交通卡放在螢幕下方紅框的位置。

STEP 2 點選加值金額

點選要加值的金額，或是手動輸入想要加值的其他金額。

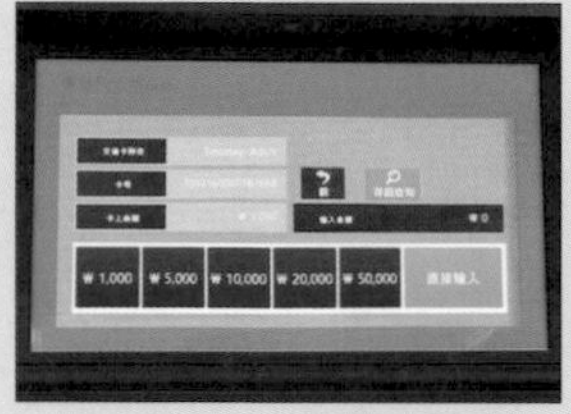

STEP 3 金額確認

確認加值相關訊息，之後投入大於加值金額的紙鈔或銅板。

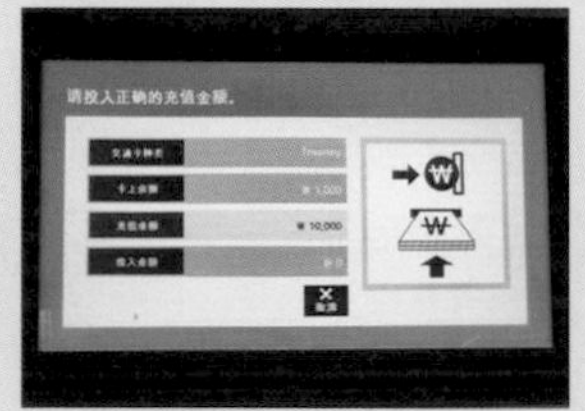

STEP 4 投幣

最新版的機器，可收全部面額的韓國紙鈔和銅板，無需換鈔票。

STEP 5 加值

加值中請稍候，加值完成前請勿碰觸移動交通卡，避免加值失敗。

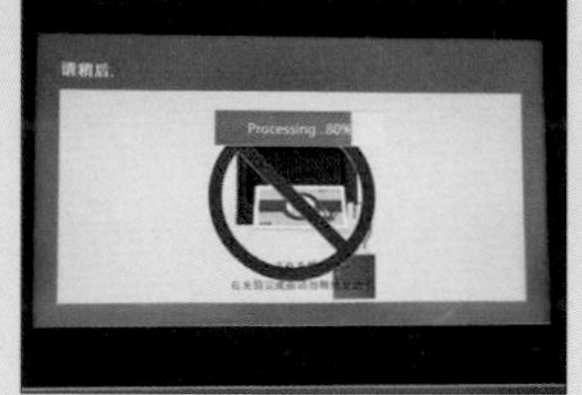

STEP 6 收據、找零

加值完成，選擇是否需要收據，若有找零請記得迅速取回。

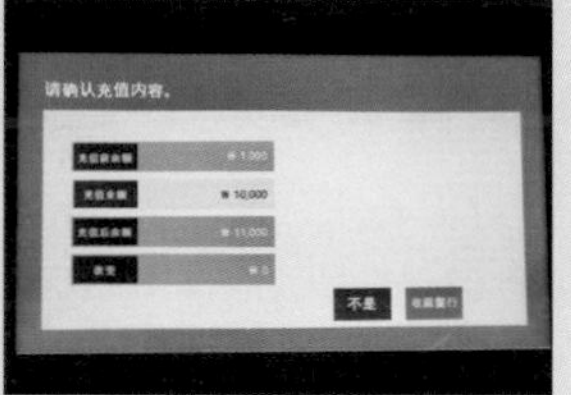

＊若紙鈔久未取回，找零口外蓋會關閉，須呼叫站務人員處理

購買單程票 Step by Step

STEP 1 選擇車站

點選「一次性車票」，在路線圖上點選要前往的車站。

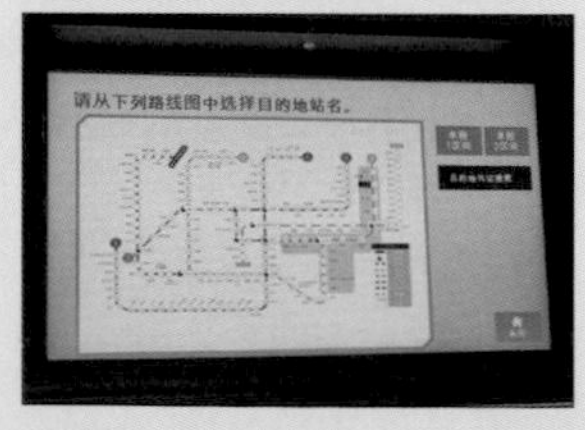

STEP 2 確認範圍

點選螢幕可把路線放大，粉紅色底色是同一區間的範圍。

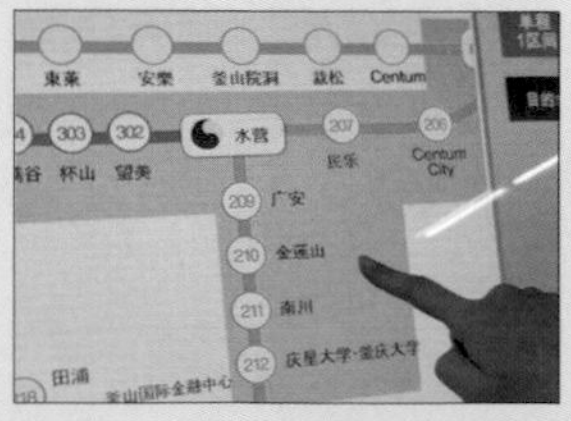

STEP 3 選擇車票種類

選擇車票種類、要購買的數量，另有青年、兒童優惠券種。

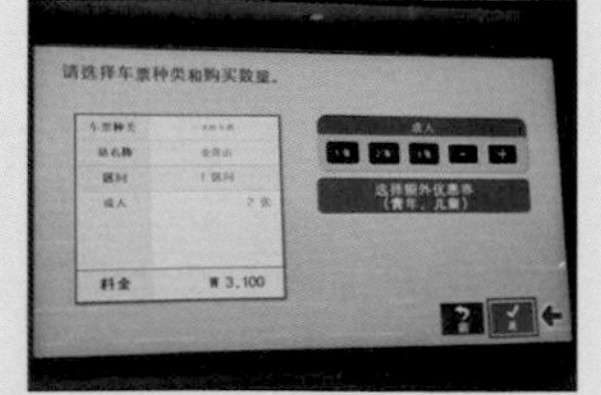

STEP 4 投幣

投入購票現金，全部面額的韓國紙鈔和銅板皆可以使用。

STEP 5 取票

出票中請稍候，之後於螢幕下方取回新版的QR票券。

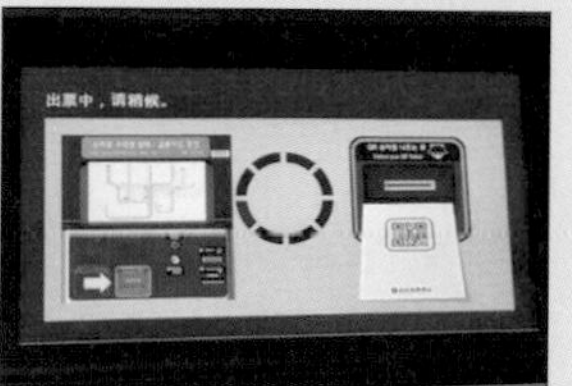

STEP 6 收據、找零

購票完成，選擇是否需要收據，若有找零請記得迅速取回。

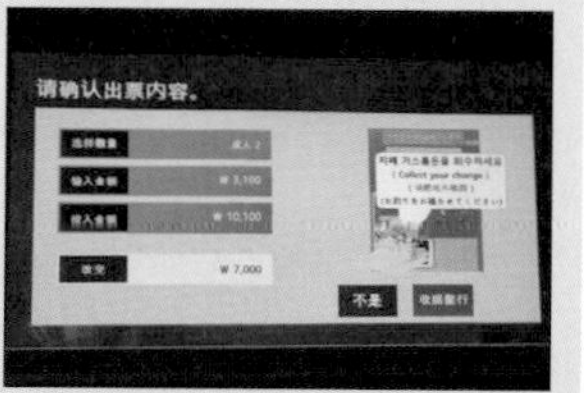

＊若紙鈔久未取回，找零口外蓋會關閉，須呼叫站務人員處理

地鐵注意事項

- **禮讓博愛座**：韓國人認為年輕力壯、好手好腳的人不應該坐博愛座，若誤坐有可能被斥責，因此請盡量避免坐博愛座(尤其是每節車廂前後端的)；除了在每節車廂的前後端設置博愛座外，中段也會有幾個座位設成博愛座，會有一般人可以看得懂的座位標示。
- **不可以飲食**：以往地鐵車廂內可以吃東西(輕食、點心為主)，但疫情之後，雖然目前乘車時已無須全程配戴口罩，但仍少見有車內飲食的情況。
- **叫賣、募款**：在地鐵車廂裡，可能會遇到叫賣或募款，若把商品或文宣發到手上，韓國人通常會先拿著，等對方發完後再回來收，不用一開始就拒絕，是否購買或捐款也可隨意。
- **推行乾淨廁所**：使用地鐵站的廁所時，衛生紙請投入馬桶沖掉，其餘如衛生用品的廢棄物則丟到垃圾桶。
- **廁所(화장실)位置**：地鐵1、2號線多在刷票口外，但3號線多在刷票口內。
- **手機充電**：釜山地鐵站內提供手機充電服務，使用位置通常在該站的顧客服務中心或刷票口附近。

搭地鐵撇步

釜山地鐵路線雖然不算太多，但大部分景點都能搭地鐵前往，不會韓文也沒問題，只要掌握幾個訣竅，一樣可以暢遊釜山。

車站有顏色、數字、中文可辨識

地鐵每條路線都有代表顏色，每個地鐵站也都有專屬站編號，且多有中文可辨識，例如110札嘎其站：

■地鐵站外標示

確認方向刷卡入站

部分地鐵站上、下行月台分為兩邊，中間互不相通，如果走錯須從對向再次進站，刷卡入站前要先確認前往的方向，刷票口上方的指示牌，會標出該方向列車前往的終點站和較大站，也有中文可辨識。

轉乘和出口指標

地鐵站內有各種指標，指出轉乘或出口等方向，除了路線顏色的方向指示外，大部分都有中文標示，依照指標走即可，無需太擔心迷路的問題。

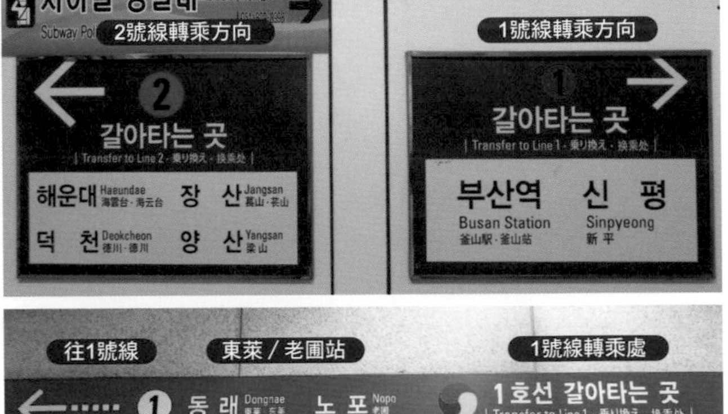

車廂內字幕顯示、語音播報

車廂內到站資訊字幕以韓文、英文站名，搭配站編號數字顯示為主，語音廣播以韓、英文為主，大站、重要站、轉乘站有中、日文，但外語播報時，站名部分仍是以韓語發音，建議可搭配月台指標來確認到達站點。

刷交通卡&QR紙票

刷票卡進出地鐵站時，請「右手持票卡」、走「綠色箭頭」的方向，刷票成功、機器前方亮燈後，即可通過刷票口入站、出站。

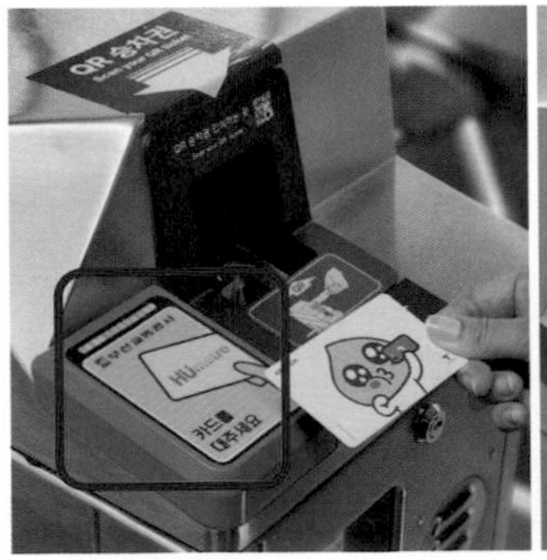

刷交通卡的位置

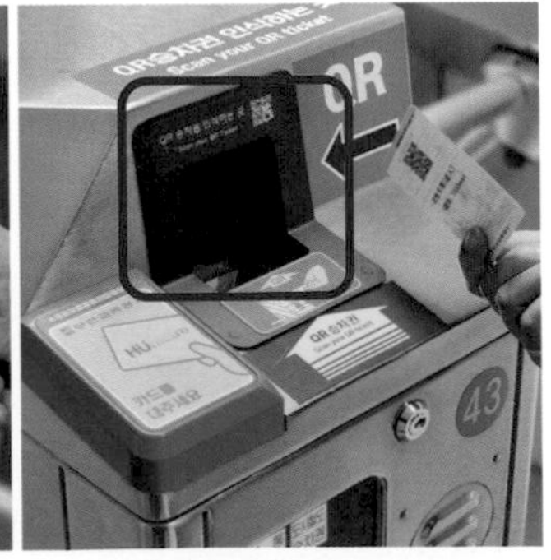

刷QR紙票的位置(出站不回收)

西面站轉乘提醒

釜山地鐵1、2號線交匯的西面站，2號線是雙向同乘車月台，近年亦有增設手扶梯，所以轉車換乘較沒有問題。但1號線的雙向月台是分開兩邊，雖然走錯還是可以站內再換過去，但就是浪費時間體力，因此在上樓梯之前，要先確認前往的方向喔！

地鐵站哪裡有電梯

釜山地鐵站內的電梯，位置通常是跟輪椅出入口在一起，若有攜帶大型行李，下了地鐵後可在月台上找一下電梯的標誌，這樣大行李箱也可以通過輪椅出入口進出。

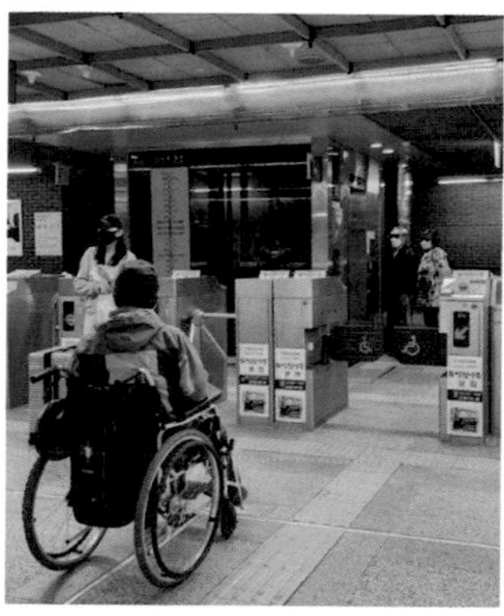

如何推大行李

釜山地鐵的部分車站，近年陸續更新刷票閘口，有些會換成不卡行李箱的樣式，如果還是遇到有鐵竿的閘口，28寸以上行李箱會容易卡住，但只要把行李箱放倒、打橫先推出去，然後人再刷票出去就好。

搭地鐵玩遍
釜山
소설
에세이
사회
정치
~24%
OFF
G
사회
정치
Busan

釜山地鐵分站導覽

釜山的地鐵路線雖然不算太多，但卻包含了許多重要區域和景點，堪稱完備但不複雜，特別是對於到釜山觀光的遊客來說，可以利用地鐵來克服不會韓文的擔憂，輕鬆前往各個景點。1號線連結了釜山的過去和現在，欣賞山城古蹟的歷史文化，深入年輕人聚集的熱鬧商圈，而2號線和電鐵東海線，則是串連釜山東海岸的各個海水浴場，一望無際的大海，猶如藍色調的清新桃花源，令人不自覺地放慢腳步，悠閒度過這美麗的旅行時光。

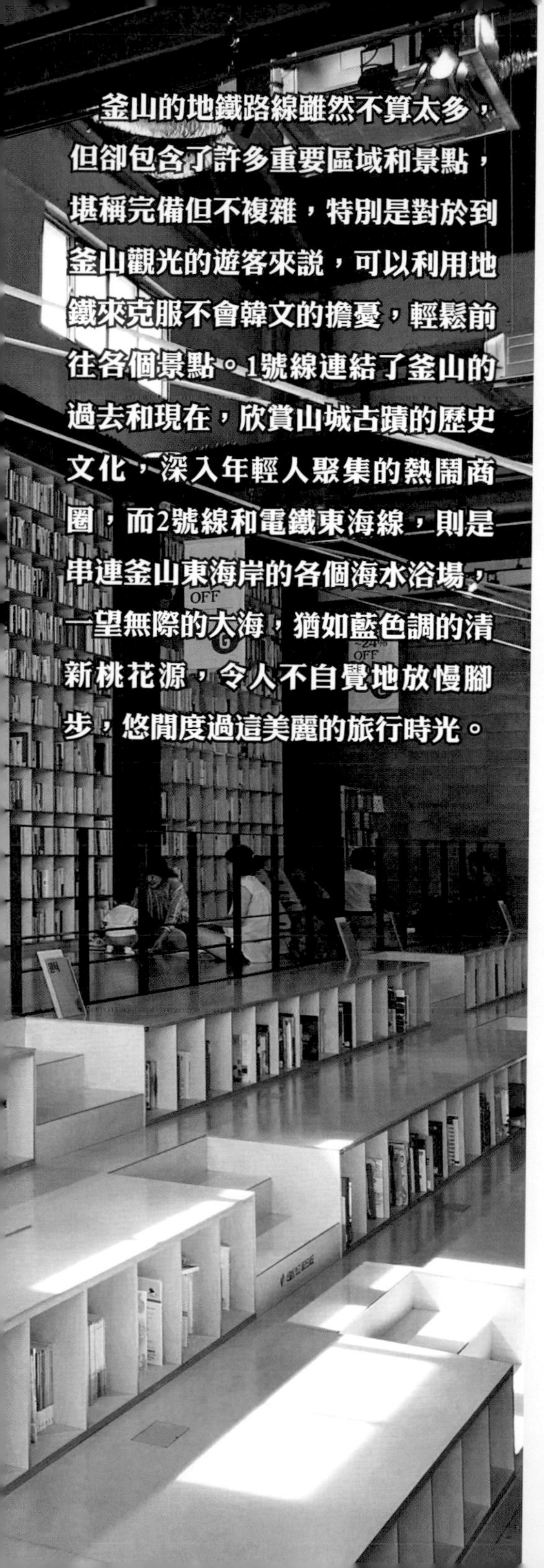

Little rabbit

1 號線：搭乘最方便的市區地鐵，來趟精采的釜山之旅吧！

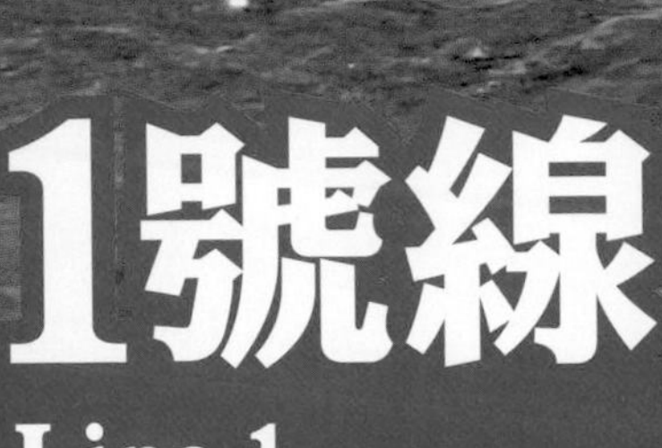

Line 1

最適合親子同遊的沙洲淺灘

多大浦海水浴場站

다대포해수욕장역 (095)

多大浦海水浴場站周邊街道圖

峨嵋山展望台
아미산전망대
沒雲台聖堂
물운대성당
다대낙조 2 길
다대낙조 2 길
096
多大浦港站
다대포항역
다대낙조 1 길
다대로
1號線
天鵝生態路
고우니생태길
德家手工麵疙瘩
덕이네 손수제비
095
多大浦海水浴場站
다대포해수욕장역
多大浦夢之夕陽噴泉
다대포 꿈의 낙조분수
多大浦海水浴場
다대포해수욕장
北

釜山西南邊、以美麗夕陽著名的多大浦，位於韓國最長河流洛東江的入海口，是泥沙淤積地形，除了來過冬的候鳥，也可看到小螃蟹和貝類等生物，因為岸邊合宜的水溫與深度，也常有親子一同來戲水玩沙。站在附近高處沒雲臺的展望台上，可以觀察候鳥動態，也能欣賞美麗的晚霞。自從地鐵1號線的延伸段開通後，搭乘地鐵就能直接來往多大浦，除了交通更為便利，隨著地鐵完工，周邊環境也整理成更舒適的休閒空間。

闔家同樂、欣賞戶外音樂水舞秀

多大浦海水浴場、夢之夕陽噴泉

다대포해수욕장、꿈의 낙조분수

MAP P.105/B3、C3
4號出口
步行約2～7分鐘

DATA

www.saha.go.kr/tour/main.do(韓) 부산시 사하구 물운대1길 14(다대동) (051)220-5891 海灘24小時，噴泉每年4～10月演出，詳細開始和終了日期請參考官網 休 噴泉每週一公休 $ 免費 地鐵095多大浦海水浴場站，4號出口直走約2分鐘可到噴泉，右轉再直走約5分鐘可到海灘 噴泉若遇天候不佳會暫停演出。若要參加體驗噴泉，請攜帶毛巾和更換的衣物

＊以上資訊若有異動，依當地最新公布為準，前往時請務必再次確認。

夢之噴泉	季節	平日	週末／假日
音樂噴泉(每回約20分鐘)	春夏(4～8月)	20:00～20:30	20:00～20:30 21:00～21:20
	秋(9～10月)	19:30～20:00	19:30～20:00 20:30～20:50
體驗噴泉(每回20分鐘)	夏季7/15～9/30的11:00、14:00、15:00、16:00、17:00各20分鐘，以及週末假日的第一回音樂噴泉後開放10分鐘。		

多大浦海水浴場位於釜山西南邊的洛東江河口，從上游沖刷而來的泥沙，讓附近水域起伏和緩，此處水溫較暖、水深較淺，是親子同遊戲水的好去處，在退潮時還能看到貝類和小螃蟹，可以盡情享受舒適和放鬆。旁邊的夢之夕陽噴泉，是釜山最大的戶外水舞秀，炫彩奪目的燈光，搭配各種風格的音樂，襯托著往天空奔湧的高低水柱，聲光效果緊抓住大家的感官神經，此外還有體驗噴泉，雖然直接進到噴泉裡會讓全身溼透，但是在炎熱的夏日午後，依然受到大人小孩們的喜歡。

1

2

3

4

5

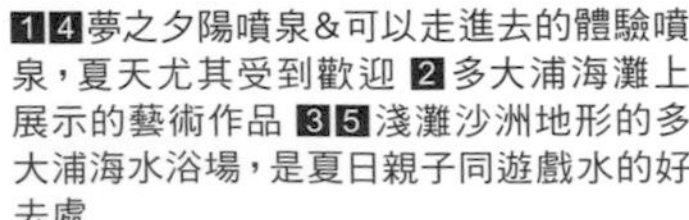
1 4 夢之夕陽噴泉&可以走進去的體驗噴泉，夏天尤其受到歡迎 2 多大浦海灘上展示的藝術作品 3 5 淺灘沙洲地形的多大浦海水浴場，是夏日親子同遊戲水的好去處

遊賞去處

觀察候鳥遷徙與欣賞日落美景

天鵝生態路、峨嵋山展望台

고우니생태길、아미산전망대

MAP P.105／A1、A2

1號出口 搭公車約5分鐘

DATA

天鵝生態路： 24小時 免費 地鐵1號線，095多大浦海水浴場站，2號出口直走約4分鐘

峨嵋山展望台： 부산시 사하구 다대낙조2길77(다대동) (051)265-6863 09:00～18:00，入場截止17:00 休 元旦和每週一，若週一為假日，則順延至下個平日公休 免費 最近的地鐵站是095多大浦站：**1**.去程：從地鐵站1號出口往前走1～2分鐘的公車站牌，搭沙下區(사하구)15號小公車，車程約5分鐘，在展望台對面下車。回程：在展望台前搭同號公車回到多大浦海水浴場站／**2**.多大浦海水浴場站步行約15～20分鐘(去程斜坡往上)，或搭計程車，車程約4分鐘，車費約4,900₩

多大浦位於韓國最長河流──洛東江的出海口，連同旁邊的乙淑島，是候鳥的遷徙地，規畫成生態保護區，無論是近海沙洲上形似天鵝的生態路，可以輕鬆散步、欣賞夕陽，或是山腰處的峨嵋山展望台，能登高望遠，透過落地窗和望遠鏡觀察候鳥動態，並有影音設備和模型資料，說明洛東江河口地形、地質和生態等的過去、現況和未來發展。

1 2 從峨嵋山展望台，可以俯視多大浦周邊海景　3 4 5 天鵝生態路，白天很有特色，晚上夜景更是有氣氛

河口沙洲的生態園區

乙淑島
을숙도

MAP 封底裡

出地鐵站，公車＋步行約13分鐘

DATA

洛東江河口生態中心： http www.busan.go.kr/wetland(韓、中、英、日) ✉부산시 사하구 낙동남로 1240(하단동) ☎(051)209-2000 ⏰09:00～18:00，最後入場17:00 休元旦和每週一，若週一為假日，則順延至下個平日公休 $免費 ➡地鐵102下端站3號出口旁公車專用道，搭55、58、58-1、58-2和221號公車，約2～3分鐘在乙淑島站下車，過天橋到對面，再往內步行約6～10分鐘 !?為維護鳥類棲息環境，島上於夜間8點後會熄燈

釜山現代美術館： http www.busan.go.kr/moca(韓、英) ✉부산시 사하구 낙동남로 1191(하단동) ☎(051)220-7400 ⏰10:00～18:00，最後入場17:30 休元旦和每週一，若週一為假日，則順延至下個平日公休 $免費(特殊展覽除外) ➡參考洛東江河口生態中心，在乙淑島的下一站，於美術館前下車 !?可能會有臨時休館日，建議先查詢

乙淑島位在出海口附近，此處為三角洲地形，適合候鳥棲息，也有很多魚類、貝類、水生昆蟲和浮游生物在此繁殖，過去是盛產海帶、牡蠣和鹽的地區，島上以鳥巢為設計概念的洛東江河口生態中心，用各類型資料，介紹鳥類和濕地生態，並可透過望遠和攝影設備，即時觀察鳥類動態。此外，以自然環境為主軸的釜山現代美術館，和旁邊的文化會館雕刻庭園，讓乙淑島成為能親近大自然的生態教學園區。

1

2

3

4

5

1釜山現代美術館(부산현대미술관) 234洛東江河口生態中心(낙동강하구에코센터) 5乙淑島文化會館雕刻庭園

Q彈有勁的爽口麵食

德家手工麵疙瘩

덕이네 손수제비

MAP P.105／C2

在地鐵站出口出站即到

DATA

부산시 사하구 다대로 698(다대동) (051)262-4959 11:00～21:00，最後點餐20:00 每週三 麵疙瘩、刀切麵每份7,000～8,000₩，海鮮煎餅12,000₩ 地鐵095多大浦海水浴場站1號出口旁

以往朝鮮半島是以米飯為主食，韓戰爆發後，稻米收成量不足以支應國民需求，因此開始倡導以麵粉製作的食物來替代米飯，於是麵食逐漸興起，成為韓國人的新主食選擇。「德家手工麵疙瘩」專門提供手工製作的刀切麵和麵疙瘩，搭配上海鮮味濃郁的爽口高湯，另外也有辛辣味、加泡菜可選擇，還有用料豐富的海鮮蔥煎餅，無論玩水前後來這裡暖暖胃，都是很不錯的呢！

Menu

德家手工麵疙瘩菜單

- ☐ 海鮮麵疙瘩／해물수제비
- ☐ 辣味麵疙瘩／얼큰수제비
- ☐ 紫蘇麵疙瘩／들깨수제비
- ☐ 海藻麵疙瘩／매생이수제비
- ☐ 海鮮刀切麵／해물칼국수
- ☐ 辣味刀切麵／얼큰칼국수
- ☐ 辣拌刀切麵／비빔칼국수
- ☐ 紅豆刀切麵／팥칼국수
- ☐ 泡菜麵疙瘩＋刀切麵／김치칼제비（至少點2份）
- ☐ 海鮮麵疙瘩＋刀切麵／해물칼제비（至少點2份）
- ☐ 生菜拌飯／생채비빔밥
- ☐ 海鮮煎餅／해물파전

1

2

3

4

5

1 2 店面內外 3 泡菜麵疙瘩＋刀切麵鍋，不會太辣、很開胃 4 用料豐富的海鮮煎餅 5 以高湯為底、加豐富配料的海鮮麵疙瘩

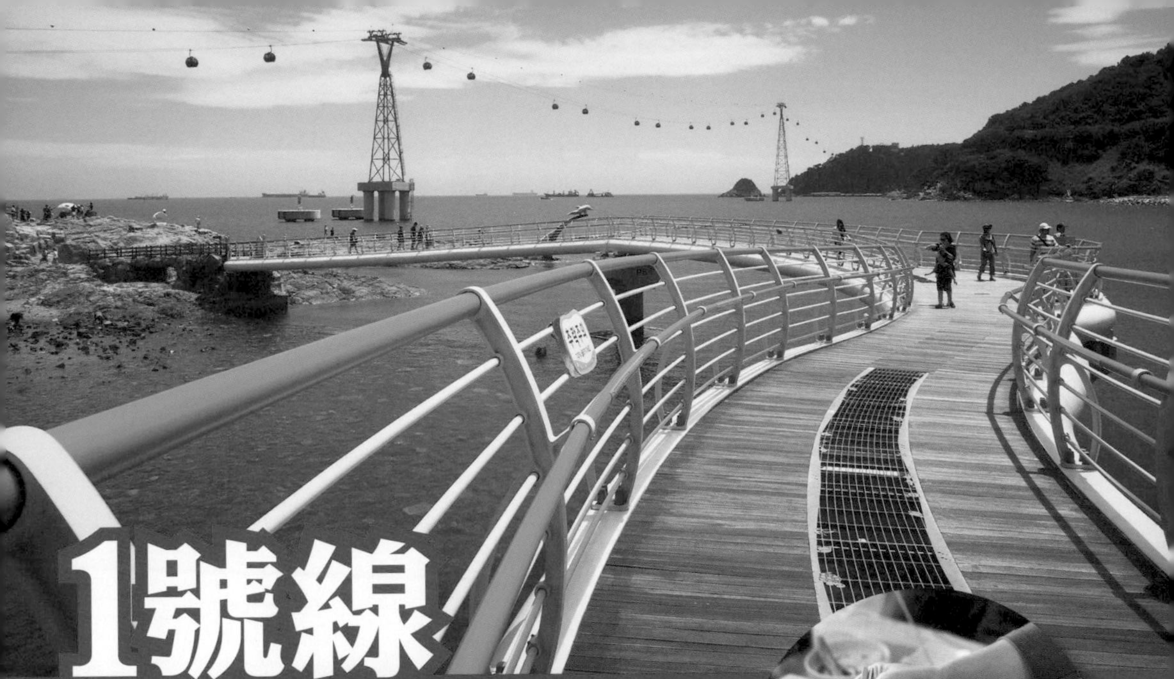

1號線

Line 1

品嘗新鮮海產和在地小吃

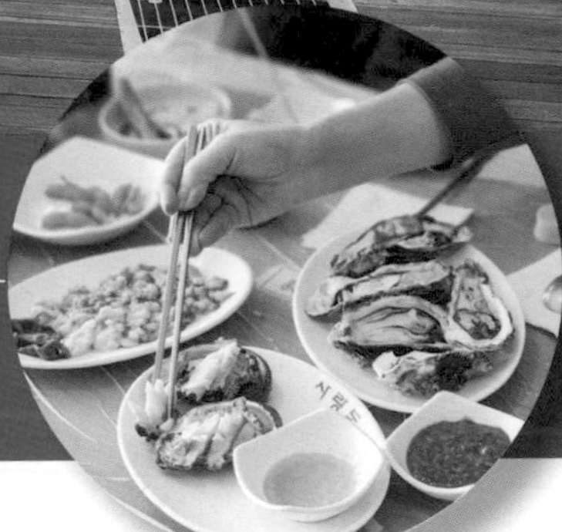

札嘎其站
자갈치역 (110)

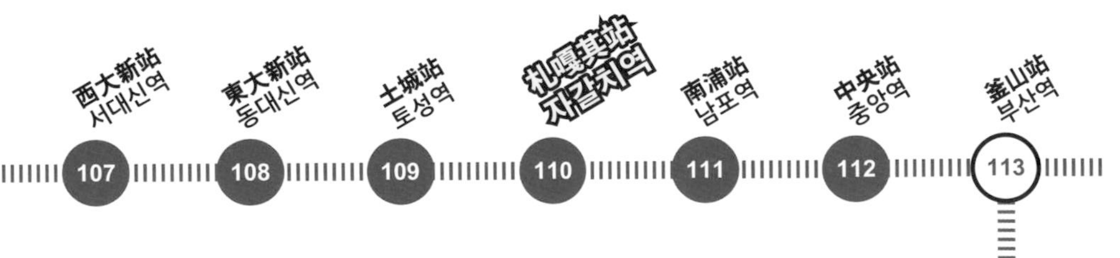

←多大浦海水浴場站 다대포해수욕장역

노포역 老圃站→

釜山達人 Busan 3大推薦地

甘川文化村

韓戰時期形成的難民村，經過藝文團體的活化改造，變身成為釜山老屋新創的代表景點。(見P.114)

松島

韓國最早的海水浴場，整體來說相對清靜，海上雲彩散步路和海上纜車，都替此處增色加分。(見P.120)

圖片提供 / 土豪哥

札嘎其市場

韓國最大的海鮮市場，觀看叫賣交易，在餐廳品嘗美味，都是最正港道地的釜山漁港風情。(見P.116)

本站的名稱由來，是因為此地有很多稱為「札嘎」的礫石，另有一說是來自魚的名稱。藉由靠近港口的地利之便，札嘎其和鄰近的國際市場，逐漸發展為釜山的重要商圈，有魚市場的新鮮海產，也有巷弄裡的道地小吃，搭配上海灣美景、電影街商圈的熱鬧，一個站串聯了海洋與陸地的精華。札嘎其站和南浦洞光復路鬧區沒有明顯界線區別，無論喜歡活跳海鮮或是逛街商圈，在這裡都可以找到你所喜歡的旅遊樂趣。

札嘎其站、南浦站周邊街道圖
A
B
C
D
1
2
3
4
5
寶水洞書房巷弄
보수동책방골목
대청로
釜山近代歷史館
부산근대역사관
巨人炸雞
거인통닭
精誠食堂
정성식당
魚糕街
어묵거리
國際地下道商家
국제지하도상가
(五金雜貨、生活用品、文具玩具)
國際市場
국제시장
富平市場(主街)、夜市
부평시장, 야시장
棉被商家聚集區
流行服飾、小吃
密集街區
중구로
광복중앙로
鍾路綠豆煎餅
종로빈대떡
實家韓定食
큰집 한정식
小吃、紀念品和
明星商品店密集街區
豆田裡
콩밭에
흑교로
雪冰
설빙
阿里郎街
아리랑거리
豆腐家
두부가
歡笑豬腳
홍소족발
元祖釜山豬腳
원조 부산족발
B&C麵包店
비엔씨 빵집
換錢所和路邊
換錢集中區
까치고개로
富平洞豬腳街
부평동 족발골목
藥局
yzpark商場
와이즈파크
中央
광복로
如松齊
여송제
柳家辣炒雞排
유가네닭갈비
吃過了嗎？村雞
무봤나? 촌닭
往 甘川文化村
감천문화마을 방향
南浦文庫
남포문고
星巴克
BIFF廣場
비프광장
南浦蔘雞
남포삼계탕
兩餐
두끼
樂天電影院
森林飯店
호텔 포레
OLIVE YOUNG
大洋烤腸
대양곱창
電影人手模、
小吃攤集中區
機場巴士
下車處
布羅西斯
브로시스 호
公車站牌
(甘川洞去、回程)
1號線
格里芬灣
그리핀 베이
구덕로
史丹福飯店
스탠포드인
機場巴士
搭乘處
公車站牌
(往草場洞、天馬山路)
南浦Urban
어반스테이 부티
農會超市
농협 하나로마트
海洋生魚片之家
바다횟집
札嘎其市場
자갈치시장
110
札嘎其站
자갈치역
烤魚餐廳聚集區
札嘎其市場
海鷗造型大樓
109
土城站
토성역

釜山新增多處公車專用道，若原本路邊的公車站牌消失，可往前後的馬路中間找一下。
疫情期間，金海機場的釜山市區利木津巴士停開，恢復時間不確定，出發前請再做確認。

遊賞去處

釜山的聖托里尼

甘川文化村
감천문화마을

MAP P.112 / A3
出地鐵站，公車＋步行約13分鐘

DATA

http www.gamcheon.or.kr(韓) ✉부산시 사하구 감내2로 203(감천동) ☎(051)204-1444 ◷3～11月09:00～18:00，12～2月09:00～17:00 $免費。導覽地圖2,000₩(有外語版)，蓋完紀念章可兌換明信片或印甘川洞內相機拍的照片 ➔地鐵轉公車，或南浦洞周邊搭計程車，車程約12分鐘、車費約5,400₩ / **去程：**地鐵110札嘎其站3號出口，往回走到路口右轉，直走約1分鐘站牌，搭沙下(사하)1-1、西區(서구)2、西區(서구)2-2號公車在村口下車，車程約5～10分鐘 / **回程：**搭公車返回地鐵土城站、札嘎其站，沙下1-1號公車是到地鐵106大峙、105槐亭站 ⁉有人居住，參觀時請注意禮節

韓戰時大批難民湧入釜山，為解決居住問題，開始往丘陵地蓋房子，甘川洞就是當時形成的村莊。隨著時間流逝，已經老舊的甘川洞，在藝術團體推動下，透過「逐夢的釜山馬丘比丘」和「美路迷路巷弄計畫」，將斑駁空屋和矮弄窄巷改造成藝文空間，妝點上特色壁畫和藝術作品，跟著魚口指標，漫步在交錯彎曲的小徑裡，陡峭樓梯看似難走，卻能輕易地用雙眼擁抱碧海藍天，迷路在這裡是正常的，但收穫也會更多。此處的景點裝飾會不定時更新，可以買份導覽地圖，按圖索驥蓋紀念章，或是隨心所欲跟著感覺走，欣賞歷史痕跡的黑白照片，或是現代印象的彩色創作，不設定、沒局限，做自己旅行的主人。

1

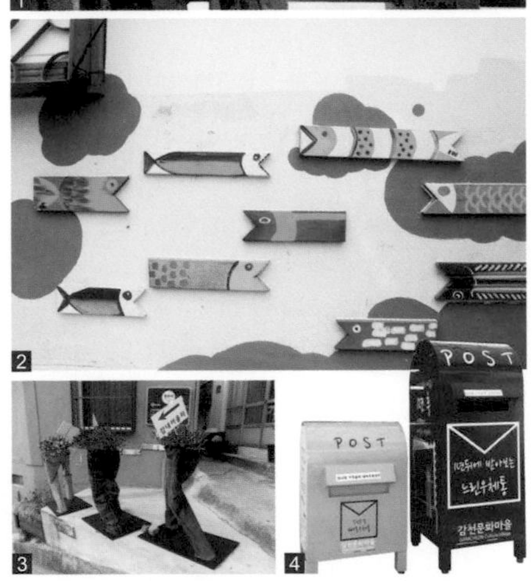
2

3

4

1「小王子雕像」是甘川洞的熱門拍照角度 2魚口方向是村內動線導引 3 5甘川洞各處都有充滿特色的裝飾藝術品 4可以在「天空之脊」展望台下方，寄送即時或一年後送達的明信片 6 7村口的「Avant Garde」咖啡店，可以拍到無死角的甘川洞全景

5

6

7

各式小吃攤密集街區

BIFF廣場

비프광장

MAP P.112／C4

7號出口 步行約3分鐘

DATA

부산시 중구 남포동3가 일대 各店家不一，約午後到晚上10點之間最熱鬧 地鐵110札嘎其站7號出口直走約3分鐘，第二個路口左轉的巷弄內

這裡以前是釜山最有名的電影街，據釜山人說，以前約會看電影，但沒特別說地點時，多半都是指BIFF廣場。這裡是釜山國際電影節最早的舉行地，廣場上保留著得獎者的紀念手模，雖然現在大部分的電影節活動，都已經轉移到海雲臺附近的「電影的殿堂」舉行，但此處有豐富多樣的小吃攤和餐廳店家，附近還有南浦洞可逛街，依然是熱鬧的人氣商圈。

1 6 現在的BIFF廣場是小吃攤密集街區 2 五穀糖餅 3 扁餃子 4 各式炸物 5 雞蛋麵包

從早到晚都豐富精采

富平市場

부평시장

MAP P.112／B2

3號出口 步行約10分鐘

DATA

부산시 중구 부평동2가 各店家不一，約10:00～22:00，夜市攤位19:30～24:00 地鐵110札嘎其站3號出口直走到巷口，左轉後再直走約10分鐘的巷弄內

韓戰時期為了貼補家用、紓解經濟困境，有些人開始走私美軍用品，拿到富平市場出售，因為大部分都是罐頭類的物資，所以這裡又被稱為罐頭市場。現在除了韓式餐飲小吃店和釜山魚糕街，以及販售蔬菜水果、服飾、化妝品和五金雜貨等之外，用料實在的醃生章魚等醃漬類小菜，也受到不少消費者青睞，晚上的夜市攤位，有豐富的各國小吃美食和飾品，不斷求新求變，就是要讓老市場越來越精采。

1 4 富平市場的入口和市場內商家 2 不只有早市，晚上的夜市美食也不容錯過 3 韓國傳統市場必備的魚糕、年糕串小吃

遊賞去處

韓國規模最大的海鮮市場

札嘎其市場

자갈치시장

MAP P.112/C5

10號出口
步行約6分鐘

DATA

http www.bisco.or.kr/jagalchimarket(韓) ✉海鷗造型大樓부산시 중구 자갈치해안로 52 ✆(051)713-8000 ⊙各店家不一，約05:00～22:00，展望台09:00～18:00 休每月最後週二 $綜合生魚片(小)50,000₩，烤鮮貝40,000₩，烤鰻魚40,000₩，其他多時價，建議可比價、適度議價再決定 ➔地鐵110札嘎其站10號出口，直走約3分鐘路口右轉，再直走約3分鐘可到海鷗造型大樓。展望台先搭電梯到7樓，再走樓梯上頂樓 ?購買海鮮交由店家烹煮，請注意食材是否有被掉包，可1人用餐，但部分生食不太建議。展望台天候不佳暫停開放

韓國最大的海鮮市場，廣義上來說，由周邊多個海鮮市場組成，是海產攤販和餐廳聚集的區域。海鷗造型的市場大樓裡，1樓是海鮮市場，購買後可到2樓找店家烹調享用，或是直接前往餐廳用餐，而頂樓的天空公園展望台，可以俯瞰海港邊的景色。除了新穎的現代化建築，市場區域的街邊巷弄裡，也聚集著眾多海鮮餐廳，店門口就有各種活跳跳的生猛海產，老饕們會覺得生吃最帶勁，但不敢生食也沒關係，烤魚、海鮮粥、辣魚湯……也都是不錯的選擇，新鮮、實惠和種類多樣化，就是札嘎其吸引食客來訪的主因。

| 玩 | 家 | 筆 | 記 |

特色美食餐廳

海洋生魚片之家(바다횟집)

✉부산시 중구 자갈치해안로 55-1(남포동4가) ✆(051)245-1693 ⊙09:30～23:30，最後點餐23:00 ➔參考札嘎其市場，海鷗造型建築物的6、7號出入口中間對面

1海鷗造型市場大樓，頂樓是免費開放的展望台 2市場大樓的1樓攤販區，可先來購買海鮮，再拿去2樓找店家烹煮享用 3辣魚湯 45雖然也能直接去2樓用餐，但1樓自購食材，可確保新鮮

承載歷史回憶的綜合市場

國際市場
국제시장

MAP P.112/C2
7號出口
步行約8分鐘

DATA

阿里郎街부산시 중구 광복로 35 各店家不同，中午過後較為熱鬧 攤販以現金交易為主，店面大多可刷卡，但現金購買通常較優惠 地鐵110札嘎其站7號出口直走過馬路左轉，直走約5分鐘的路口過馬路右轉，再直走約2分鐘的巷弄為阿里郎街，周邊範圍即是國際市場

19世紀末釜山開港成為商業都市，其中以韓戰後的國際市場為代表，包山包海的新品、中古品和走私品都交易熱絡，如今雖然風光不若當年，但人情味依然活躍於眾人心中。市場裡生活用品、服飾玩具到五金雜貨等應有盡有，阿里郎街的清蒸血腸、辣拌韓式冬粉、紅豆冰或粥、魚糕配熱高湯等小吃，還有近年來熱門的韓製棉被，明星周邊與伴手禮小飾品，雖很難擺脫傳統市場的雜亂感，但也是一個城市最道地的真實感受。

特色美食

豐富年糕鍋吃到飽

兩餐
두끼 남포동점

MAP P.112/C4
7號出口
步行約3分鐘

DATA

www.dookki.co.kr(韓) 부산시 중구 비프광장로 30(남포동) 2F (051)254-2217 11:00～22:00，最後點餐21:00，用餐限時90分鐘 吃到飽大人10,900₩、學生9,900₩、小孩5,900₩，加起司5,500₩，單包泡麵需另收費 地鐵110札嘎其站7號出口直走到路口，過馬路後左轉，直走約1分半的路口右轉，再走一下的右邊2樓 需2人以上用餐。酌量取用，剩餘過多須另收費

Menu

兩餐菜單

- □ 兩餐醬／두끼
- □ 辣年糕醬／떡모
- □ 春醬／춘장
- □ 火花醬／불꽃
- □ 沾起司／퐁듀치즈
- □ 宮中醬／궁중
- □ 炸醬／짜장
- □ 咖哩醬／카레
- □ 雪花起司／눈꽃치즈

店名「兩餐」是希望客人來用餐一次，能有兩餐的飽足感，提供6種年糕鍋醬料，餐牌上用辣椒圖案標示辣度，可以客製化混合搭配，不用擔心太辣吃不下去。先將長型鋼瓶裡的高湯倒入鍋裡加熱，之後用桌上的大碗、碟子到吧檯拿取醬料和食材，超過20種各式年糕配料和飲料都能吃到飽，推薦加點起司一起吃，最後再來個餐後炒飯，感覺美味更完整。

也有道地口味的海鮮蔥煎餅

鍾路綠豆煎餅 富平本店

종로빈대떡 부평본점

MAP P.112／B2
3號出口
步行約6分鐘

DATA

⊠부산시 중구 부평2길 25(부평동) ✆(051)256-4649 ⊙10:30～24:00 $煎餅類8,000～15,000₩，酒類4,000～10,000₩ ➡地鐵110札嘎其站3號出口直走到巷口，左轉再直走約6分鐘左手邊 ?可以1人用餐。有外語菜單和圖片可參考

釜山以前是蔥的重要產地，因此蔥煎餅特別有名，但與台式蔥油餅不同，韓式蔥煎餅用整把未切過的青蔥當底，加入各種配料，麵糊比例較低，用來把各種食材連在一起，吃之前再分割小塊。綠豆煎餅則是從祭品菜、肉食襯底，到後來成為韓國傳統市場裡的平民小吃，綠豆泥裡加入肉、泡菜、海鮮等配料的厚煎餅，要在鐵板上不停翻動，直到外觀變成金黃色起鍋。

1店面外觀 2就在店前製作煎餅，用料一目瞭然 3綠豆煎餅 4傳統煎餅最常會搭配喝傳統的馬格利濁米酒 5加海鮮配料的蔥煎餅

4

1

2

3

5

續攤下酒、越夜越香

大洋烤腸

대양곱창

MAP P.112／B4
3號出口
步行約3分鐘

DATA

⊠부산시 중구 비프광장로 3(부평동) ✆(051)243-5165 ⊙12:00～翌日03:00，最後點餐02:00 休每週二 $烤腸原味(소금)、調味(양념)每份8,000～9,000₩，炒飯(볶음밥)2,000₩，烤腸每種基本需點3份 ➡地鐵110札嘎其站3號出口迴轉走到路口右轉，直走約1分鐘路口右轉走一下，巷口左轉的右側 ?可1人用餐。這裡通常是賣豬腸，但若怕誤吃牛腸，建議先確認

位於富平市場前，此處的熱鬧從傍晚才開始。先烤好再上桌的烤腸香氣四溢，原味加蔥絲、調味加起司都好吃，這裡通常不是以吃飽為目的，而是喝酒聊天的續攤好選擇，對遊客來說則是韓味十足的在地體驗，烤腸吃到剩一半可加點炒飯，做個更完美的結尾。烤腸街店家多有中文菜單，如果要加起司(치즈)，建議點調味烤腸，或是人數足夠，可點原味、調味「半半」(各半、반반)。大洋對面的海田烤腸味道也不錯，都推薦給大家囉！

富平洞豬腳街

韓國的豬腳多以調味料滷製，切成片或塊狀來吃，一般來說，韓國吃豬腳起源於韓戰時期的首爾獎忠洞，當時物資缺乏，多有以豬肉替代牛肉的情況。直到現代不只是吃飽，大家注意到豬腳的營養，有豐富的膠質和膠原蛋白，可以減緩身體老化，另含鈣和鐵，有助生長發育和延緩骨質疏鬆，對於滋陰補血、養顏美容也有效果，並且能促進母乳分泌、改善婦女疾病。

釜山富平洞有多家豬腳專賣店，除了一般原味之外，用芥末調味、有蔬菜海蜇皮的冷菜豬腳也是一絕，有別於重口味的炭火烤肉，吃肉也可以清爽不油膩喔！

可以外帶一人份豬腳

歡笑豬腳

홍소족발

MAP P.112／B3

7號出口
步行約4分鐘

DATA

部산시 중구 광복로 21-1(부평동) (051)257-2575 12:00～23:00 豬腳小份33,000～39,000₩，一人份豬腳(혼족)22,000₩ 地鐵110札嘎其站7號出口直走到路口，左轉直走約3～4分鐘的路口左斜對面 一人份豬腳只能外帶、不能內用。店內有外文菜單，西面分店價格略有差異

富平洞豬腳街上的老字號店家，西面商圈亦有分店，都有限外帶的一人份豬腳，並附送豐富小菜，分量充足，一個人也不見得能吃完。

看起來油、但卻不會膩

如松齊

여송제

MAP P.112／B3

7號出口
步行約6分鐘

DATA

부산시 중구 광복로18번길 5(부평동1가) (051)246-2111 16:00～22:00，最後點餐21:00 休週日 有小、大份可選，小份豬腳(2人份)35,000₩ 1.地鐵110札嘎其站7號出口直走到路口左轉，直走約3分鐘路口左轉，再直走約2分鐘左側小弄裡／2.地鐵111南浦站7號出口左轉，沿光復路直走約12分鐘左側小弄裡

隱藏在小弄裡，韓式地板座位，價格稍微高一點，但是和豬腳街上其他店家不同，原味豬腳是熱食，口味較濃郁。

海上纜車的不同視角

釜山AIR CRUISE

부산에어크루즈

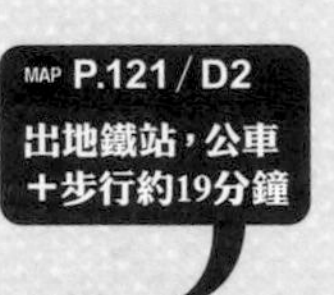

DATA

www.busanaircruise.co.kr(韓) 부산시 서구 송도해변로 171(암남동) (051)247-9900 早上09:00開始，打烊時間依據季節、平假日不同，約是20:00～23:00，建議事先確認 檢修日詳見官網 請參考本頁資訊，14歲以上為大人，36個月以下嬰孩免費，另有優先搭乘、包獨立纜車廂等套裝票券 參考右頁松島交通綜合說明 天候不佳時暫停營運

類別	往返		單程	
	大人	小孩	大人	小孩
普通車廂	17,000₩	12,000₩	13,000₩	10,000₩
水晶車廂	22,000₩	16,000₩	17,000₩	13,000₩

作為韓國最早的海水浴場，松島以前就曾經設置過海上纜車，後來設備逐漸老舊，為了安全因素而拆除重建，2017年完工開放的新海上纜車「釜山AIR CRUISE」，提供欣賞釜山美麗海景的不同角度，有普通、水晶纜車可選擇，對向車站結合餐廳、小吃、咖啡店和戶外恐龍模型展示，以及岩南公園的自然景觀，受到大人小孩的喜歡，建議平日的傍晚前去搭乘，可以避開人潮，並將日、夜景一起打包欣賞，更為值回票價。

韓國最早開放的海水浴場

松島海水浴場、雲彩散步路

송도해수욕장、구름산책로

DATA

(051)240-4000 海邊24小時，海水浴場設施每年6～8月，雲彩散步路06:00～23:00 免費 參考右頁松島交通綜合說明 雲彩散步路天候不佳時暫停開放

「松島」的名稱，來自於旁邊龜島上的松樹，海水浴場於1903年啟用，是韓國開放時間最早、已擁有百年歷史的海水浴場，海中的造型裝置、復刻版跳水台，都是這歲月的見證。相較於海雲臺，平常的松島海邊清靜悠閒許多，在咖啡店坐著看海都覺得舒服，即便是盛夏時節，此處也沒有過多擠爆的戲水人潮，自從總長365公尺的雲彩海上散步路全線完工，以及海上纜車重建啟用後，更增添親近大海的感覺，讓松島成為更有特色、凝聚人氣的新亮點。

|玩|家|筆|記|

松島交通綜合說明

海上纜車的出發站，是位在松島海水浴場的範圍內，而纜車的對向車站，則是位於再往南邊的岩南公園旁。

■**地鐵111南浦站：**8號出口前站牌，搭6、30、71號公車，或1號出口直走約2分鐘(公車專用道)，搭26、30、71號公車。

■**地鐵110札嘎其站：**7號出口直走約4分鐘(公車專用道)，搭6號公車。

■從南浦、札嘎其搭計程車前往，車程約15分鐘、車費約7,100₩。

松島海水浴場

南浦洞、札嘎其搭公車，約10分鐘在「岩南洞住民中心」(암남동주민센터)下車，過馬路從對面派出所旁巷子步行約3分鐘可到海邊。若搭到「松島海水浴場站」才下車，往左前對面走到海邊，左轉沿海走約10分鐘亦可到雲彩散步路。

松島雲彩散步路、海上纜車

承上，從派出所旁巷子步行到海邊，往左前方即可看到雲彩散步路，左轉走約6分鐘可到海上纜車站。

岩南公園

搭海上纜車到對面車站，旁邊是岩南公園，若要搭公車前往，從地鐵111南浦站8號出口前站牌，搭30、7、71號公車，車程約20分鐘在岩南公園(암남공원)前下車即到。

1號線

Line 1

熱門流行指標逛街商圈

南浦站
남포역 (111)

＊本站地圖和 110 札嘎其站合併，請看 P.113。

釜山達人 *Busan* 3大推薦地

遊客必訪
樂天百貨

展望台眺望周邊海景，頂樓公園綠地，和世界最大室內音樂噴泉，都是都市裡的休閒好去處。(見P.125)

作者最愛
KAKAO FRIENDS

韓國人最常使用的通訊軟體周邊商品專賣店，各種可愛商品讓人愛不釋手，不買對不起自己。(見P.125)

在地人推薦
影島

距離市區不遠，輕鬆轉乘公車，就能暫時遠離都市叢林，從不同角度欣賞釜山的岩岸美景。(見P.133)

南浦洞是個豐富多變的區域，可以年輕有活力，也能視野好寬廣，無論是盡情血拼的光復路時裝街，各種服飾和彩妝保養品買好買滿，以及能免費參觀、登高望遠的樂天百貨頂樓展望台，眺望周邊景色讓人心胸開闊，此外可以轉往更有特色的海邊，影島上熱門的太宗臺，或是相對較為寧靜的絕影海岸散步路和白淺灘壁畫村。南浦站和札嘎其站的商圈距離相近、沒有明顯界線區別，行程規畫時可安排一同前往。

＊本站7號出口有手扶梯，可多加利用。

在釜山市區登高望遠

龍頭山公園、釜山塔

용두산공원、부산타워

MAP P.113／E2
7號出口
步行約5分鐘

DATA

instagram.com/busantower_official 부산시 중구 용두산길 37-55 (051)601-1850 公園24小時，展望台10:00～22:00、最後入場21:30，大鮮燒酒紀念品店平日12:00、假日11:00開始營業 展望台大人12,000₩、小孩9,000₩，另有餐飲照片套票 地鐵111南浦站7號出口左轉，沿光復路右側步行約3分鐘右轉，搭手扶梯至最上層是龍頭山公園，再往前上樓梯直走可到鑽石塔 手扶梯為單向，下山需步行

龍頭山位於南浦洞旁，因其形狀而得名，為適合休閒運動的市民公園，光復路上的入口設有手扶梯，公園裡有韓國民族英雄──李舜臣將軍的銅像，和全韓國唯一有秒針的超大花時鐘，每年12月31日的晚上，在公園內的市民之鐘前會有送舊迎新的祈福儀式等慶祝活動，登上公園內的地標鑽石塔，可以欣賞釜山市區的景色，以及購買釜山的特色紀念品。

1龍頭山公園裡的鑽石塔和花時鐘 2釜山塔前的李舜臣將軍銅像 3釜山在地燒酒「大鮮」的紀念品店，位於鑽石塔前 4從鑽石塔的展望台上，可以眺望周邊景色

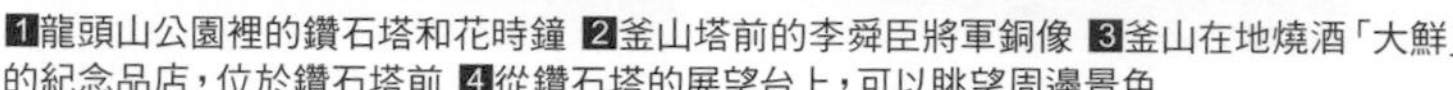

承載釜山歷史回憶的重要橋梁

影島大橋

영도대교

MAP P.113／G5
6號出口
步行約3分鐘

DATA

24小時，橋面有人行道，步行通過約5分鐘 免費 地鐵111南浦站6號出口，順路右彎直走即可到上橋處，右下海邊廣場可觀看橋面開合 每週六下午2點，橋面從開啟到回復原狀約15分鐘，期間會有交通管制

釜山最早的連陸橋，是連接中區和影島區的重要橋梁。最早於1934年建成通車，橋面可開式設計，讓大型輪船能進出港口，韓戰時搭載難民和物資的船隻，多要經過影島大橋進入釜山，是韓國近代很具歷史意義的重要建築。於2009年開始復原重建，2013年底再度開放通車後，目前每週六下午2點，靠近南浦洞側的橋面會開合，重現初建當時的經典畫面。

複合式購物休閒商場

樂天百貨

롯데백화점 광복점

MAP P.113／G4
和地鐵站出口連通前往

DATA

www.lotteshopping.com(韓) 부산시 중구 중앙대로 2(중앙동) (051)678-2500 本館10:30～20:00(假日延長半小時)，Aqua Mall館10:30～22:00。音樂噴泉11:00～21:00每整點各一次，每回約15分鐘 詳見官網 地鐵111南浦站往8、10號出口方向有連接百貨公司B1的出入口 LOTTE Mart為平價大賣場，館內另有價位較高的百貨公司超市。展望台天氣不佳時暫停開放

從樂天百貨本館和Aqua Mall館，到LOTTE Mart大賣場和電影院，各館連通、環境明亮寬敞，匯集了類別豐富的商品和餐飲，還有大型書店永豐文庫。此外，底座位於Aqua Mall館B1、高4層樓的世界最大室內音樂噴泉，以及各館頂樓相連、免費參觀的公園展望台，能將影島和釜山港的風貌盡收眼底，無論白天或夜晚，舒服的氣氛都極獲得青睞。

韓國最夯通訊軟體周邊專賣店

KAKAO FRIENDS

카카오프렌즈 광복점 (3樓以上目前暫停營業)

MAP P.112／D3
7號出口
步行約5分鐘

DATA

store.kakaofriends.com(韓) 부산시 중구 광복로 62(광복동2가) (051)256-0815 12:00～21:00 地鐵111南浦站7號出口，左轉沿光復路走約5～6分鐘左邊

「Kakao Talk」是韓國人最主要使用的通訊軟體APP，流通率遠勝過LINE，逗趣的貼圖卡通角色，不只深受韓國人喜愛，許多外國遊客也是指定要到專賣店朝聖，周邊商品持續熱賣，釜山光復路上的旗艦店，除了商品齊全外，更在４樓開設以Kakao角色「Apeach」屁桃為主題的咖啡店，快來感受一下如此可愛的韓式風格吧！

1 5 光復路旗艦店4樓的「Apeach」桃子主題咖啡店 2 Kakao旗艦店外觀 3 不定時會推出各季的限定特色商品 4 各種造型的娃娃玩偶是長賣商品

釜山流行購物商圈

光復路時裝街

광복로 패션거리

MAP P.113／F4
在地鐵站出口出站即到

DATA

各店家不一，中午左右～晚上10點較熱鬧 地鐵111南浦站7號出口，左轉就是光復路時裝街 聖誕樹文化慶典於12月初～隔年1月初舉辦

聚集流行服飾、保養化妝品、進口商品、咖啡店和餐廳，與旁邊的BIFF廣場、國際市場連在一起，成為逛街購物的熱門鬧區，類似首爾的明洞，但也有其不同之處，經過規畫整理的街道，和隨處可見的立體模型藝術品，即使沒要購物，來走走逛逛也是不錯的，每年12月還會在此舉辦聖誕樹文化慶典，用多樣燈飾營造過節的熱鬧氣氛，搭配街頭藝人的演出，總是會吸引很多人來拍照同歡。

品味食尚三明治

EGG DROP

에그드랍 남포동점

MAP P.113／F4
7號出口步行約2分鐘

DATA

www.eggdrop.co.kr 부산시 중구 광복로 83-1(광복동) (051)243-2477 08:00～21:00，週末到22:00，最後點餐打烊前30分鐘 三明治3,900～5,900₩ 地鐵111南浦站7號出口到對面，左轉直走約2分鐘 外帶可延後點餐截止時間，建議現場再確認

傳統韓國人的習慣是要在家吃早餐，而且還要吃米飯，覺得這樣才能吃飽，但隨著生活步調加快及外食族群增加，不一定有時間坐下來吃飯，因此近年越來越多出餐快速、可以外帶的西式吐司店。「EGG DROP」主打的雖然是平價吐司，但是藉由提升製作原料的品質，讓消費者有高級食尚的享受，選用特製加厚的吐司，搭配綿密滑嫩的煎蛋，即使變涼也不會乾硬，依然有好口感喔！

1 2 店面內外，2樓有座位區可以慢慢享用 3 設有外語介面的點餐機，不會韓文也不用擔心 4 採用鬆軟加厚的土司，搭配上口感滑順的煎蛋，現做的最好吃

特色美食

濃醇香的老泡菜鍋

精誠食堂

정성식당

MAP P.112/D1
7號出口
步行約12分鐘

DATA

부산시 중구 광복중앙로24번길 9(대청동) (051)246-0333 11:00～20:00，最後點餐19:00 休 週一 $ 餐點每份9,000₩，附白飯一碗，泡菜鍋18,000₩(2人份)，追加類1,000₩ 地鐵111南浦站7號出口左轉，沿光復路直走約6分鐘的圓環路口右轉，直走約4分鐘的巷口，右轉再左轉的巷內 可1人用餐(泡菜鍋需2人以上)。泡菜鍋已有泡麵，若要加點麵類，請在點餐時就先告知

光復路小巷裡的低調美味小店，「精誠食堂」桌數不多，只提供燉泡菜、泡菜炒豬肉和泡菜鍋等3樣餐點，都是韓國常見的家庭味料理，每當中午和傍晚時間，就會坐滿來用餐的上班族。這裡雖然菜色簡單，但製作上卻不含糊，使用發酵夠味的老泡菜，在半開放式的廚房裡，各餐點現點現做，兩人以上很推薦點泡菜鍋，拌著湯汁和海苔，白飯都能多扒幾碗呢！

Menu

精誠食堂菜單

- ☐ 燉泡菜／김치찜
- ☐ 泡菜炒豬肉／매실두루치기
- ☐ 泡菜鍋／김치전골
- ☐ 白飯／공기밥
- ☐ 烏龍麵／우동
- ☐ 泡麵／라면

1 位在小弄裡的店面外觀 2 發酵夠味的老泡菜鍋 3 泡菜炒豬肉是韓國常見的家庭料理

特色美食

老字號中華料理專門店

龍門中華料理

용문

MAP P.113/F2
中央站1號出口
步行約3分鐘

DATA

부산시 중구 대청로138번길 14-1(중앙동) (051)245-3862 11:00～21:00 休 週日 $ 參考價位：炸醬麵6,500₩、炒碼麵7,000₩、雜菜飯7,500₩、糖醋肉19,000₩ 地鐵112中央站1號出口前路口右轉，直走約1分鐘岔路口過到對面，再直走約1分鐘巷口右轉，再直走約1分鐘左邊 可以1人用餐。南浦站周邊可以外送。店內有英、日文菜單

炸醬麵、炒碼麵、糖醋肉，雖然是近代才傳入韓國，但韓化後的人氣也不輸給傳統料理，甚至炸醬麵漲價的幅度，幾乎等於韓國整體物價的變動指標。Q彈的炸醬麵搭配偏甜、有洋蔥和碎豬肉的黑醬料。炒碼麵是配料要先炒過後再煮的辣味海鮮湯麵，「三鮮」則是再升級海鮮配料。糖醋肉以不帶骨豬肉塊裹粉油炸，起鍋後再倒入口味酸甜、以蔬菜水果調味的勾芡醬汁。雖然「龍門」可以附近外送，但還是店內吃的味道最好。

Menu

龍門中華料理菜單

- ☐ 炸醬麵／짜장면
- ☐ 炒碼麵／짬뽕
- ☐ 乾炸醬／간짜장
- ☐ 雜菜飯／잡채밥
- ☐ 三鮮／삼선
- ☐ 鮑魚／전복
- ☐ 糖醋肉／탕수육

特色美食

50年老字號補身料理

南浦蔘雞湯
남포삼계탕

MAP P.112 / D4

7號出口 步行約8分鐘

DATA

⊠부산시 중구 남포길 16-1(남포동) ☎(051)245-5075 ⊙10:30～22:00，最後點餐21:30 $各式蔘雞湯16,000～25,000₩ ➡地鐵111南浦站7號出口左轉，直走約7分鐘(過小圓環)的巷子左轉，再直走約1分鐘的巷口右轉的左側 ⁉可1人用餐，有英、日文菜單

蔘雞湯是韓國傳統補身飲食，將童子雞肚子裡塞入糯米、紅棗和人蔘，長時間燉煮到骨頭和配料都軟爛入味，但要保持雞肉的鮮嫩。南浦洞光復路巷弄裡的南浦蔘雞湯，是創業超過50年的老店，除了原味蔘雞湯，在釜山這個海港城市，鮑魚蔘雞湯也是一種特殊美味，如果覺得單吃味道較淡，也可加入附送的人蔘酒一起吃，另外也有牛排骨湯可選擇。

Menu

南浦蔘雞湯菜單

- ☐ 蔘雞湯 / 삼계탕
- ☐ 鮑魚蔘雞湯 / 전복삼계탕
- ☐ 綠豆蔘雞湯 / 녹두삼계탕
- ☐ 綠豆鮑魚蔘雞湯 / 녹두전복삼계탕
- ☐ 別味(韓方)蔘雞湯 / 별미삼계탕
- ☐ 電烤雞 / 전기구이
- ☐ 牛排骨湯 / 갈비탕
- ☐ 人蔘酒 / 인삼주

1店面外觀 2蔘雞湯裡可以加人蔘酒一起吃 3清爽湯底的牛排骨湯

特色美食

以牛肉牛骨熬煮的補身湯

南浦雪濃湯
남포설렁탕

MAP P.113 / E4

7號出口 步行約5分鐘

DATA

⊠부산시 중구 구덕로34번길길 5(남포동) ☎(051)255-2263 ⊙24小時 休春節和中秋節可能會公休 $湯飯類9,000～15,000₩ ➡地鐵111南浦站7號出口左轉直走，約4分鐘巷口左轉，再直走約1分鐘右側巷口 ⁉可1人用餐，有外文菜單。添加小菜自助式

雪濃湯和蔘雞湯、排骨湯，是韓國傳統3大名湯，都是滋補養身的首選。雪濃湯是以牛骨和牛胸肉，連續熬煮成乳白色湯底，只加少量鹽和蔥花，味道清淡爽口。通常桌上都會有鹽、胡椒或辣椒粉等調味料，覺得太淡可自行添加調味，

清爽口味的生日營養湯

五福海帶湯

오복미역 남포점

MAP P.113／E4
7號出口
步行約5分鐘

DATA

http www.obokfood.co.kr(韓) ✉부산시 중구 구덕로 34번길4(남포동) ☎(051)256-3358 ⏲09:00～21:30(週末08:30開始)，最後點餐21:00 $各式海帶湯12,000～19,000₩ ➜地鐵111南浦站7號出口左轉直走，約4分鐘巷口左轉，再直走約1分鐘左側巷口 ⁉可1人用餐。烤魚2人以上才提供

五福海帶湯菜單

- ☐ 鰈魚海帶湯／가자미 미역국
- ☐ 貝類海帶湯／조개 미역국
- ☐ 牛肉海帶湯／소고기 미역국
- ☐ 鮑魚鰈魚海帶湯／전복 가자미 미역국
- ☐ 鮑魚貝類海帶湯／전복 조개 미역국
- ☐ 鮑魚牛肉海帶湯／전복 소고기 미역국

韓國的傳統習俗，生日當天早上要喝海帶湯，取海帶的「長」形狀，代表祝願長壽的意思，或是產婦產後要喝海帶湯，把體內不好的東西排出，但以往除了在家裡自己煮之外，餐廳的海帶湯多是屬於配菜類，比較難單獨點餐，「五福」把海帶湯做成湯飯樣式，加入鰈魚、貝類、牛肉等營養食材，搭配烤魚等小菜，清淡爽口有營養，也很適合不吃辣的人來用餐呢！

1 4店內外環境 2加料升級的鮑魚海帶湯 3兩人以上用餐會多提供烤魚

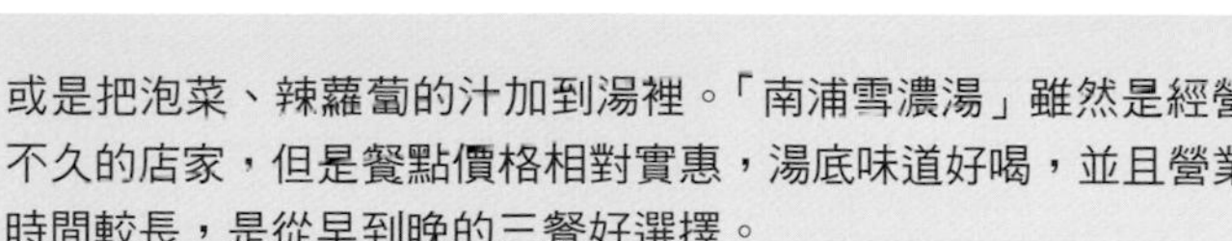

或是把泡菜、辣蘿蔔的汁加到湯裡。「南浦雪濃湯」雖然是經營不久的店家，但是餐點價格相對實惠，湯底味道好喝，並且營業時間較長，是從早到晚的三餐好選擇。

1店面外觀 2年糕餃子雪濃湯，吃起來更有飽足感 3辣牛肉湯 4雪濃湯，要記得是牛肉喔

有偷飯賊醬蟹的傳統韓定食

MAP P.112／D3

7號出口
步行約10分鐘

實家韓定食
큰집 한정식

DATA

부산시 중구 중구로24번길 19(신창동) (051)245-3320 10:00～21:30，最後點餐20:30 各式韓定食套餐13,500～32,000₩，白飯換石鍋飯加3,000₩ 地鐵111南浦站7號出口，左轉直走約8分鐘(過小圓環)，YZ PARK商場旁巷口右轉，再直走約2分鐘的巷口

韓定食的整桌豐富料理，常會讓外國遊客分不清楚，到底誰才是主餐呢？更別說這裡還提供，有「白飯小偷」稱號、可以自成主菜的生醃醬蟹當作小菜。「實家」韓定食，有各種韓國家常味配菜，充滿麻油香的炒雜菜(韓式冬粉)，以及各種醃漬小菜都很到味，此外還能加價把白飯換成營養石鍋飯，將紫米飯盛出後加入熱茶燜一下，就成為清爽的鍋巴湯囉！

1店面外觀 2被稱為「白飯小偷」的生醃醬蟹 3推薦把白飯升級為營養石鍋飯，鍋巴香更是迷人 4 2人份豐富的韓定食套餐

Menu

實家韓定食菜單

- ☐ 實家定食（基本）／큰집정식
- ☐ 桑黃菇石鍋飯定食／상황버섯돌솥밥정식
- ☐ 鮑魚石鍋飯定食／전복돌솥밥정식
- ☐ 燉牛排骨定食／갈비찜정식
- ☐ 生醃醬蝦定食(辣味)／새우장정식(매운맛)
- ☐ 生醃醬鮑魚定食／전복장정식
- ☐ 生醃醬蟹定食／꽃게장정식
- ☐ 調味生醃醬蟹定食／양념게장정식

4

1

2

3

豐富韓式小菜吃到飽

MAP P.112／D3

7號出口
步行約8分鐘

豆田裡
콩밭에

DATA

부산시 중구 광복중앙로9(신창동) (051)231-3331 10:30～21:00，最後點餐打烊前1小時 各式湯鍋13,000₩ 地鐵111南浦站7號出口左轉，沿光復路直走約6分鐘，圓環路口過馬路右轉，沿斜坡往上直走約1～2分鐘左側B1 可1人用餐。酌量取用、請勿浪費，店內有外文菜單

原本主餐是各種湯鍋，但這裡更吸引人的，卻是十餘種可以吃到飽的美味韓式料理，辣炒年糕、紅燒鰈魚、炒韓式冬粉(炒雜菜)、各式炸物、煎餅、沙拉、豆芽涼拌菜、甜米露、南瓜粥、黑芝麻粥等內容豐富。最初的1號店空間狹

1

特色美食

特殊口味也可以點半半

吃過了嗎？村雞

MAP P.112 / D3

7號出口
步行約7分鐘

무봤나? 촌닭 남포점

DATA

부산시 중구 남포길 19-3(남포동2가) (051)245-9279 12:00～23:00，週五六到24:00，最後點餐打烊前1小時 炸雞、烤雞、套餐每份19,000～30,000₩ 地鐵111南浦站7號出口左轉直走，約4分鐘巷口左轉，再直走約1分鐘弄口右轉，再直走約2分鐘右邊 有外文菜單附照片，部分可用辣椒圖案選擇辣度

店名「무봤나」(吃過了嗎)使用釜山方言，而「촌닭」(村雞)則是有土包子的意思。釜山在地的炸雞店，雖然有個充滿鄉土風的店名，但炸雞仍是現點現做的好味道，除了常見的原味、調味、辣味，還有多樣的炸雞和烤雞可選擇，其他店家通常不能點「半半」的特殊口味，這裡也有提供雙拼、三拼套餐，還有附送炸年糕，可以滿足大家不同的喜好。

1適合2～3人的三拼套餐，可以吃到多種不同口味的炸雞 2蔥絲炸雞也是熱門菜單選項之一 3店面外觀

Menu

吃過了嗎？村雞菜單

- □ 帶骨 / 뼈
- □ 無骨 / 순살
- □ 半半 / 반반
- □ 炸雞胗 / 똥집
- □ 生啤酒 / 생맥주
- □ 加年糕 / 떡사리
- □ 起司 / 치즈
- □ 辣椒 / 고추장
- □ 幾乎不辣 / 순한맛
- □ 小辣 / 1 단계
- □ 中辣 / 2 단계
- □ 大辣 / 3 단계

1

2

3

小，加上設備老舊，在疫情期間結束營業。目前店址距離光復路主街更近，且用餐空間寬敞明亮許多，雖然用餐尖峰時間還是常會需要排隊，但門口有椅子可以坐著休息喔！

1「豆田裡2號店」位在這棟的地下室 234各式小菜、芝麻粥(鹹)、甜米露等都可以無限量吃到飽

2

3

4

傳統創新都好吃的雪花冰

雪冰

설빙 와이즈파크점

MAP P.112／C3
7號出口
步行約8分鐘

DATA

http www.sulbing.com(韓) ✉부산시 중구 광복로39번길 6(창선동)3층 ☎(051)260-5247 ⏰11:00～21:30，最後點餐21:00 $各餐點飲料3,800～15,000₩ ➡地鐵111南浦站7號出口，左轉直走約8分鐘(過小圓環)，右邊YZ PARK商場3樓 ❓菜單附英文或照片

從釜山起家、近年紅遍全韓國的知名連鎖冰店「雪冰」，以活用傳統原料、開發新式吃法，主打像雪一樣細緻的冰品，並持續創新菜單，無論是加常見的紅豆、綠豆粉、地瓜泥，或是各種當季的新鮮水果，兼具口感和視覺的享受，加上烤條狀年糕、烤年糕吐司等熱食類點心，都是飯後、下午茶的好選擇，天冷不敢吃冰嗎？等後悔就來不及囉！

1烤條狀年糕 2冬季限定的草莓雪冰 3位於百貨商場的分店環境較為寬敞 4桃子雪冰(前)、人情(原)味雪冰(後)

吸睛明信片牆＆新鮮甜點

Good ol' days

굿올데이즈

MAP P.113／G2
7號出口
步行約5分鐘

DATA

http naver.me/x6Pob51O ✉부산시 중구 중앙대로 41번길5(중앙동) ☎0507-1326-1798 ⏰11:00～22:00，最後點餐21:30 $各式飲料甜點3,500～7,500₩，明信片每張1,000₩、郵票500₩ ➡**1.**釜山地鐵111南浦站7號出口，右轉直走一下的路口左轉，再直走約4分鐘／**2.**雖然離地鐵中央站1號出口更近，但沒有電梯和手扶梯 ❓飯店(P.254)房客10:30後可以使用咖啡店空間。明信片代寄可指定月份，於每月1日統一寄出

這裡最令人印象深刻的，莫過於那片擺放著豐富釜山明信片的photo zone打卡牆，現場提供多樣文具和釜山圖案連續印章，可以盡情書寫專屬於自己的旅遊紀念明信片，還有代寄明信片的服務。結合釜山、中央洞的在地特色，不定時舉辦書籍、照片、香氛等藝文類展示活動，店內製作飲品的咖啡豆、五穀粉等原料，也是優先挑選釜山的優質店家商品，搭配上專門甜點師，每天店內新鮮現烤的甜點，還有好吃的烤燕麥片，其中蛋塔尤其熱門，去晚了還買不到呢！

周邊順遊

位在釜山南邊外海上的影島，面積約12平方公里，海岸線長約20.5公里，島上的最高處為海拔395公尺的蓬萊山，被推測為釜山最早有人類居住的地方，高麗時期(西元918～1392年)是有名的馬場，飼育的馬匹以像影子般的奔馳速度出名，因此影島舊稱為「絕影島」，天氣晴朗的時候，站在影島南端的太宗臺上，還可以看到日本的對馬島。

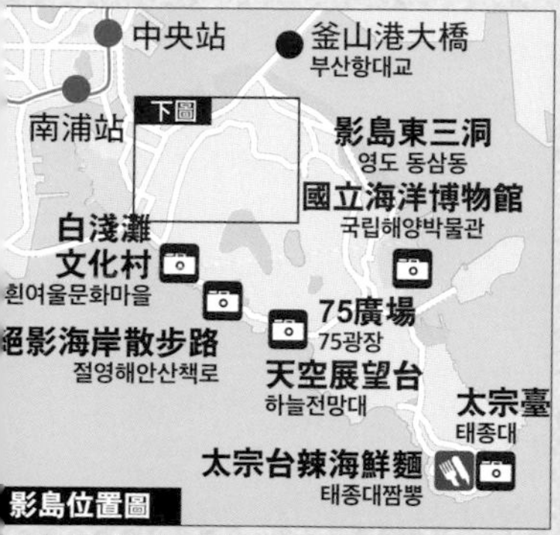

影島位置圖

中央站
釜山港大橋
부산항대교
南浦站
下圖
影島東三洞
영도 동삼동
國立海洋博物館
국립해양박물관
白淺灘文化村
흰여울문화마을
75廣場
75광장
絕影海岸散步路
절영해안산책로
天空展望台
하늘전망대
太宗臺
태종대
太宗台辣海鮮麵
태종대짬뽕

影島鬧區街道圖

＊影島大橋（約 360 公尺）、釜山大橋（約 580 公尺），都是可讓行人通過的步行橋。

A B C D
1 2 3
北
往國立海洋博物館
국립해양박물관 방향
태종로
Home plus大賣場
GEMSTONE
젬스톤
上車
公車站「교통순찰대」(交通巡查隊)
下車
公車站「교통순찰대」(交通巡查隊)
釜山大橋
부산대교
대교로
三進魚糕(三珍) 本店
삼진어묵 본점
蓬萊市場
봉래시장
影島大橋
영도대교
태종로
영선대로
往太宗臺
태종대 방향
蓬萊山
봉래산
新起產業
신기산업

遊賞去處

釜山港的門戶美景

太宗臺
태종대

MAP P.133上
出地鐵站，公車＋步行約30分鐘

DATA

taejongdae.bisco.or.kr(韓) 부산시 영도구 전망로 24 (동삼동) (051)405-8745 04:00～24:00，遊園車售票時間09:00～17:30，運行時間09:20～17:30，下山專用巴士17:30～18:30 免費，遊園車大人4,000₩，青少年2,000₩，小孩1,500₩ 參考P.137影島交通綜合說明，從太宗臺入口處沿斜坡往上，走約3分鐘可到遊園車搭乘處、售票窗口 天候不佳時停止運行。春、夏、秋三季假日人多，建議平日前往

影島東南端的海邊丘陵地，因新羅時期(西元前57～935年)第29代「太宗武烈王」曾到此遊玩，所以被稱為太宗臺。走在樹林和岩石之間的散步道，從這裡望向大海，天氣晴朗時可看到釜山五六島與日本對馬島，沿著燈塔旁的階梯往下，有據說是神仙居住過的神仙岩，和痴情女子等待丈夫歸來的望夫石，建議規畫半天時間，悠閒地遊覽各處美景，或是安排於下午前往，可一次欣賞日景和夕陽。

1太宗臺入口 2每當6、7月繡球花開花之時，是太宗寺的一大亮點 3木棧道休息空間設有望遠鏡，可以眺望周邊海景 4太宗臺的地標燈塔

| 玩 | 家 | 筆 | 記 |

太宗臺遊園車營運路線

太宗臺步道一圈約3.6公里，連續步行約需1小時，或是也可以搭遊園車，有3個停靠站、外語播音介紹，遊園車營運路線：搭乘處→展望台→影島燈塔→太宗寺→搭乘處，中間3個停靠站可順向多次搭乘，但假日時乘車人數多，展望台→影島燈塔距離不遠，建議直接步行約2分鐘來往，展望台站設有餐廳、咖啡店和便利商店，是中途休息看海的好地方。

太宗臺的遊園車

韓國最早綜合海洋博物館

國立海洋博物館
국립해양박물관

MAP P.133上
出地鐵站，轉搭公車約20分鐘

DATA

www.mmk.or.kr(多國語言) 부산시 영도구 해양로 301번길 45(동삼동) (051)309-1900 平日09:00～18:00，週六～21:00，週日～19:00，最後入場為開放截止前半小時 休 每週一，若週一為假日，則順延至下個平日公休 $ 免費(部分展館除外) 參考P.137影島交通綜合說明 !? 提供中、英、日語導覽解說(需事先預約)

韓國首座綜合海洋博物館，從最大規模復原的朝鮮通信使船開始，透過收集、研究和展覽海洋的相關遺物，讓參觀者可以了解各種海洋文化、生物和產業的過去歷史以及未來發展，並設有水族館隧道、兒童博物館和各種體驗設施等，讓大人小孩都能透過有樂趣的方式來了解海洋，除了室內展館外，規畫良好的戶外空間，可以看到海和大船，也有能野餐休憩的公園綠地，成為闔家遊玩的好去處。

1博物館內展示的模型船 2可以親子同樂的互動式遊樂設施 3館內設置的水族館隧道 4海洋博物館建築外觀

更親近擁抱藍天海洋

絕影海岸散步路
절영해안산책로

MAP P.133上
出地鐵站，公車＋步行約12分鐘

DATA

부산시 남쭉의 영도 서해안산책로 24小時 $ 免費 參考P.137影島交通綜合說明 !? 部分路段為石子路，中間多有階梯，建議穿好走的鞋前往

影島上除了知名的太宗臺外，沿著西海岸邊的散步道路，周邊景色也是島上的一絕。原為軍事保護區的絕影海岸散步道，可欣賞不同角度的釜山海景，沿著海邊峭壁所設置的吊橋，彩色磁磚鑲嵌圖案的牆面，登高望遠的75廣場和天空展望台，或是到旁邊的白淺灘文化村喝杯咖啡，運用各種不同的元素，讓看起來簡單的散步旅行，變成充滿驚喜的乘風之旅。

1此處環境清幽，也是戀人散步談心的好地方 2位於75廣場附近的天空展望台

遊賞去處

矮房老屋的全新視野

白淺灘文化村

흰여울문화마을

MAP P.133上

出地鐵站，公車+步行約15分鐘

DATA

⊠부산시 영도구 영선동4가 1044-6 ☎(051)419-4067 ⏲24小時 $免費 ➡參考P.137影島交通綜合說明 ⁉實際有人居住，注意參觀禮節

影島的西海岸景點，大致上可分為3層：最靠海的絕影海岸散步路，位置最高、靠近馬路的75廣場和天空展望台，以及山腰上、平房小巷弄間的白淺灘文化村。靠著影視作品的拍攝場景，讓大家有機會認識這個沒什麼遊客的祕境，結合特色壁畫和藝術作品，賦予老屋新的生命，在這蜿蜒的面海小路，可遠眺南港大橋和松島海水浴場，散步拍照或隨意找家咖啡店坐坐放空，都是很悠閒舒服的清新享受。

1 2 文化村裡，處處都有呼應海洋的海鷗造型裝飾 3 面海乘風、有可愛壁畫的祕境小路，就是此處最大的魅力

特色美食

觀光景區熱門名店

太宗台辣海鮮麵

태종대짬뽕

MAP P.133上

出地鐵站，公車+步行約30分鐘

DATA

⊠부산시 영도구 태종로 805(동삼동) ☎0507-1437-2992 ⏲10:00～20:30，最後點餐20:00 $麵類、飯類、糖醋肉5,500～20,000₩ ➡參考P.137影島交通綜合說明，位於太宗臺公車總站附近 ⁉有外文菜單附照片，部分選項韓文菜單才有

韓式中華料理店的三寶：炸醬麵、辣海鮮麵(炒碼麵)和糖醋肉。「太宗台辣海鮮麵」位於太宗臺入口前，主打以店名為料理名稱的加料版辣海鮮麵、炸醬麵，也有傳統選項，不吃辣的人可選擇白海鮮麵。此外，這裡的糖醋肉口感扎實，如果兩人一起來用餐，也可以選擇有兩種加料麵類和糖醋肉、飲料一瓶的套餐，會比單點更優惠一些。

Menu

太宗台辣海鮮麵菜單

- ☐ 太宗台辣海鮮麵（加料）／태종대짬뽕
- ☐ 太宗台炸醬麵（加料）／태종대짜장
- ☐ 辣炒海鮮麵（加料）／볶음짬뽕
- ☐ 傳統辣海鮮麵／옛날짬뽕
- ☐ 傳統炸醬麵／옛날짜장
- ☐ 白海鮮麵／하얀짬뽕
- ☐ 糖醋肉／탕수육
- ☐ 辣海鮮飯／짬뽕밥
- ☐ 炸醬飯／짜장밥
- ☐ 雙人套餐／2 인세트

影島交通綜合說明

*本區景點，建議可參考P.33，使用韓國的電子地圖定位確認。

從地鐵111南浦站6號出口出來，順路右彎直走，於上影島大橋前的站牌，可搭公車往影島各景點。

影島西海岸重點公車停靠站：

地鐵111南浦站

釜山保健高中(부산보건고등학교)

白淺灘文化村(흰여울문화마을)

瀛仙公寓(영선아파트)

白蓮寺(백련사)

含之谷修練院(함지골수련원)

75廣場(75광장)

太宗臺(태종대)

太宗臺

從市區搭乘公車，約20～30分鐘在太宗臺終點站下車，之後往原車行方向直走約5分鐘可到入口。

■**地鐵111南浦站：**搭乘8、30、66、186號公車。

■**地鐵110札嘎其站：**魚市場外公車專用道，搭乘8號公車。

■**地鐵113釜山站：**釜山火車站對面搭乘88、101號公車。

國立海洋博物館

去程：地鐵站來往博物館站，車程約20分鐘。**回程：**因為和去程共用站牌，上車前請確認公車的前往方向。

■**地鐵111南浦站：**搭 66、186號公車。

■**地鐵113釜山站：**有接駁車但班次少，可上官網查詢。

■和太宗臺串連，可搭66、186號公車，車程約10分鐘，或是搭計程車約7分鐘、車費約5,200₩。

絕影海岸散步道

從地鐵111南浦站，搭7、71、508號公車前往。車程約10分鐘，在「釜山保健高中」站下車，順路往前走約2～3分鐘，右邊的階梯往下可到。沿著海邊路走到75廣場的相對位置、爬樓梯上去，約需90分鐘左右，在75廣場面對馬路，左轉沿著木頭步道走約5分鐘可到天空展望台。

絕影海岸散步道範圍的景點，因與海洋博物館分跨影島蓬萊山的兩側，若要直接串連，建議搭計程車約9分鐘、車費約5,600₩，或是以太宗臺為公車轉乘點。

天空展望台、75廣場

從地鐵111南浦站，搭7、71、508號公車前往。車程約12分鐘，在「含之谷修練院」站下車，順路沿木頭步道往前走，約2～3分鐘可到天空展望台，再走約5分鐘可到「75廣場」，或可直接在75廣場站下車。和太宗臺串連建議搭計程車約9分鐘、車費約5,700₩(無直達公車)。

白淺灘文化村

從地鐵111南浦站，搭7、71、508號公車前往，車程約10～15分鐘。在「白淺灘文化村」、「瀛仙公寓」、「白蓮寺」等3站下車，路邊前後有小徑樓梯往下，走到可看海的小路即到，文化村為沿海長型，往左轉或右轉皆可。

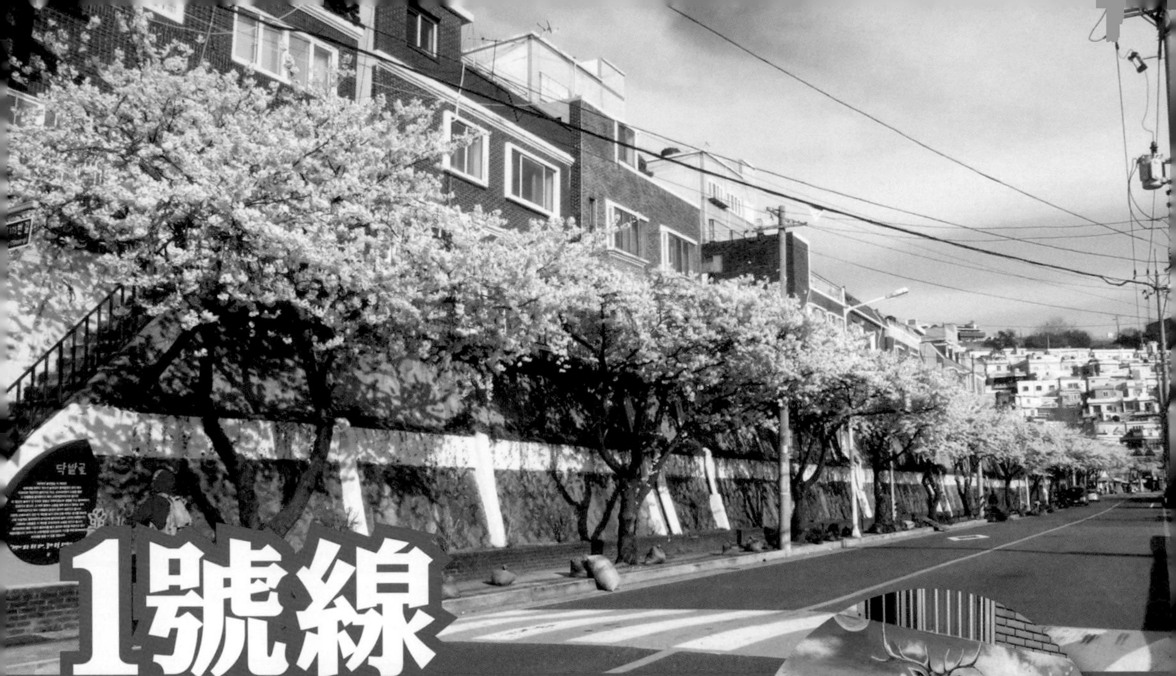

1號線

Line 1

不只是交通轉運樞紐

釜山站
부산역 (113)

＊本區景點，建議可參考P.33，使用韓國的電子地圖定位確認。

札嘎其站 자갈치역 110 — 南浦站 남포역 111 — 中央站 중앙역 112 — 釜山站 부산역 113 — 草梁站 초량역 114 — 釜山鎮站 부산진역 115 — 佐川站 좌천역 116

113：火車、高鐵

←多大浦海水浴場站 다대포해수욕장역

노포역 老圃站→

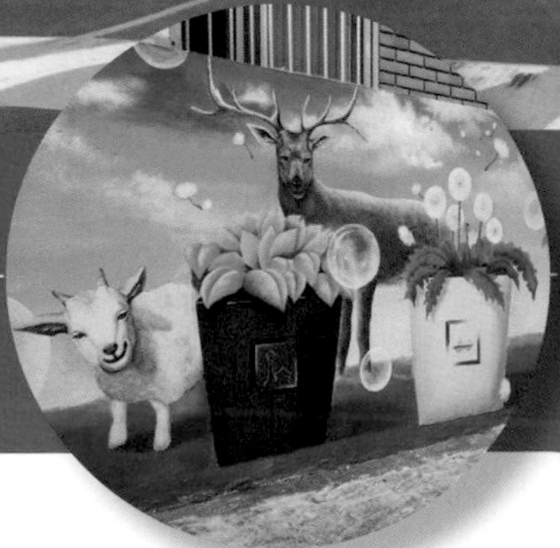

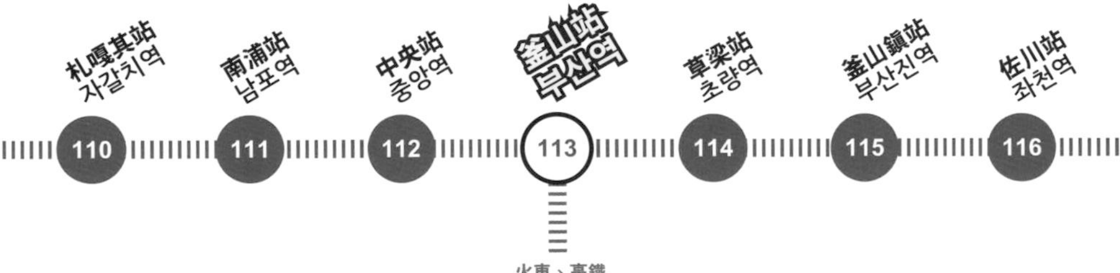

釜山火車站是釜山最重要的鐵路轉運車站，早先和地鐵釜山站還不是共構站，但目前連接通道已經完工，往地鐵站10號出口方向旁的地下街走過去，可以不用出站直接往釜山火車站。但這裡不是只有交通轉運和飯店旅館的商業區域，往旁邊的山腰道路走去，借助特色壁畫的裝飾，還有春天粉嫩的櫻花路，以及展望海港美景的好視野，能發現不同於光鮮新穎的老釜山之美，讓大家再次注意到釜山的往日情懷。

草梁故事路 望洋櫻花路

MAP P.140／B3

7號出口，步行約1分鐘開始

散步焦點

韓戰時為解決難民的居住問題，在釜山港附近、沿著山腹(山腰)道路形成村落，當時的生離死別和困頓生活，刻畫著無數動人悲傷的故事，時至今日，也許戰爭的痕跡早已不明顯，但透過保留下來的老舊建築，照片文物的展示，搭配上讓人心情愉快的春天櫻花，以及海港碼頭的出航船隻，依然可以嗅聞到不同於海雲臺、廣安里等熱門沙灘的釜山氣息。

| 玩 | 家 | 筆 | 記 |

來逛逛釜山東區的故事路吧！

釜山方言裡的「이바구」，就是故事「이야기」的意思，從釜山火車站對面的巷弄開始，一直到半山腰望洋路，可以探訪擁有釜山最主要港口的東區，在歷經火車京釜線(首爾來往釜山)開通和韓戰等重大事件後，一路走來的人民生活和歷史痕跡。

走訪焦點1～5站，約需3～3.5小時；春天櫻花季，推薦可單以焦點5站的望洋櫻花路為主，用公車接駁較省力，或是全程慢慢步行＋拍照約3～4小時。

故事路上的各種指標

釜山站、中央站周邊街道圖
柳致環的郵筒
유치환의 우체통
公車站
往釜山站
草梁1941
초량1941
草梁845
초량845
MONEY BOX換錢所釜山站店
머니박스 부산역지점
草梁站
초량역
飯捲天國
김밥천국
南鮮倉庫遺址
남선창고(터)
草梁麥麵
초량밀면
大建名家
대건명가
168階梯
168계단
草梁教會
草梁小學
三進魚糕
삼진어묵
中央公園
중앙공원
公車站
往椽田壁畫村
Brown Hands百濟 / 舊百濟醫院
라운핸즈백제 / 옛 백제병원
釜山火車站
부산역
噹噹炸雞
땅땅치킨
機場巴士乘車處
觀光巴士乘車處
公車站
下車往椽田壁畫村
瀛洲天空眼展望台
영주하늘눈전망대
觀光案內所
관광안내소
心願階梯單軌電車
소망계단
望洋櫻花路
망양벚꽃길
上海門
상해문
莫茲民宿
모찌 게스트하우스
椽田壁畫村
닥밭골벽화마을
釜山站
부산역
雷得飯店
이데아 호텔
東横inn 釜山站 1
토요코인 부산역 1
瀛洲洞上坡路單軌列車
영주동오름길 모노레일
阿爾蒙德飯店
아몬드 호텔
東横inn 釜山站 2
토요코인 부산역 2
1號線
民主公園
민주공원
大廳SKY展望台
대청SKY전망대
大廳洞色彩村
대청동 색채마을
40階梯文化街
40계단문화거리
中央站
중앙역
寶水洞書房巷弄
보수동책방골목
대청로
駐韓國台北代表部
釜山辦事處
釜山近代歷史館
부산근대역사관
대교로
精誠食堂
정성식당
Good ol' days
굿올데이즈
釜山港沿岸旅客碼頭
부산항연안여객터미널
國際市場
국제시장
龍頭山公園
용두산공원
南浦站
남포역
北

焦點1 舊百濟醫院

옛 백제병원

MAP P.140／D2

位於西洋式的5層建築內、1922年設立的百濟醫院，是釜山最早的近代個人綜合醫院，之後這棟建築曾歷經中華民國領事館、治安隊的辦公室、中華料理餐廳等，建築在1972年遭遇火災後，5樓拆除，目前2樓以上是辦公室，1樓為結合展示空間的特色咖啡店。

HOW TO GET THERE

Step 1 從地鐵113釜山站7號出口直走約1分鐘的巷口左轉直走。

Step 2 右邊可看到炸雞店(已換成噹噹炸雞)，再往前走1分鐘內，就可到舊百濟醫院。

焦點2 南鮮倉庫遺址

남선창고 (터)

MAP P.140／D2

南鮮倉庫是釜山最早的倉庫，從北邊的咸鏡道(現為北韓境內)北鮮倉庫運過來的貨品，因為主要是明太魚，所以又被稱為明太魚庫房，之後通過火車京釜線把貨品運往全韓國；現在倉庫已拆除，原址改成超市用地，只有留下當時倉庫磚牆的痕跡。

HOW TO GET THERE

Step 1 從舊百濟醫院旁的巷子右轉，直走一下的右邊即到；繼續直走為草梁市場、夜市。

Step 2 在超市的停車場邊，保留有南鮮倉庫的磚牆和木造牆柱。

焦點3

168階梯

168계단

MAP P.140／C2

舊時山腹道路和平地連接最主要、最快速的通道，韓戰時尋親、戰後討生活都得從這裡經過，至今依然有不少當地居民每天要來往於此，為了民眾和訪客的便利，設置了輕型電梯，減輕大家爬階梯的疲累。(請禮讓老弱婦孺優先搭乘)

HOW TO GET THERE

回到舊百濟醫院路口，面對建築左轉繼續直走，到路口左轉、過馬路，從對面的小巷弄走進去。

沿著小路往前走(不要轉彎)，會經過展示舊時照片的木牆藝廊，再往前走、上小樓梯，之後右轉直走一下，在草梁教會前左轉。

左轉後會經過東區人物歷史牆，這裡介紹幾位釜山東區出身的各界名人，以及釜山的歷史故事；繼續往前直走上樓梯。

上樓梯後右轉再左轉走進去，就可以看到168階梯和電梯搭乘處。(電梯運行時間07:00～21:00，天候不佳時可能停止)

焦點4 柳致環的郵筒

유치환의우체통

MAP P.140／C1

柳致環老師當過兩任慶南女高(在釜山東區水晶5洞、地鐵釜山鎮站附近)校長，在釜山東區去世，這裡是為了紀念他而設置的展望空間，亦可寄送明信片(郵票建議自備)。

HOW TO GET THERE

搭168階梯的電梯到上面，出電梯後依照片上的動線往中間斜坡上走，右邊會經過堂山廟(類似台灣的土地公廟、可入內)。

走上斜坡後，右轉有公車站牌，可以搭190、508號公車回到釜山站；如果是搭前述公車到這裡要往下走故事路，從面對公車站右邊斜坡反向走下去即可。

190號公車：釜山火車站前的公車專用道搭乘，約16分鐘在「동일파크맨션」(東一公園公寓)站下車，這站也可稱為「이바구공작소」(故事工作室)，下車後右斜對面就是故事路入口；若搭計程車來往，車程時間約10分鐘、車費約6,000₩。

續Step2，右轉走過公車站牌，4月初或中可看到山頭上的櫻花；繼續往前走，順大路右彎到岔路口，左上方是草梁1941、草梁845咖啡店(P.82)，往左前方有壁畫的路走。

草梁1941、草梁845：如果要從山下直接前往2家特色咖啡店，公車站為「금수사」(金水寺)，「草梁845」在前、「草梁1941」在後面上方。

1. **南浦站：**地鐵111南浦站10號出口，直走約4分鐘的公車專用道，搭86、186號公車，車程約20分鐘，下車後往左上方可看到「草梁845」。回程兩班公車可搭到國際市場(靠寶水洞側)下車，或是86號公車可到南浦洞。
2. **釜山站：**釜山火車站前的公車專用道，搭190、508號公車，車程約11分鐘，在「화신아파트」(花信公寓)站下車，往回順大路走約2分鐘，左上方可看到「草梁845」。
3. **計程車：**從南浦洞出發，搭計程車往金水寺，車程約14分鐘、車費約7,700₩。

繼續直走左邊可看到木頭步道(上面有公廁)，或是直接走下面就好，這條路上都是櫻花樹。

繼續往前走，右邊會經過釜山電腦科學高中；從本頁的Step3開始，步行約15分鐘可到柳致環的郵筒。

在柳致環的郵筒前，可以搭190公車，回到草梁市場或釜山站，車程約14分鐘。如果是要從山下直接搭公車到這裡，可參考Step 3的「草梁1941」，從金水寺站走到柳致環的郵筒約6分鐘。

焦點5 望洋櫻花路

망양벚꽃길

MAP P.140／B3

釜山火車站對面的山腰道路，走在望洋路上，除了可以看到大海，每年4月初、中還有一望無際的眾多櫻花，此處因為地勢較高，比起平地櫻花樹的開花時間稍晚一點，如果是花季末期來釜山賞櫻花，不妨來這裡看看吧！

HOW TO GET THERE

參考P.143的Step2，草梁故事路上斜坡後到右斜對面搭190號公車，一路上幾乎都是櫻花樹。

車程約8分鐘，在「동대신2동」(東大新2洞)站下公車，往回走一下的對面，走下樓梯可到楮田壁畫村(닥밭골벽화마을)。

下壁畫村之前，右邊沿路往前有幾個漂亮的彩繪樓梯，可以走走看看。

楮田壁畫村不太大，可隨意走走；此處仍有居民居住，請降低說話音量、勿亂丟垃圾。

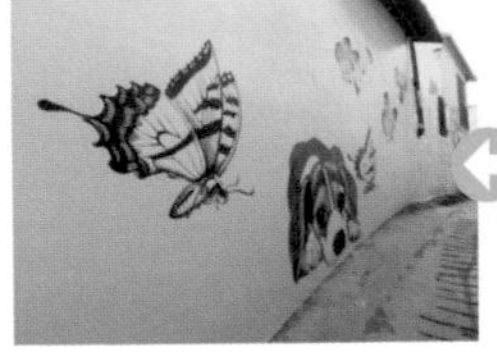

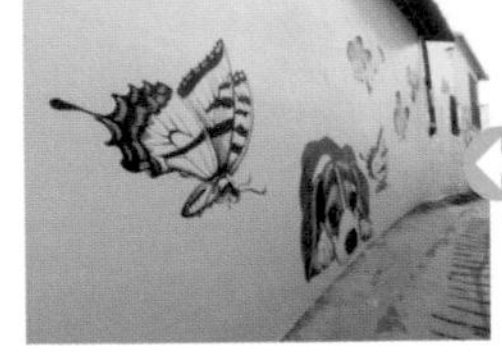

大約往下走到這個路口，就可以往上走回大路邊，搭190號公車往釜山站，車程約16分鐘。

柳致環的郵筒→望洋櫻花路、楮田壁畫村：兩處間無直達公車，山區也較不易攔計程車，最單純的方法，是從柳致環的郵筒，往P.143的Step2的公車站方向走，過大彎後就有公車站牌可搭190號公車往望洋櫻花路、楮田壁畫村，車程約9分鐘。

|玩|家|筆|記|

望洋路散步之旅

從焦點4站「柳致環的郵筒」，沿著「望洋路」，一直到「楮田壁畫村」，這一路上的景點和展望台，中間都各有段距離，雖然搭公車較省力，但不免會覺得如果錯過，那就可惜了這裡的老屋壁畫和海洋美景，因此，最推薦春天櫻花盛開，或是天氣不太熱的時候，安排半天時間，來這裡慢慢散步賞景吧！

瀛洲天空眼展望台

영주하늘눈전망대 MAP P.140／B3

從「柳致環的郵筒」出發，可參考P.143的Step 3「草梁1941」，往前走到在「화신아파트」(花信公寓)站搭508號公車，約3分鐘在「중앙공원、민주공원 입구」(中央公園、民主公園入口)下車即到。

瀛洲洞上坡路單軌列車

영주동오름길 모노레일 MAP P.140／B4

和草梁故事路168階梯旁的電梯一樣，是為了方便當地居民進出而設置，從望洋路搭列車到下方(也可以走樓梯)的公車站，可以搭86、186號公車往國際市場(靠寶水洞側)下車。

大廳SKY展望台

대청SKY전망대 MAP P.140／B5

設置在「大廳公營停車場」(대청공영주차장)上方的展望台，走進建築物內，右轉直走可搭電梯到頂層，也是個欣賞釜山海景的祕密空間。

大廳洞色彩村

대청동 색채마을 MAP P.140／B5

隨著時間流逝，山腰道路的矮房難免斑駁老舊，因此用繪製壁畫和裝飾藝術作品，來活化社區氣氛，不妨往樓梯上、小弄裡走走，更多驚喜等你來挖掘。

釜山魚糕的元老品牌

三進魚糕(三珍)

삼진어묵 부산역광장점

DATA

www.samjinfood.com(韓、英) 부산시 동구 중앙대로214번길 7(초량동) 070-8877-5468 09:00～21:00 魚糕1,000～5,000₩(每個)，另有包裝套組，包材1,000～2,000₩ 地鐵113釜山站10號出口往回走到路邊，右轉直走約2分鐘過馬路，再右轉直走約1分鐘

1953年從影島蓬萊市場起家，利用新鮮食材，製作魚肉含量70%以上的魚糕，像麵包店般的開架賣場方便選購，也可透過玻璃窗看到魚糕製作過程，除了口味眾多的魚糕，外表酥脆、內裡飽滿有嚼勁的魚糕可樂餅也是人氣商品。釜山站前廣場的分店，2樓有空間寬敞、設計成咖啡店感覺的座位區，可嘗試魚糕配咖啡的新吃法，微波爐旁也有提供熱魚糕湯，創造小吃新風味。

1 8 店內外環境 2 咖啡店氣氛的座位區 3 5 魚糕外帶、內用皆可 4 可使用微波爐加熱魚糕 6 魚糕可樂餅 7 半開放式廚房，可直接看到魚糕製作過程

1

2

3

4

5

6

7

8

特色美食

飄香24小時的豬肉湯飯

大建名家
대건명가

MAP P.140／D2
7號出口
步行約5分鐘

DATA

부산시 동구 중앙대로 232(초량동) (051)467-1119 07:00～22:00 湯飯類9,500～13,500₩ 地鐵113釜山站6號出口出來左轉，直走約5分鐘可到 有中文菜單附照片。有搬遷過，現址在舊址外大馬路的對面

豬肉湯飯是釜山知名在地料理，韓戰開始後用較便宜的豬肉取代牛肉，來製作日常吃的湯飯。「大建名家」是釜山草梁洞有名的豬肉湯飯專賣店，以韓國產豬骨熬製湯底，只要加少許鹽或蝦醬就非常美味，也可加入韭菜增加口感，推薦點湯飯搭配白切肉套餐，豬五花肉沾特製醬料，類似台灣蒜泥白肉的吃法，以及附贈的豆腐，都替主餐大大加分。

Menu

大建名家菜單 (部分個人餐)

- ☐ 豬肉湯飯／돼지국밥
- ☐ 血腸湯飯／순대국밥
- ☐ 內臟湯飯／내장국밥
- ☐ 混合（以上2或3種）／섞어
- ☐ 白切肉套餐／보쌈백반

1 2 可以把韭菜或蝦醬加到湯飯裡調味 3 豬肉湯飯 4 豬五花肉和血腸拼盤 5 也可以用生菜，包著豬肉、泡菜和小菜醬料一起吃

1

2

3

4

5

特色美食

在地的釜山式冷麵

草梁麥麵
초량밀면

MAP P.140／D2
7號出口
步行約3分鐘

DATA

부산시 동구 중앙대로 225(초량동) (051)462-1575 10:00～21:30，最後點餐21:00 休 春節、中秋節各3日 水麥麵、拌麥麵、大蒸餃6,000₩、海鮮刀切麵7,000₩ 地鐵113釜山站7號出口，直走約3～4分鐘

釜山以前是韓國小麥的主要產地之一，因此韓國隨處可見的冷麵(韓式涼麵)，改成以小麥粉為原料製作的麥麵。「草梁麥麵」是釜山的麥麵專賣店，可選水冷麵(不辣)或拌冷麵(微辣)，調味恰到好處，麵體Q彈有嚼勁，天氣熱的時候常有排隊人龍，避開用餐尖峰時段前往為佳，此外麵量很足夠，一般食量的人點小碗即可，或是多人前往還可以點手工製作、用料飽滿的超大蒸餃喔！

Menu

草梁麥麵菜單

- ☐ 水麥麵／물밀면
- ☐ 拌麥麵／비빔밀면
- ☐ 大蒸餃／왕만두
- ☐ 海鮮刀切麵／해물칼국수

近百種豐富輕食餐點

飯捲天國FOOD CAFE

김밥천국 초량점

MAP P.140/D2

7號出口
步行約2分鐘

DATA

✉부산시 동구 대영로 243번길 111(초량동) ☎(051)469-1007 ⏲24小時 $各式餐點2,000～8,500₩ ➡地鐵113釜山站7號出口直走約2～3分鐘

「飯捲天國」是韓國的輕食連鎖店，後來逐漸出現名稱、菜單類似的店家，或是也有一些走創意新式風格的飯捲店。偏傳統類的店家，各分店菜單都差不多，有飯捲、辣炒年糕、泡麵、湯鍋、蓋飯、豬排等近百種餐點，通常是24小時營業，可以1人用餐，釜山火車站對面的飯捲天國，雖然店名有CAFE，但卻沒有賣咖啡，而是內部裝潢成咖啡店的感覺，用大樹和原木的概念，希望讓客人有更舒適的用餐環境。

1煮泡麵 2店面外觀 3海苔飯捲、蛋包飯捲 4店內布置假樹鋪陳輕鬆氣氛 5拌飯(附送大醬湯)

Menu

飯捲天國菜單

飯捲類 김밥류

- ☐ 原味海苔飯捲 / 푸드김밥
- ☐ 蔬菜海苔飯捲 / 야채김밥
- ☐ 泡菜海苔飯捲 / 김치김밥
- ☐ 鮪魚海苔飯捲 / 참치김밥
- ☐ 起司海苔飯捲 / 치즈김밥
- ☐ 辣味海苔飯捲 / 땡초김밥
- ☐ 午餐肉海苔飯捲 / 스팸김밥
- ☐ 牛肉海苔飯捲 / 소고기김밥
- ☐ 蛋包海苔飯捲 / 계란말이김밥
- ☐ 沙拉海苔飯捲 / 샐러드김밥
- ☐ 炸豬排海苔飯捲 / 돈까스김밥
- ☐ 辣鮪魚海苔飯捲 / 땡초참치김밥
- ☐ 魚卵飯捲 / 누드날치알롤

泡麵類 라면류

- ☐ 辛拉麵 / 신라면
- ☐ 年糕泡麵 / 떡라면
- ☐ 起司泡麵 / 치즈라면
- ☐ 泡菜泡麵 / 김치라면
- ☐ 辣泡麵 / 매운라면
- ☐ 鍋燒泡麵 / 냄비라면
- ☐ 水餃泡麵 / 만두라면
- ☐ 辣海鮮泡麵 / 짬뽕라면
- ☐ 沙鍋泡麵 / 뚝배기라면
- ☐ 泡菜泡麵 + 麵疙瘩 / 김치라면수제비
- ☐ 泡麵定食 (泡麵 + 豬排 1/2+ 飯 + 生菜沙拉) / 라면정식 (라면 + 돈까스 1/2+ 밥 + 샐러드)

辣炒年糕類 떡볶이류

- ☐ 年糕泡麵 / 라볶이
- ☐ 年糕韓式涼麵 / 쫄볶이
- ☐ 加辣辣炒年糕 / 매운떡볶이
- ☐ 豪華辣炒年糕 / 스페셜떡볶이
- ☐ 加起司 / 피자치즈추가
- ☐ 追加配料 / 사리추가
- ☐ 年糕、水餃 / 떡、만두
- ☐ 韓式涼麵、泡麵 / 쫄면、라면
- ☐ 黑輪、雞蛋 / 오뎅、계란

輕食類 분식류

- ☐ 水餃 / 고기만두
- ☐ 泡菜水餃 / 김치만두
- ☐ 煎餃、湯餃 / 군만두、만두국
- ☐ 辣味水餃 / 비빔만두
- ☐ 韓式涼麵 / 쫄면
- ☐ 黃銅鍋烏龍麵 / 냄비우동
- ☐ 黃銅鍋泡菜烏龍麵 / 냄비김치우동
- ☐ 辣海鮮烏龍麵 / 해물짬뽕우동
- ☐ 沙鍋烏龍麵 / 뚝배기우동
- ☐ 烏龍麵定食 / 우동정식
- ☐ 陶鍋刀切麵 / 항아리칼국수
- ☐ 陶鍋麵疙瘩 / 항아리수제비
- ☐ 海鮮刀切麵 / 해물칼국수
- ☐ 海鮮麵疙瘩 / 해물수제비
- ☐ 魚漿串黑輪 / 오뎅
- ☐ 年糕湯 / 떡국
- ☐ 年糕湯餃 / 떡만두국
- ☐ 湯麵線 / 잔치국수

湯鍋類 찌개류

- ☐ 嫩豆腐鍋 / 순두부백반
- ☐ 鮪魚鍋 / 참치찌개
- ☐ 泡菜鍋 / 김치찌개
- ☐ 秋刀魚泡菜鍋 / 꽁치김치찌개
- ☐ 黃太魚黃豆芽解酒湯 / 황태콩나물해장국
- ☐ 大醬鍋 / 된장찌개
- ☐ 排骨湯 / 갈비탕
- ☐ 辣牛肉湯 / 육개장
- ☐ 螺肉解酒湯 / 다슬기해장국
- ☐ 黑輪鍋 / 오뎅백반
- ☐ 部隊鍋 / 부대찌개
- ☐ 沙鍋烤肉鍋 / 뚝배기불고기
- ☐ 炒豬肉鍋 / 돼지두루치기

飯類 밥류

- ☐ 泡菜焗烤飯 / 김치도리아
- ☐ 鮮蝦焗烤飯 / 새우도리아
- ☐ 蛋包焗烤飯 / 오므도리아
- ☐ 蛋包飯 / 오므라이스
- ☐ 泡菜蛋包飯 / 김치오므라이스
- ☐ 咖哩蛋包飯 / 카레오므라이스
- ☐ 辣雞定食 / 매운닭정식
- ☐ 石鍋章魚烤肉 / 돌솥낙지불고기
- ☐ 雙人份銅盆拌飯套餐 / 양푼이비빔밥 + 된장 (2 인용)
- ☐ 拌飯 / 비빔밥
- ☐ 石鍋拌飯 / 돌솥비빔밥
- ☐ 鮪魚拌飯 / 참치비빔밥
- ☐ 泡菜炒飯 / 김치볶음밥
- ☐ 蝦仁炒飯 / 새우볶음밥
- ☐ 鐵盤泡菜炒飯 / 철판김치볶음밥
- ☐ 蒜味培根炒飯 / 베이컨마늘볶음밥
- ☐ 鐵盤烤肉蓋飯 / 철판불고기덮밥
- ☐ 咖哩蓋飯 / 카레덮밥
- ☐ 鮪魚蓋飯 / 참치덮밥
- ☐ 魷魚蓋飯 / 오징어덮밥
- ☐ 泡菜蓋飯 / 김치덮밥
- ☐ 辣炒豬肉蓋飯 / 제육덮밥
- ☐ 烤肉蓋飯 / 불고기덮밥
- ☐ 章魚蓋飯 / 낙지덮밥
- ☐ 魷魚烤肉蓋飯 / 오삼불덮밥

炸豬排類 돈까스류

- ☐ 炸豬排 / 돈까스
- ☐ 大炸豬排 / 왕돈까스
- ☐ 咖哩炸豬排 / 카레돈까스
- ☐ 起司炸豬排 / 치즈돈까스
- ☐ 地瓜炸豬排 / 고구마돈까스
- ☐ 炸豬排蛋包飯 / 오므돈까스
- ☐ 加倍 / 곱배기
- ☐ 白飯 / 공기밥
- ☐ 罐裝飲料 / 캔음료수
- ☐ 炸豬排定食 (1)(豬排 + 韓式涼麵 + 飯捲 + 煎餃 1 個) / 돈까스정식 (1)(돈까스 + 쫄면 + 김밥 + 만두 1 개)
- ☐ 炸豬排定食 (2)(定食 1+ 起司 or 地瓜炸豬排 2 選 1) / 돈까스정식 (2)(정식 1+ 치즈 or 고구마돈까스 중 선택)

周邊順遊

位在地鐵中央站一帶的中央洞，是近代釜山發展的重要起源，從舊釜山火車站、舊釜山市廳，到韓戰時成為臨時首都，因而難民聚集的40階梯、釜山港，此處充滿歷史回憶，之後商業辦公室和店面餐廳等陸續進駐，在西面、海雲臺還沒開始發展前，中央洞是釜山的中心指標，也是從這裡開始往周邊延伸，展開釜山近代的都市建設與繁榮發展。

遊賞去處

近代釜山發展起源地

40階梯文化街

40계단문화거리

MAP P.140／C5

13號出口步行約1分鐘

DATA

⊠부산시 중구 동광길 49 ☎文化館(051)600-4046 ⓒ24小時，文化館週二～五10:00～18:00，週六、日10:00～17:00 休每週一、年節假日 $免費 ➡**1**.地鐵112中央站13號出口前左轉直走，穿過40階梯文化街，約3分鐘看到海螺型旋轉天橋，上去即到文化館／**2**.面對文化館往左走約2分鐘，左側可到40階梯，下去直走約3分鐘到路口，左轉往地鐵112中央站，右轉往地鐵111南浦站

此處靠近碼頭、交通便利，是韓戰時難民聚居和商業交易中心，也是尋找失散親人的地方。以象徵舊釜山火車站和釜山港的鐵路與海路為主題，利用銅像和史料照片，呈現韓戰當時的生活情況，帶給小孩歡樂和希望的爆米花大叔，辛勤過活盡心照顧孩子的媽媽，刻畫當時令人感動的痕跡，附近的40階梯文化館，藉由展出韓戰時的用品，可以了解難民艱苦的生活，一窺從朝鮮時代開始，釜山中區的發展與變化。

遊賞去處

韓國第一任總統的住所和辦公室

臨時首都紀念館

임시수도기념관

MAP P.17下／A1

土城站2號出口步行約5分鐘

DATA

http monument.busan.go.kr(多國語言) ⊠부산시 서구 임시수도기념로 45 (부민동) ☎(051)244-6365 ⓒ09:00～18:00 休每週一和元旦，若週一為假日，則下一個平日休館 $免費 ➡地鐵109土城站2號出口，直走約2分鐘路口左轉，再直走約3分鐘

韓戰爆發之前是慶尚南道最高長官的住所，後來釜山成為韓戰時的臨時首都，這裡改為總統官邸，是韓國第一任總統李承晚夫婦的住所和辦公室，1984年臨時首都紀念館在此開館，復原韓戰當時的室內陳列擺設，展出韓戰時期的史料照片，現在除了常設展出，也會不定期舉辦藝文活動。

了解釜山的過往發展

釜山近代歷史館
부산근대역사관

MAP P.140／B6
5號出口
步行約6分鐘

DATA

museum.busan.go.kr(多國語言) 부산시 중구 대청로 104(대청동) (051)607-8001 09:00～18:00 休每週一和元旦，若週一為假日，則下一個平日休館 免費 地鐵112中央站5號出口直走約6分鐘

釜山近代歷史館的所在建築，原本是1929年日本強占時期的據點，日據光復解放後成為美國文化院的利用空間，爾後使用權回歸釜山市，將其改成近代歷史館對外開放，展出釜山近代的歷史文物、影音資料和器具模型等，以「釜山的近代開港」、「日帝的釜山掠奪」和「近代都市釜山」為主題，結合近代街道模型等，來介紹各個時期的釜山。

1近代歷史館的歐風建築 2館內的釜山早期模擬街道

懷舊書香的活字記憶

寶水洞書房巷弄
보수동책방골목

MAP P.140／B6
7號出口
步行約12分鐘

DATA

www.bosubook.com(韓) 부산시 중구 보수동1가 書房巷弄文化館(051)743-7650 各店家不同，約09:00～21:00 免費 **1**.地鐵112中央站7號出口直走約12分鐘的右側巷弄／**2**.地鐵110札嘎其站3號出口前巷口左轉直走約10分鐘，過大馬路的巷弄內／**3**.地鐵109土城站1號出口直走約3分鐘的路口，過馬路後右轉，再直走約10分鐘的左側巷弄

韓戰後為了復甦經濟而發展各種產業，國際市場附近的寶水洞，成為有名的圖書街，現代雖然大型連鎖書店成為主流，但說到尋寶的趣味，這裡還是略勝一籌。如今寶水洞舊書街，依然堆疊無數書冊，從中古書、絕版書到生力軍流行雜誌，看不懂韓文沒關係，揮汗如雨地翻找也是樂趣。為了保存記憶歷史的復古風情，經由廣告創意的生命力，希望可以吸引年輕人參與，也會舉辦各式交流活動，發揚此處的文化香氣。

1號線

Line 1

釜山的中心鬧區商圈

西面站

서면역 (119/219)

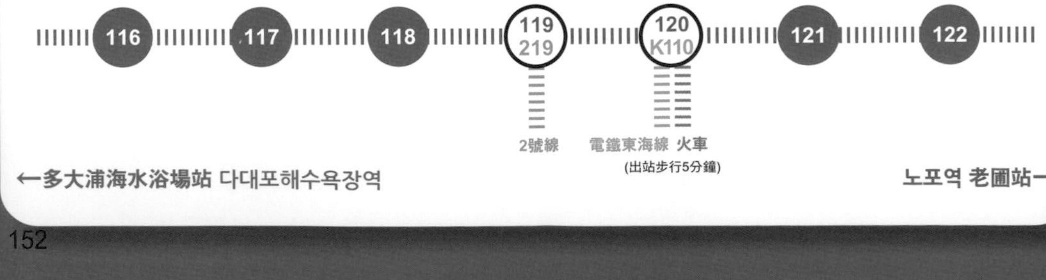

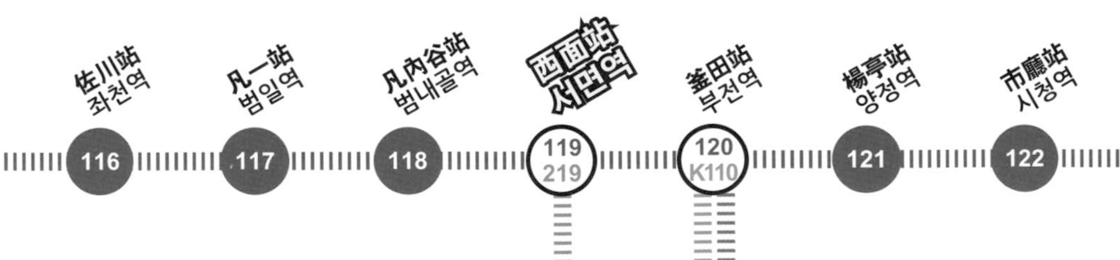

釜山達人 *Busan* 3大推薦地

西面Mall

聚集多家韓系美妝保養品，以及流行特色服飾，因位於地下街，也是雨天行程備案好選擇。(見P.156)

金剛部隊鍋

熱呼呼韓式口味火鍋，用料豐富、價格實惠，白飯和泡麵可以吃到飽，是美味又飽足的一餐。(見P.164)

花江辣炒小章魚

搭配韓牛肥腸的鐵板辣炒小章魚，是韓國常見的下酒好菜，也能是正餐主角。可以調整辣度，或是換成牛胸肉片、整盤只要小章魚。(見P.163)

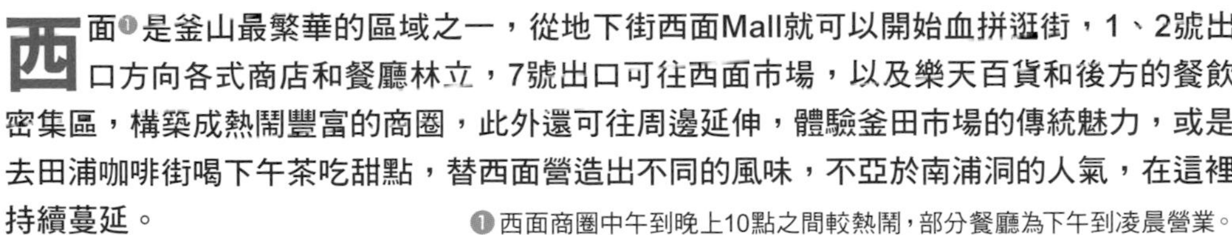

西面❶是釜山最繁華的區域之一，從地下街西面Mall就可以開始血拼逛街，1、2號出口方向各式商店和餐廳林立，7號出口可往西面市場，以及樂天百貨和後方的餐飲密集區，構築成熱鬧豐富的商圈，此外還可往周邊延伸，體驗釜田市場的傳統魅力，或是去田浦咖啡街喝下午茶吃甜點，替西面營造出不同的風味，不亞於南浦洞的人氣，在這裡持續蔓延。

❶西面商圈中午到晚上10點之間較熱鬧，部分餐廳為下午到凌晨營業。

西面站周邊街道圖
e-mart TRADERS
倉庫型大賣場
樂天超市
LOTTE Mart
釜田火車站
부전역
(地鐵120釜田站1號出口直走約5分鐘可到火車站)
釜田Market Town
부전마켓타운
西面站
서면역
公車站
(來往三光寺)
機場巴士
(上車)
가야대로
2號線
機場巴士
(下車)
釜岩站
부암역
樂天飯店
부산롯데호텔
樂天百貨
롯데백화점
KAKAO FRIENDS
那英換錢所
나영환전소
西面市場
서면시장
豬肉湯飯街
돼지국밥거리
機張手工刀
기장손칼국수
梁山咕咕炸雞
양산꼬꼬통닭
大創
다이소
CGV電影
味讚王鹽烤
맛찬들왕소금구이
釜山烤肋排
부산쪽쪽갈비
金剛部隊鍋
킹콩부대찌개
Uniqstay民宿
유니크스테이
利昂飯店
라이온 호텔
阿班飯店
아르반 호텔
歡笑豬腳
홍소족발
登巴斯塔中央飯店
덴바스타 센트럴 호텔
想像庭院
KT&G 상상마당
茶田
다전
長工王鹽烤
마당쇠 왕소금구이
西面1號街
서면일번가
서면로
1號線
중앙대로
鄉村飯桌
시골밥상
皇帝潛水艇
황제잠수함
北

E F
農會超市
하나로마트
市場
전시장
來思
사
釜田Mall地下街
부전몰
1號線
釜田站
부전역
120
동천로
花江辣炒小章魚
꽃가람
東橫INN
토요코인
서전로
樂天電影院
롯데 영화관
盆燉排骨
이갈비찜
美進畜產
진축산
釜田圖書館
부전도서관
U DALLY
유달리
田浦咖啡街
전포카페거리
善良的豬
착한돼지
OFF COURSE
오프커스
VINTAGE 38
빈티지38
2號線
田浦站
전포역
218

釜山最大的集合市場

釜田市場
부전시장

MAP P.155／E1

釜田站1號出口步行約2分鐘

DATA

부산시 부산진구 부전동 (051)805-2552 各店家不同，白天到傍晚前最為熱鬧 地鐵120釜田站1號出口對面，或是可從釜田Mall地下街前往

韓戰後動盪窮苦的年代，媽媽們把自己種的蔬菜拿去市場兜售來貼補家用，因此形成釜田市場。最早以農、漁和畜產等批發零售為主，後來加入生活雜貨寢具，和2樓的人蔘市場，此後規模日漸擴大，為了容納越來越多的各類商家，發展成釜山最大規模的集合市場。雖然很難避免因為老舊而環境雜亂、狹窄難走，但釜田市場裡有名的刀切麵、紫菜大飯捲，以及韓國產現炸的芝麻香油，古來思魚糕的創始總店，仍是婆媽們的最愛，傳統市場依然保有其無法被取代的特殊魅力。

血拼購物地下街

西面Mall

서면몰

MAP P.154／D4

和地鐵站出口連通前往

DATA

各店家不同，約10:30～22:30，建議中午後前往比較熱鬧 休每月第一個週二 往地鐵119／219西面站1～4號出口、地鐵118凡內谷站方向的地下街

從地鐵西面站往凡內谷站方向的地下商街，以年輕風格的商品為主，有韓系的保養化妝品，還有各種流行服飾和鞋子包包，吸引很多年輕人來此逛街，並且有多家店可退稅，但部分小物商品會比南浦洞或釜山大學商圈的價格略高。

| 玩 | 家 | 筆 | 記 |

釜田Mall(부전몰)

往地鐵西面站12～15號出口、地鐵釜田站方向的地下商街，商品以年齡層較高的服飾鞋包、嬰幼兒用品為主，其他還有登山用品服飾、西裝套裝和五金雜貨等，營業時間大約是在09:30～22:00之間。

123西面地下街多數店家，可以刷卡購物不加價，少部分使用現金較便宜

高CP值的生活用品

大創

다이소

MAP P.154／D4

1號出口步行約4分鐘

DATA

www.daiso.co.kr(韓、英) 부산시 부산진구 중앙대로 693(부전동) (051)802-6016 10:00～22:00 商品單價約1,000～5,000₩ 地鐵119／219西面站1號出口直走約4分鐘

「均一價」有時給人跳樓大拍賣的感覺，並且可能是質量不夠完整的商品，但對於韓國的「大創」來說，雖然店內商品是走低定價策略，可是品質卻不低，反倒會讓人覺得頗有質感，各種生活、文具、家飾、廚具等用品豐富多樣，除了一般長賣項目，不定期也會推出特殊的企劃商品，例如春季的櫻花系列、療癒感的麵包系列等，讓來逛大創成為一件可怕的事，不大買特買對不起自己啊！

極具創意感的複合文化空間

想像庭院 釜山

KT&G 상상마당 부산

MAP P154／D4

7號出口
步行約6分鐘

DATA

www.sangsangmadang.com/main/BS 부산시 부산진구 서면로 39 (부전동) (051)809-5555 1樓咖啡店10:00～22:00／2樓設計小物11:00～21:00，週五～日到22:00 1樓咖啡店飲料3,800～10,000₩ 地鐵119／219西面站7號出口直走約5分鐘的十字路口左斜對面

「想像庭院」由KT&G(韓菸人蔘)公司創辦的複合式文化空間，推動音樂、美術、設計、公演等領域的青年創業發展，最初為線上社群，之後從首爾弘大開始，陸續在韓國各地開設實體空間。

全韓國最大的想像庭院，2020年在釜山市中心的西面插旗，地上13層、地下5層的建築，結合公演場、美術館、電影院等多樣藝文體驗，自營創作者的工作空間，有豐富設計小物的文具店，以及1樓的特色咖啡店，還有7樓的住宿空間「想像Stay」(P.259)。

1樓的咖啡店「사푼사푼」由人蔘品牌正官庄經營，店名結合自紅蔘的主要成分，以及傳遞味道和營養的湯匙，除了一般咖啡店常見的飲料，這裡還有添加紅蔘的咖啡，以及韓國人用來喝健康的五穀粉茶，其他1～3樓的休憩區域，只有會議室要另外付費，其他都是可以使用的開放式空間。2樓的「디자인스퀘어」，展示並販售釜山藝術家所設計的各式商品小物，還有多樣的釜山專屬紀念品，一旁的「파도블」則是介紹釜山的製鞋品牌，作為韓國曾經的製鞋產業中心，結合藝術家們的創作，可以購買色彩更為繽紛的鞋子，或是現場體驗自己繪製鞋面圖樣。

1

2

3

1店面外觀有創意圖畫的布置 2可購買多樣釜山相關的設計小物 3傳統五穀粉茶(미숫가루)配西式甜點，更顯創意的另類混搭風 4中空挑高的室內設計更顯開放感 5連接1、2樓網美風打卡樓梯

4

5

結婚前一定要去的地方

釜山鎮市場

부산진시장

MAP 封底裡
凡一站1號出口
步行約5分鐘

DATA

busanjinmart.co.kr(韓) 부산시 진시장로 24(범일동) (051)646-7041 各店家不同，約07:00～19:00 休 每週日、農曆春節和中秋節，夏季會有約5日連休 地鐵117凡一站1號出口直走約5分鐘過天橋即到

釜山最有名的結婚用品和布料市場，也是相較國際市場來說，更大規模的棉被商家聚集地，從訂製韓服店到各式婚禮用品、寢具家電、傳統糕點、民俗藝品和日用雜貨等一應俱全，2～3樓販售各類風格的流行服飾、童裝、襪子內睡衣等，以及有一些販售手工藝商品和材料的店家，商場後方巷內另有幾家玩具店可逛。

流行服飾和童裝

平和批發市場

평화도매시장

MAP 封底裡
凡一站10號出口
步行約1分鐘

DATA

www.bsph.kr(韓) 부산시 자유평화로 7(범천동) (051)646-6561 07:00～18:00 休 每週日、農曆春節和中秋節，夏季會有約5日連休 地鐵117凡一站10號出口對面

各種設計流行服飾、內睡衣和童裝，還有可愛襪子、毛巾褲、搓澡布和面膜等，除了批發之外，也有較便宜的零售，周邊聚集多家金飾店，通常比專賣店便宜，許多釜山人會來選購結婚金飾，部分店家提供退稅服務，前往選購建議多比較，並留意金飾的實際重量。

購物血拼

生活用品花藝最推薦

自由批發市場
자유도매시장

MAP 封底裡
凡一站10號出口 步行約2分鐘

DATA

busanjayu.com(韓) 부산시 동구 조방로 48(범일동) (051)632-8785 07:00～18:00，2樓到17:00 休 每週日、農曆春節和中秋節，夏季會有約5日連休，3樓週日照常營業 地鐵117凡一站10號出口右斜對面

「自由」給人什麼都賣的感覺，這裡商品種類不少，消費年齡層較高，1樓的五金廚具用品會是主婦主夫的最愛，整個商場最推薦的是3樓的花藝飾品區，各種新鮮和乾燥花卉，以及多樣風格的生活家飾品，是喜歡園藝類商品的人可以大顯身手的地方。

特色美食

有鮑魚龍蝦的豪華海鮮鍋

皇帝潛水艇
황제잠수함

MAP P.154／D5
1號出口 步行約10分鐘

DATA

goo.gl/0roSCq(韓) 부산시 부산진구 서면로 16(부전동) 0507-1369-0043 12:00～24:00，最後點餐23:00 $ 各海鮮鍋54,000～149,000₩ 地鐵119／219西面站1號出口直走約9分鐘巷口右轉，再直走約1分鐘的左側路口 可1人用餐(但不建議，分量太多)

海鮮是很多人來到釜山的必吃美味，「皇帝潛水艇」海鮮鍋專賣店，最受歡迎的是有大龍蝦的皇帝蒸，視覺讓人驚豔。海鮮鍋的基本內容有各式貝類、一隻雞、魷魚、烏賊、花蟹等，或是再加上鮑魚、大章魚、蝦和龍蝦，內容相當豐富，確認餐點內容後，店員會將龍蝦取走處理，可選擇吃原味(찜)或焗烤(버터)，湯底是固定調味，如果覺得較辣可加熱水。

Menu

皇帝潛水艇菜單

- ☐ 特皇帝蒸／특황제찜
  溢價海鮮王子+龍蝦2隻(1公斤)，建議4～5人
- ☐ 皇帝蒸／황제찜
  溢價海鮮王子+龍蝦1隻(半公斤)
- ☐ 溢價海鮮的王子／프리미엄바다의왕자
  基本鍋+鮑魚、大章魚、蝦
- ☐ 海鮮的王子／바다의왕자
  基本鍋
- ☐ 湯有點辣，請幫我加熱水。
  국물이 좀 매워서 뜨거운 물 좀 넣어주세요.

1店面外觀 2包含一整隻龍蝦、大章魚和鮑魚的皇帝蒸 3基本鍋有各種海鮮貝類和一隻雞，店員會協助將食材剪開

1

2

3

特色美食

爽口不油膩的炭烤美味

長工王鹽烤

마당쇠 왕소금구이 본점

MAP P.154/C4

7號出口
步行約5分鐘

DATA

http www.mdsfood.co.kr(韓) ✉부산시 부산진구 가야대로 784번길 50(부전동) ☎0507-1381-5022 ⏰11:30～翌日00:30，最後點餐23:30 休15:00～17:00午休 $單點肉類、豬皮每份8,000～13,000₩ ➡地鐵119／219西面站7號出口直走約3分鐘左轉過馬路，進巷子直走約1分鐘左轉，再直走約1分鐘右側 ?可1人用餐(低消2人份以上)，有外文菜單

猛然看到店名有點疑惑，為何長工要來賣烤肉？原來是釜山的烤豬皮連鎖專賣店，以往豬肉是有錢人才吃得起的食材，工人只能吃主人家剩下的豬皮。這裡以烤豬皮為主打，也提供經熟成的五層肉、三層肉和脖子肉，豬皮看起來油，但吃起來卻意外地沒有膩的感覺，如果喜歡更清爽的口感，那脖子肉會是不錯的選擇，此外還提供不同的醬料搭配各部位的肉來吃，也許價位上感覺高一些，但有好的美味也值得囉！

特色美食

價位親民烤肉吃到飽

善良的豬

착한돼지 서면점

MAP P.155/E4

2號出口
步行約7分鐘

DATA

✉부산시 부산진구 중앙대로680번가길 38(부전동)2층 ☎(051)808-0712 ⏰12:00～21:30，最後入場20:30，用餐無限時 休農曆過年、中秋當日 $平日傍晚5點前14,900₩、5點後15,900₩，小孩另價，週末一律15,900₩。飲料每桌加2,000₩，可喝到飽，酒類、冷麵和大醬鍋另計 ➡地鐵119／219西面站2號出口直走約3分鐘左轉，再直走約3分鐘右轉，再直走一下的2樓 ?2人以上用餐

如同店名一樣，用親民善良的價格，提供超過30種各式豬、牛、雞等肉類和海鮮，以及小吃配菜、炸雞披薩、沙拉水果、白飯和湯，選擇相當豐富多樣，以如此的價格來說，肉類的品質算是相當不錯，補菜速度也快，並且不限用餐時間，此外每「桌」只要加2,000₩，飲料(酒類除外)就可無限暢飲，基本上來這裡真的很難吃不飽啊！

特色美食

不只烤肉，還有烤腸和豬皮

美進畜產 西面2號街店
미진축산 서면2번가점

MAP P.155／E4
2號出口
步行約4分鐘

DATA

www.mijin2900.com 부산시 부산진구 동천로85번길31-5(부전동) (051) 808-0272 16:00～翌日05:00，週日16:00～翌日03:00，最後點餐打烊前半小時 肉類每100公克4,500～8,400₩，開桌點餐基本單樣500公克，加點可每次200公克，建議點套餐。另加每桌開桌費3,000₩ 地鐵119／219西面站2號出口直走約1分鐘左轉，再直走約1分鐘走岔路左邊，再直走約1分鐘右轉，再直走約1分鐘右手邊 可以1人用餐，建議點基本套餐。有英文菜單和門口圖片。各分店菜單沾料可能不同

雖然使用鐵盤、瓦斯的燒烤，餐點售價可以更便宜，但是炭火直烤的香氣，卻是如此所不能及的。

「美進畜產」是近年新成立的連鎖品牌烤肉店，有不同部位的豬、牛肉可選擇，此外還有雞頸肉，並且一般烤肉店少有的烤豬皮、烤豬腸，也可以在這裡吃到，並且提供多樣式的沾醬調味料，例如：原味豬皮要沾黃豆粉吃，辣味烤腸沾起司吃能解辣，還有酸口味的醃蘿蔔片。

這裡的計費方式比較少見，因為肉品單價優惠，因此每桌要收3,000₩的開桌費。菜單上的肉品單價為每100公克計算，單點基本每種肉要500公克，續點可每種200公克，比較適合人多一起前往用餐。如果同行人數較少，或是想吃多種類肉品，建議基本先點套餐，之後加點的肉類就能每樣只點200公克。

Menu

美進畜產菜單(部分)

- ☐ 豬肉綜合套餐／돼지모둠세트
  含：三層肉、豬排骨肉、大腸頭、豬皮
- ☐ 特殊部位套餐／특수부위세트
  含：醬牛排骨肉、邊角肉、豬頸肉
- ☐ 牛肉套餐／소고기세트
  含：排骨肉、調味排骨肉、醬牛排骨肉
- ☐ 大腸頭／막창
- ☐ 豬皮／껍데기
- ☐ 原味／오리지널맛
- ☐ 辣味／매운맛

1厚片肉要烤到表面微焦，才會好剪開 2店面外觀 3烤豬皮熟食上桌，稍微加熱就能沾黃豆粉一起吃 4泡菜、蔥絲、大蒜也可以放在烤盤上加熱 5桌上的小菜都可以跟肉一起用生菜包來吃

1

2

3

4

5

家鄉口味的韓定食

鄉村飯桌

시골밥상

MAP P.154／D5

1號出口
步行約7分鐘

DATA

부산시 부산진구 중앙대로 673(부전2동) (051)806-8889
24小時(週日21:30～週一上午除外) 休 春節和中秋節
2人以上、每人11,000₩，單人用餐12,000₩ 地鐵119／219西面站1號出口直走約7分鐘

所謂的韓定食，指的是傳統韓式料理的整桌套餐，通常主餐是燉炒肉類或乾煎、燉煮海鮮，此外還有數種小菜，以及菜湯和米飯等。西面的「鄉村飯桌」韓定食餐廳，店內除了飲料之外沒有菜單，主餐就是以媽媽煮的家常菜為重點，提供有家鄉味、韓國常見的多種料理，有一般韓國餐廳會出現的小菜，也會有一些如：燉魚、湯鍋、煎餅、炒雜菜(韓式冬粉)、辣炒豬肉等菜色，大醬鍋以外的其他菜，吃完後都能續添一次，就跟在家裡一樣，可以吃得飽飽呢！

1 2 店面環境 3 辣炒豬肉 4 炒雜菜(韓式冬粉) 5 燉帶魚 6 2人份韓定食套餐

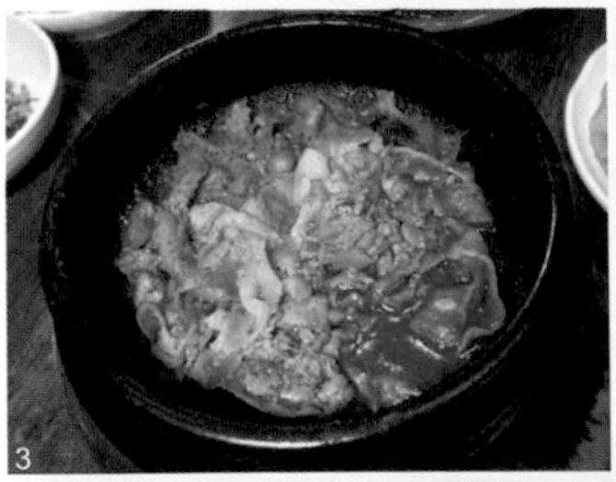

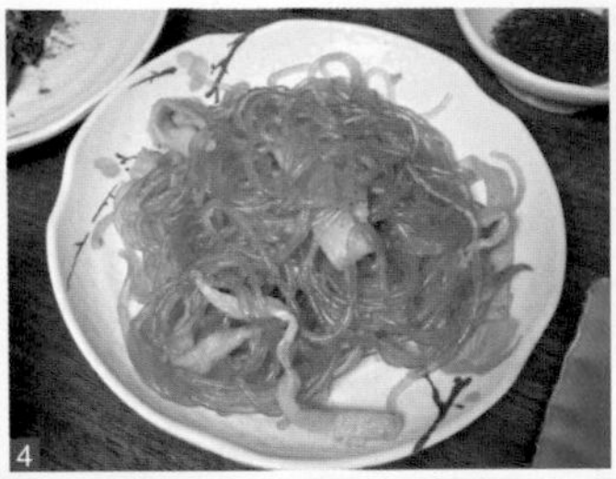

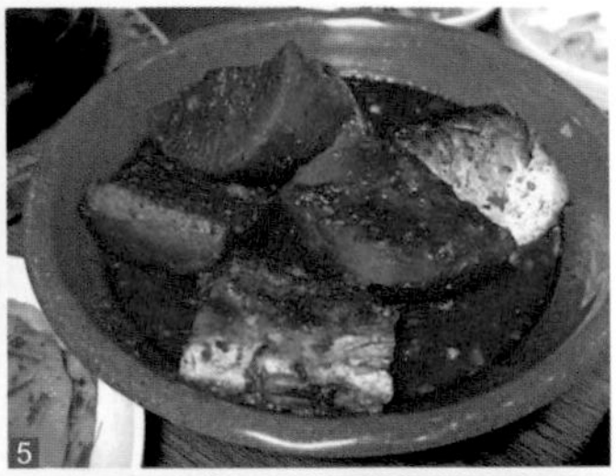

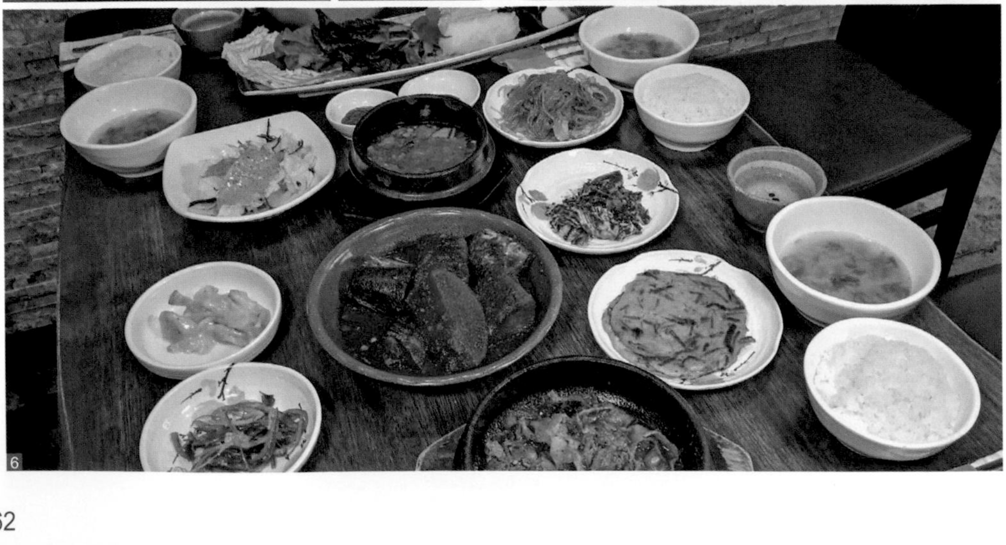

韓國常見的下酒美食

花江辣炒小章魚
꽃가람

MAP P.155／E3

12號出口
步行約1分鐘

DATA

www.instagram.com/flower.garam7 부산시 부산진구 서전로9번길 18(부전동) (051)816-4865 週一～四11:30～15:00、16:30～23:00，週五、六11:30～翌日01:00，週日17:00～23:00，最後點餐打烊前1小時 2人份餐點32,000₩起 地鐵119/219西面站12號出口，前方巷口右轉直走約1分鐘 可1人用餐，基本要點2人份。請依照用餐人數點餐

小章魚(쭈꾸미)的熱量低、營養成分高，多生長在水域的沿岸，因此較容易捕撈，是韓國人常吃的下酒配菜，也可以是正餐的主角，常會與牛或豬腸一起搭配出現，一海一陸、吃好吃滿。「花江」的西面分店，是釜山站附近、有將近30年歷史老總店的直營店，由第一代老闆的年輕子女經營，店內空間寬敞，各桌間不擁擠，用餐環境相對不錯。

這裡的招牌餐點，是搭配韓牛肥腸的鐵板辣炒小章魚，生食上桌後店員會協助料理。餐點可以調整辣度，建議從基本辣開始，覺得味道不夠辣可以再添加。如果不喜歡口感較油膩的牛肥腸，也能選擇換成牛胸肉片，或是整鍋只要小章魚。除了韓牛肥腸和小章魚，也能加點各種麵類、年糕片、餃子等配料。如果最後要加點鐵盤炒飯(可加起司)，記得留一些配料湯汁，不要吃的太乾淨，這樣才能做出更好吃的炒飯唷！

Menu

花江辣炒小章魚菜單

- □ 辣炒小章魚韓牛肥腸／쭈꾸미 한우곱창 철판
- □ 97 中央辣雞湯牛肥腸／97 중앙 곱도리탕
- □ 韓牛肥腸鍋／한우곱창전골
- □ 牛肥腸／곱창
- □ 牛胸肉片／차돌
- □ 只要小章魚／쭈꾸미 만
- □ 炒飯、米飯／볶음밥、공기밥
- □ 起司／치즈
- □ 烏龍麵／우동
- □ 韓式冬粉／당면
- □ 泡麵／라면
- □ 年糕片／떡국떡
- □ 餃子／만두
- □ 基本辣／순한맛
- □ 更辣味／매운맛

1店面外觀 2小章魚和炒飯，都可以用生菜包著吃 3沾美乃滋可以解辣 4辣炒小章魚可以調整辣度 5牛肥腸也可以換成牛肉片或小章魚

1

2

3

4

5

特色美食

豐富飽足的韓式火鍋

金剛部隊鍋

킹콩부대찌개 서면롯데점

MAP P.154／C4

7號出口
步行約5分鐘

DATA

http www.kingkongbudae.co.kr(韓) ✉부산시 부산진구 가야대로 784번길 46-1(부전동) ☎(051)804-8582 ⏰10:00～22:00，最後點餐21:00 $每人份10,000～13,000₩，另有套餐，加點配料1,000～6,000₩ ➜地鐵119／219西面站7號出口，直走約2～3分鐘到路口右轉過馬路後，左邊巷口進去，直走一下到巷口左轉，再直走一下的右邊巷子第二間 ⓘ可1人用餐(使用陶鍋，米飯可續、泡麵不可)，請酌量取用，菜單附照片

Menu

金剛部隊鍋菜單

- ☐ 原味金剛部隊鍋／킹콩부대찌개
- ☐ 白湯較不辣部隊鍋／나가사끼부대찌개
- ☐ 什錦綜合部隊鍋／섞어부대찌개
- ☐ 午餐肉火腿部隊鍋／햄가득부대찌개
- ☐ 牛薄片三層肉部隊鍋／우삼겹부대찌개
- ☐ 綜合配料／모둠사리
- ☐ 請幫我加湯。／국물 좀 더 주세요.

韓戰爆發後，物資缺乏、糧食不足，因此難民會向駐韓的美軍部隊，拿一些多餘、吃不完的食物回家，混合放在大鍋裡烹煮，這就是部隊鍋的由來，演變到現在，部隊鍋不再只是煮剩菜的大雜燴鍋，但保留多樣食材的特色。「金剛部隊鍋」是韓國的部隊鍋連鎖專賣店，用料多樣豐富，基本款鍋料有：各種火腿、年糕、泡菜和通心麵等食材，另外還有不辣的白湯版部隊鍋，並且米飯和泡麵都可以吃到飽，真是美味又有飽足感的一餐呢！

1 2店面內外 3兩人以上用餐，泡麵和白飯可吃到飽，或是加點其他配料 4牛薄片三層肉部隊鍋 5午餐肉火腿部隊鍋

1

2

3

4

5

吮指好味、情侶慎入

釜山烤肋排

부산쪽쪽갈비

MAP P.154／C4
7號出口
步行約6分鐘

DATA

부산시 부산진구 중앙대로 691번가길32(부전동) 0507-1369-8806 17:00～翌日00:20，最後點餐打烊前1小時 烤肋排每份11,000₩ 地鐵119／219西面站7號出口，直走約2～3分鐘的路口右轉過馬路，再直走約3分鐘的巷口左轉，走一下的左邊 烤類餐點每單項需點3份以上，1人用餐可只點2份。2樓座位無炭爐

Menu

釜山烤肋排菜單

- □ 鹽烤肋排／생소금구이
- □ BBQ 微辣／순한맛
- □ BBQ 中辣／중간맛
- □ BBQ 辣味／매운맛

請注意，這家店不適合情侶一起來吃，主要也不是以吃飽為目的，而是續攤喝酒的地方。在廚房先炭烤製作的調味烤豬肋排，都還沒看到食物本尊，光是飄散出來的香味，就已經會讓人無法顧及形象地想吃，當豬肋排烤好端上桌時，更是毫不猶豫地，立馬戴上店家準備的手套，迫不及待用手拿起豬肋排，就這樣豪邁地啃下去。豬肋排上桌時，還會用炭火持續加熱著，所以別太心急慢慢吃，小心會燙口喔！

1店面外觀 2奶油玉米 3鹽烤和微辣的烤肋排 4點烤肋排會提供的小菜 5記得先戴麻手套，再戴透明手套，才能隔熱

特色美食

DATA

傳統市場老口味炸雞
梁山咕咕炸雞
양산꼬꼬통닭

MAP P.154／D4

7號出口
步行約4分鐘

부산시 부산진구 서면로 52(부전동) (051)806-1634 24小時 炸雞每份18,000₩起，有小(소)、中(중)、大(대)份可選擇 地鐵119／219西面站7號出口直走約3～4分鐘的路口左轉第二家

已經有近50年歷史的「梁山咕咕炸雞」，是釜山西面市場裡的老口味炸雞店，店門口的透明攤車上，可以看到新式店家所沒有的壯觀炸全雞排排站，初次看到的人則可能會有驚訝的感覺。一般來說，傳統炸雞店能選擇的口味較少，但是這裡除了有原味、調味、辣味等基本款炸雞，另外也有其他多種口味，或是燉雞、雞粥、辣雞湯等不同口味，還有連鎖店家少有的下酒良伴炸雞胗，雖然用餐環境不如新式店家舒服，餐點也不是走精緻路線，但有時不妨來嘗看看傳統市場的老味道，而且這裡24小時營業，要吃早餐也沒問題啦！

Menu

梁山咕咕炸雞菜單

- ☐ 原味炸雞／후라이드치킨
- ☐ 調味炸雞／양념치킨
- ☐ 蒜味炸雞／마늘후라이드
- ☐ 火烤炸雞／불고기치킨
- ☐ 咖哩炸雞／카레치킨
- ☐ 辣味炸雞／칠리치킨
- ☐ 蜂蜜奶油炸雞／허니버터치킨
- ☐ 炸雞胗／똥집후라이드
- ☐ 綜合、半半／모듬、반반
- ☐ 無骨／순살
- ☐ 只有腿、只有翅膀／다리만、날개만
- ☐ 燒酒、生啤酒／소주、생맥주
- ☐ 可樂、汽水／콜라、사이다

1 4 店內外環境 2 在傳統市場炸雞店常能看到的炸全雞 3 炸雞店都會附送的醃蘿蔔，去油解膩又開胃 5 炸雞胗 6 咖哩炸雞

1

2

3

4

5

6

特色美食

香甜蜂蜜炸雞、無骨米炸雞

橋村炸雞

교촌치킨 서면역

MAP P.154／D2
15號出口
步行約1分鐘

DATA

http www.kyochon.com(韓) ✉부산시 부산진구 중앙대로 745-1(부전동) ☎(051)808-9981 ⏰12:00～24:00，週日13:00開始，最後點餐23:00 $炸雞每份19,000～22,000₩ ➡地鐵119／219西面站15號出口往前走過巷口即到 ⓘ有外文菜單附照片

「橋村」(校村)是韓國知名的炸雞連鎖店，在韓國很多城市地方都有分店，釜山西面店近地鐵站出口、來往交通便利，受到外國遊客的歡迎。橋村以口味獨特的醬汁為主打，加入有大蒜配方的醬油原味，級數頗高的噴火辣味，或是招牌特殊的蜂蜜炸雞和無骨米炸雞(雞柳條)也很受歡迎，雖然內用點餐後要等約15～20分鐘，但炸雞現點現做、多汁不乾澀，好吃總是值得，別忘記要搭配生啤酒更對味唷！

Menu

橋村炸雞菜單

- ☐ 全雞／교촌오리지날
- ☐ 翅膀、腿／교촌윙、교촌스틱
- ☐ 翅膀＋腿／교촌콤보
- ☐ 米炸雞／살살치킨
- ☐ 醬油味、辣味／간장맛、매운맛
- ☐ 蜂蜜（翅膀不可）／허니
- ☐ 純炸（只有全雞）／후라이드
- ☐ 半半（原味＋辣味）／반반
- ☐ 生啤酒／생맥주
- ☐ 可樂、汽水／콜라、사이다

1 4店內外環境 2米炸雞(雞柳條)和照燒、蜂蜜芥末、辣味醬料 3韓國炸雞的特色，沾各種口味醬料一起吃 5蜂蜜炸雞、左前：米炸雞、左後：醬油＆辣味半半 6多汁的蜂蜜炸雞

1

2

3

4

5

6

傳統茶和素食餐點

茶田

다전

MAP P.154 / D5
1號出口
步行約7分鐘

特色美食

DATA

부산시 부산진구 신천대로 62번길 61(부전2동)4층 (051) 808-6363 12:00～20:30，14:30～17:00午休，最後點餐19:30 週日 茶類、果汁、素食餐點6,000～12,000₩ 地鐵119 / 219西面站1號出口直走約6分鐘的巷口右轉，直走到第一個巷口，之後再右轉的左側4樓 可1人用餐(荷葉飯套餐要2人以上)

韓國傳統茶的特別之處，在於除了茶葉之外，果實和植物也能是製茶主角，隨著季節和身體狀況不同，有各種茶飲可以品嘗，例如預防感冒和養顏美容的柚子茶，潤喉止咳的木瓜茶，去寒暖身的紅棗茶和薑茶，以及消除疲勞的梅實茶等。在西面1號街鬧區頂樓的「茶田」，有點都市桃花源的感覺，提供韓國傳統茶和中國茶，還有在釜山較難找到的「素」牛排、炸雞、拌飯等料理，是感覺特別的溫馨空間。

Menu

茶田菜單(皆為素食料理)

- ☐ 茉莉花茶 / 쟈스민
- ☐ 菊花茶 / 국화차
- ☐ 柿葉茶 / 감잎차
- ☐ 桑葉茶 / 뽕잎차
- ☐ 露水茶 / 이슬차
- ☐ 艾草茶 / 쑥차
- ☐ 大棗茶 / 대추차
- ☐ 生薑茶 / 생강차
- ☐ 梅實茶 / 매실차
- ☐ 柚子茶 / 유자차
- ☐ 五味子茶 / 오미자차
- ☐ 牛排 / 콩스테이크
- ☐ 荷葉飯 / 연잎밥
- ☐ 蒸餃 / 찐만두
- ☐ 烤肉拌飯 / 숯불구이 비빔밥
- ☐ 石鍋拌飯 / 돌솥 비빔밥
- ☐ 烤肉飯 / 밀불구이
- ☐ 紫蘇刀切麵 / 들깨 칼국수
- ☐ 調味炸雞 / 양념 콩치킨
- ☐ 拉麵 / 채식라면
- ☐ 餃子拉麵 / 채식 만두라면
- ☐ 辣牛肉湯 / 콩개장

1大棗(紅棗)茶 2梅實(梅子)茶 3「茶田」在這棟4樓 4帶有田園鄉村風的用餐環境 5前：素牛排、左後：素拌飯、右後：素炸雞

特色美食

香辣好滋味、加海鮮更豪華

辛村銅盆燉排骨

신촌양푼이 갈비찜

MAP P.154/D4

2號出口步行約3分鐘

DATA

www.facebook.com/yangpuni0990 부산시 부산진구 서전로10번길 27-2 (부전동) (051)804-0990 11:30～22:00，最後點餐21:00 每週一 銅盆燉排骨28,000₩起、酸泡菜燉排骨34,000₩起、章魚燉排骨58,000₩起，另有中午特餐 地鐵119／219西面站2號出口直走約1分鐘巷口左轉，再直走約1分鐘的岔路口走左邊，再直走一下的右邊小弄裡 有中文菜單。可1人用餐，但基本兩人份起。辣度不夠可以再加辣椒醬

「燉排骨」是從朝鮮時代流傳下來的傳統菜肴，最早使用牛排骨，為生辰、年節和特殊日子的宴會美食，演變到現代，加上辣椒來製作已是基本調味。釜山西面的「辛村銅盆燉排骨」，採用豬肉肋排製作，並且更為澎湃，是加入大章魚和螃蟹的豪華鍋。食材端上桌後，店員會協助剪成適當大小，醬汁相當下飯，或是最後點韓國常見的炒飯更滿足，但完全不吃辣的人要留意，菜單上的辣味強度第一級可能也會受不了，記得提醒店員一點點辣都不要加喔！(二級辣度已經比辛拉麵還辣！)

| 玩 | 家 | 筆 | 記 |

實用韓文

고추 없는 안 매운맛으로 주세요. 감사합니다.

請完全不要辣，一點點辣都不要放，謝謝。

1燉排骨鍋裡還有條狀年糕，吃起來更是有飽足感 2留一點章魚和排骨肉在炒飯裡一起吃 3除了主鍋，亦有附上各式小菜 4店面外觀 5很韓式風格的用餐環境

3

1

2

4

5

全程代烤，輕鬆享受厚切熟成的美味

味讚王鹽烤 西面店

맛찬들왕소금구이 서면점

MAP P.154／C4
7號出口
步行約6分鐘

DATA

IG:matchandeul_official 부산 부산진구 중앙대로691번가길 24-3 (부전동) (051)808-6088 11:30～23:00，最後點餐22:00 烤肉每份14,000₩起，其他單點4,000～9,000₩ 地鐵119/219西面站7號出口，直走約2～3分鐘的路口右轉過馬路，再直走約3分鐘的巷口左轉，走一下的左邊 烤肉入座需點3份以上，店內菜單皆有中文翻譯

從大邱市北區起家、近年在韓國中南部地區有多家連鎖店的「味讚王鹽烤」，主打經過熟成工序、非冷凍的生梅花肉(豬頸肉)，以及生五花三層肉，並採用超厚分切刀法處理肉品，這樣更可以加強鎖住肉汁，讓烤肉的口感非常多汁、不乾澀。這裡還有一個店內主打，從烤盤加熱精準測溫開始，就全程有專人代烤肉服務，讓饕客更能輕鬆地享受美食，也可以讓肉的熟度恰到好處，不會過焦而影響美味。

除了主角厚切烤肉，以及常見的大醬鍋和泡菜鍋，這裡反倒是沒有單售米飯，而是升級成添加小蘿蔔乾菜、混搭鍋巴焦香的現煮石鍋飯，因為飯量非常充足，每2～3人點一鍋即可，此外還有清爽的明太魚片蕎麥辣拌冷麵，也非常有開胃、去油解膩的功效。如果擔心烤肉味道和調味料沾染到衣物，也可以跟店員索取一次性的圍裙，或是拿大袋子把外套包包裝起來，也是非常貼心的服務喔！

1明太魚片蕎麥辣拌冷麵 2石鍋飯、泡菜湯 3店外觀 4熟成生梅花肉(豬頸肉) 5大醬湯 6 7全程都有專人代烤肉

特色美食

西面最大、結合麵包烘焙的咖啡店

OFF COURSE

오프커스

MAP P.155 / F4
田浦站7號出口步行約2分鐘

DATA

http IG:offcourse_cafe ✉ 부산 부산진구 전포대로199번길 30 (전포동) ☎ 0507-1495-8871 ⌚11:00～22:30，最後點餐22:00 $ 咖啡飲料約4,500～7,000₩，麵包點心約2,500～8,500₩ ➡ 地鐵218田浦站7號出口，直走過馬路左轉，再直走約1～2分鐘的左側

韓國近年來非常夯超大型的咖啡店，加上釜山＆周邊的臨海地理位置，這類咖啡店大多位在遠離市區的海邊或江邊，如果旅遊時間不夠，或是只想在市區裡體驗一下，那麼結合自有咖啡豆烘焙，以及在二樓的半開放式廚房，當天現做的麵包甜點烘焙，釜山市中心西面地區最大的「OFF COURSE」咖啡店，就會是很不錯的選擇。

這裡總共有五層樓的空間，每層樓的座位區，都各有不同的異樣氛圍。搭電梯來到頂樓，戶外的大型水池，讓人彷彿來到市區水泥森林裡的慢活綠洲，頗有度假風的感受。二樓的溫暖色調，加上寬敞的座位空間，即使在市中心鬧區裡，也能享受到沒有壓迫感的放鬆。三樓的挑高複合式空間，看似好像歐風的圖書館，但一旁的高腳座位，搭配上色彩豐富的植栽擺飾，就像來到酒吧微醺，從樓梯步行往神祕的四樓夾層，更是有慵懶的氛圍，讓人躺在沙發上就不想起來了呢！

1

2

1 7 新鮮季節水果派是人氣甜點 2 6 店內自製烘焙的多款現做麵包 3 店外觀 4 頂樓有大水池的休閒風座位區 5 要走內部樓梯才能到的四樓祕密夾層

3

4

5

6

7

1號線

Line 1

釜山起源的春櫻秋楓之美

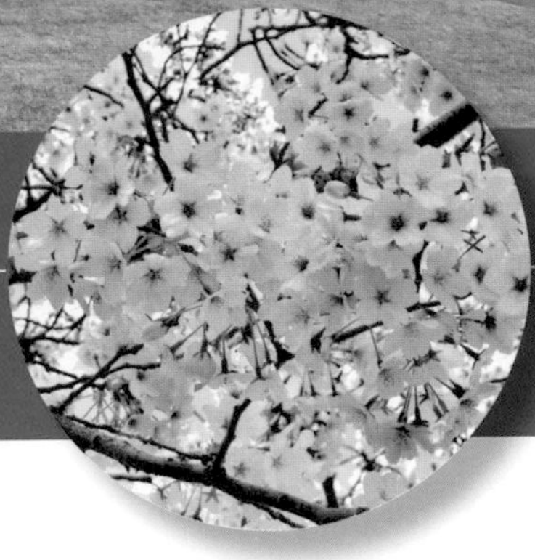

東萊站

동래역 (125/402)

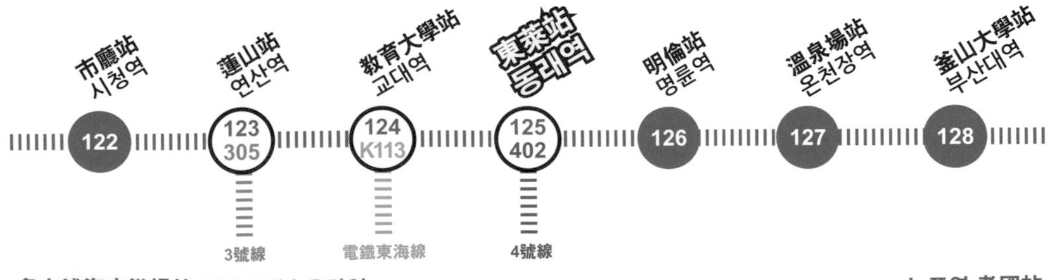

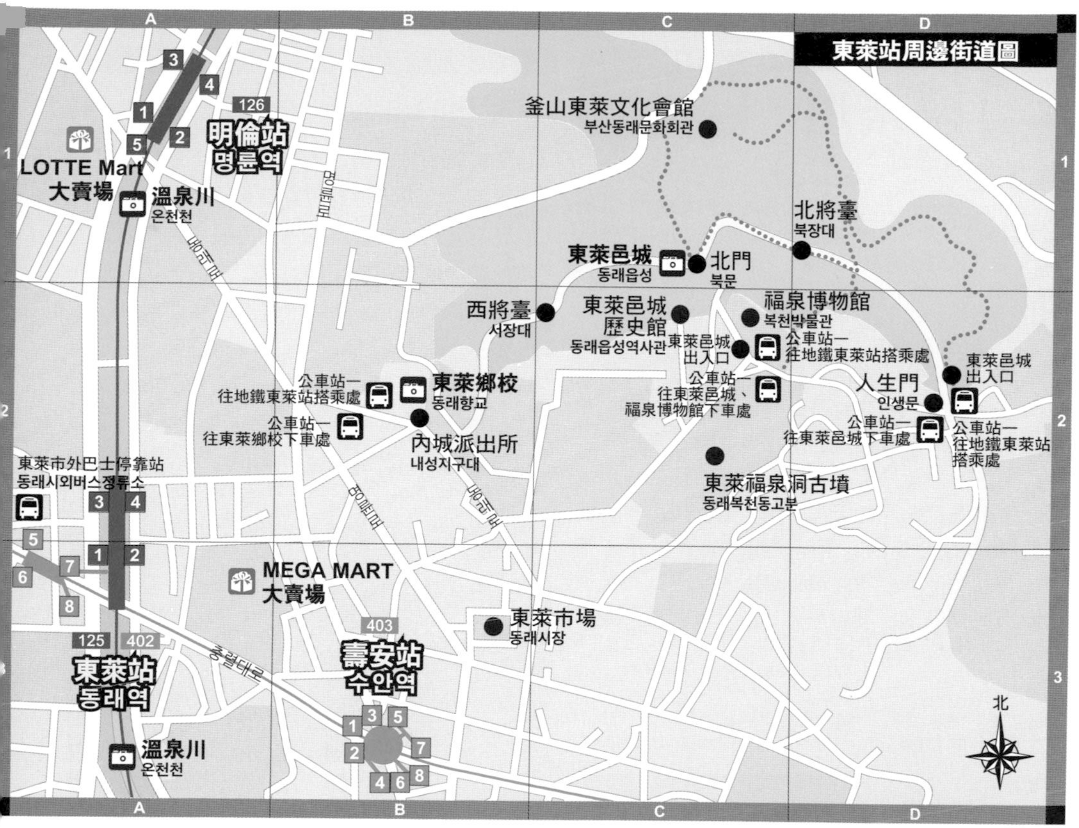

東萊站周邊街道圖

釜山東萊文化會館
부산동래문화회관
明倫站
명륜역
126
LOTTE Mart
大賣場
溫泉川
온천천
北將臺
북장대
東萊邑城
동래읍성
北門
북문
西將臺
서장대
東萊邑城
歷史館
동래읍성역사관
福泉博物館
복천박물관
東萊邑城
出入口
公車站—
往地鐵東萊站搭乘處
公車站—
往東萊邑城、
福泉博物館下車處
東萊邑城
出入口
人生門
인생문
公車站—
往東萊邑城下車處
公車站—
往地鐵東萊站
搭乘處
公車站—
往地鐵東萊站搭乘處
東萊鄉校
동래향교
公車站—
往東萊鄉校下車處
內城派出所
내성지구대
東萊福泉洞古墳
동래복천동고분
東萊市外巴士停靠站
동래시외버스정류소
MEGA MART
大賣場
403
壽安站
수안역
東萊市場
동래시장
125
402
東萊站
동래역
溫泉川
온천천
중앙대로
충렬대로
北

東萊為釜山的舊稱，這裡是朝鮮時代釜山最重要的發展源頭，設立了官方的「東萊鄉校」❶，當時為防範外患入侵，還建築了石造的東萊邑城，相較於釜山其他地區，雖然熱鬧程度稍低，但卻是個更保有歷史氛圍的區域。東萊區不靠近廣闊的大海，也沒有華麗的街道，但古城遺跡的深度感受，搭配上春櫻、秋楓與銀杏，老城區也能豐富多采、別有風情。

❶ 朝鮮時代的學校，國立的稱為「鄉校」，私人的稱為「書院」。

市民公園、賞櫻熱點

溫泉川
온천천

4號出口
步行約1分鐘

DATA

oncheon.dongnae.go.kr(韓) 24小時 免費 地鐵1號線的東萊站和斗實站間，大部分區段出地鐵站後可直接前往，建議從東萊、明倫、溫泉場和釜山大等站下車。地鐵125／402東萊站4號出口出來，右邊的樓梯往下即到

原是排放廢水的河道，周邊環境髒亂、臭氣熏天，當地居民都會刻意避開此地，後來經整治和美化工程，注入洛東江的活水，使得溫泉川成為很有人氣的市民公園。作為一條都市裡的河川，雖然沒有遊覽船和露天咖啡座，但卻提供了有美麗景致的散步道路，兩岸種植了豐富的花卉植物，並設有健身器材和自行車道，平時就有很多釜山市民喜歡來這裡運動，特別是每當櫻花盛開的時節，尤其充滿人氣。

玩家筆記

溫泉川的向左走、向右走

地鐵東萊站往釜山大學的方向，地鐵路線在溫泉川之上，多有可遮蔽太陽的陰暗處，但大雨過後會有較為潮濕的感覺，另一方向和地鐵路線分開無遮蔽、視野良好，兩岸種滿櫻花樹，每年4月初是釜山的賞櫻熱點。從東萊站往無遮蔽方向步行約8分鐘，橋下可免費借用腳踏車(需帶護照＋住處電話)，開放時間09:00～17:00，每人每次2小時，只可在溫泉川範圍內使用。

1從東萊站沿著溫泉川，往沒有地鐵遮蔽的方向走，可以有更寬闊的視野 2 3 4釜山的櫻花和油菜花，每年4月初綻放

釜山發展起源的痕跡

東萊邑城
동래읍성

MAP P.173/C1

4號出口
步行約14分鐘

DATA

24小時 免費 從地鐵125／402東萊站4號出口，可步行或搭公車前往／**1**.從4號出口步行往東萊鄉校附近的邑城出入口約14分鐘(840公尺)／**2**.從4號出口左斜對面的公車站牌，搭東萊區(동래구)6號公車，車程約15分鐘，在福泉博物館站下車，對面斜坡往上步行約5分鐘可到城牆／**3**.從地鐵站出發的6-1號公車，到東萊鄉校後會走不同路線，距離福泉博物館較遠一些，但會經過人生門旁的城牆 建議白天前往，穿運動或休閒鞋為佳

1

東萊是釜山發展的起源，城郭最早修建的年代說法不一，高麗時期修建石牆，經過朝鮮時代的壬辰倭亂，和日據時代戰亂的毀損，光復後被指定為釜山紀念物第五號，並於原址復原重建，秋天可以賞楓紅，或是春天也有櫻花，但合宜好走的緩坡，一年四季都適合到訪，欣賞不同的景色。

從靠近東萊鄉校的邑城入口開始，約10～15分鐘可經過西將臺步行到北門，此段路線輕鬆好走，很適合來放鬆散步，從北門前的岔路口往下，可切回馬路邊。再往北將臺制高點的方向，則是以上坡和樓梯為主，在樹林登山健行也是不錯的運動，若體力許可，也可以走到人生門後再搭公車離開。

1東萊鄉校 2東萊鄉校附近社區大樓旁的出入口，往右前方樓梯上去即可 3東萊邑城北門 4靠福泉博物館側的出口，往下走到馬路邊，可搭公車回地鐵東萊站 5城郭高處也是賞秋景的好位置

玩｜家｜筆｜記

東萊邑城周邊的博物館和古墳群

釜山的東萊一帶，是朝鮮半島三國時期聯邦小國「伽倻」的範圍，位於洛東江出海口區域，有著豐富的自然資源，除了基本的農漁業，鑄鐵和貿易是其主要的經濟活動，參觀周邊的福泉博物館與古墳群，及東萊邑城歷史館，可以了解伽倻國的發展文化，還有朝鮮有名科學家──蔣英實的發明作品模型展示，結合成深度的歷史探訪之旅。

朝鮮時代的科學發明家——蔣英實(장영실)

於朝鮮時代世宗(1418～1450年在位)時期，在當時的東萊縣出生，母親是一名官妓，蔣英實從小就是身分卑微的官奴，但因擁有科學發明的天賦，被宣召入宮且授予官職，但對於當時有著明確身分階級的朝鮮社會來說，蔣英實的發明之路並非全然順利。

在古代的農業社會，觀測氣候變化的技術並不發達，統治者和貴族地主會利用天象來操控人民，然而蔣英實得到世宗的支持，發明出許多觀測氣象和時間的儀器，如測雨器、自擊漏、玉漏、仰釜日晷、日星定時儀等，並參與改良發明金屬活字的印刷技術，讓世宗時期發明的諺文(韓文字)能廣為流傳，詳細生卒年不可考，最後史料記錄官拜正三品，是朝鮮時代有名的科學發明家。

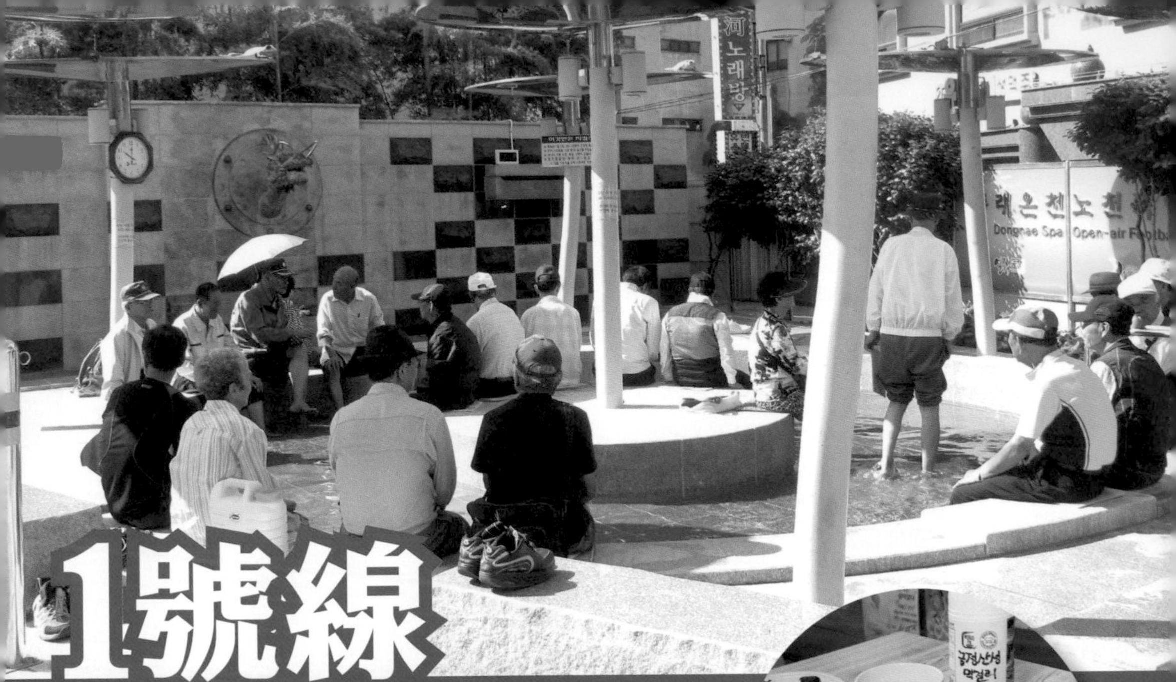

1號線

Line 1

賞楓泡湯吃傳統美食的愜意

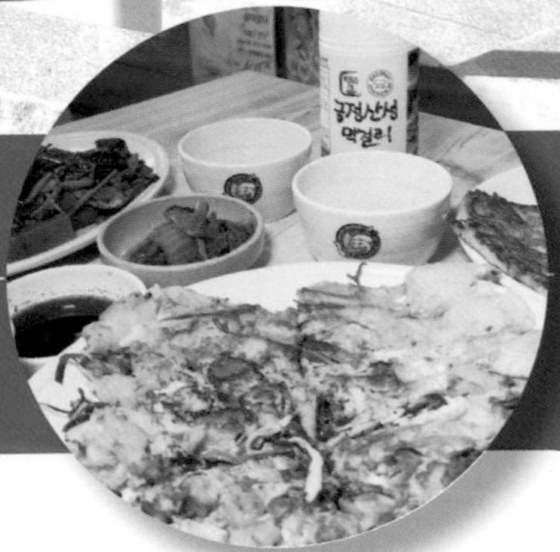

溫泉場站

온천장역 (127)

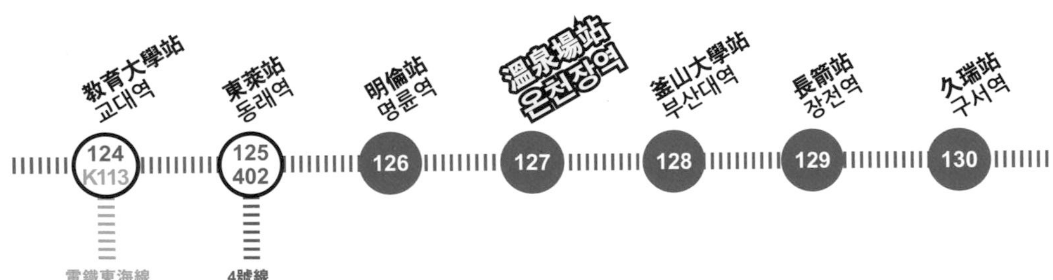

溫泉場站周邊街道圖

A B C D
1 2 3

Home plus
홈플러스
온천장로 119 번길
釜山海洋自然史博物館
부산해양 자연사박물관
CGV電影院
CGV영화관
往金井山城
금정산성 방향
虛心廳
허심청
온천장로 107 번길
127
溫泉場站
온천장역
金剛公園
금강공원
農心飯店
농심 호텔
東萊溫泉露天足浴
동래온천 노천족탕
우장춘로
금강로
GS25
藥局
金剛公園纜車賣票所
금강공원 케이블카 매표소
금강공원로
7-11
7-11
온천천로
중앙대로
東萊蔥煎餅街
동래파전 골목
1號線
北
126
明倫站
명륜역

東萊溫泉又稱溫泉場，依據韓國的史料古籍所述，新羅時代(西元前57年～935年)就有當地泡溫泉的記載，從釜山開港、日據時代開始，積極開發此地的泡湯活動，如今無論是溫泉飯店、蒸氣房或露天足浴，都深受釜山人的喜愛。除此之外，還能搭乘纜車前往釜山知名的金井山登高望遠，或是品嘗特色料理東萊蔥煎餅，有別於逛街血拼的在地生活文化，可以來此感受不一樣的釜山風情。

登高俯視山城之美

金剛公園纜車、金井山城

금강공원케이블카、금정산성

MAP P.177／A2
1號出口
步行約18分鐘

DATA

金剛公園：bisco.or.kr/geumgangpark(韓)、金井山城：kumjungsansung.com(韓) (051)860-7880 會依照季節、是否放假調整，纜車約09:00～10:00開始營運，17:00～18:00打烊，每20分鐘一班 公園、登山免費。纜車大人往返11,000₩、單程7,000₩，小孩往返8,000₩、單程5,000₩ 從金剛公園的入口，沿指標往上走約5分鐘可到纜車搭乘處，金剛公園的前往方式／**1**.地鐵127溫泉場站1號出口左轉，直走約3分鐘的路口右轉過馬路，直走約12分鐘，到路口過馬路後，右轉走一下可到金剛公園入口／**2**.從地鐵溫泉場站搭計程車前往，車程約6分鐘、車費約4,800₩ 天候不佳時，纜車暫停營運

南北韓交界的「金剛山」是韓國人心中的聖山，而「金井山」則是釜山人心中的小金剛山。設在金井山東南側山腳的金剛公園纜車，總長度1,260公尺、爬升高度海拔540公尺，搭乘時可看到東萊地區的景色。從纜車最高處下車沿金井山城步行，可前往位於山腰的梵魚寺，或是往海拔801.5公尺的主峰「姑堂峰」，而金井山下的金剛公園，則是四季宜人的市民公園，隨著不同風情的美景，讓登山客愉快享受探訪歷史的痕跡。

| 玩 | 家 | 筆 | 記 |

金井山城探訪

■從梵魚寺後的登山路前往。

■於金剛公園內搭乘纜車前往。

■地鐵127溫泉場站5號出口對面站牌搭203號公車，可前往金井山城的東門(동문)和南門(남문)，車程約15分鐘。

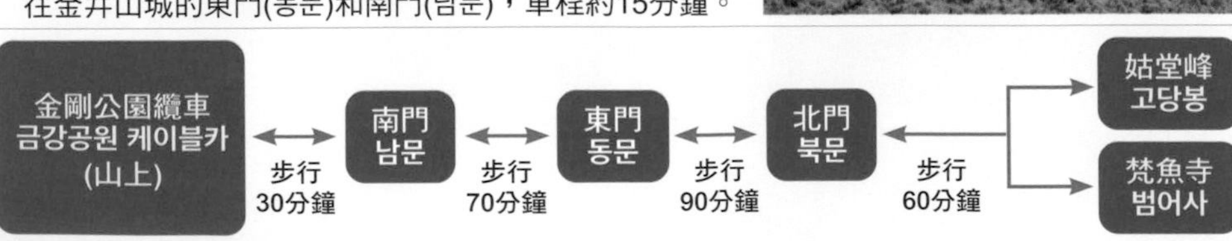

免費泡腳、舒緩疲勞

東萊溫泉露天足浴

동래온천 노천족탕

MAP P.177/C2

1號出口
步行約10分鐘

DATA

3～10月10:00～17:00，11～2月11:00～16:00 休 每週三和五、夏季7/20～8/31、冬季1/1～1/31、年節連休 $ 免費 ➔ 地鐵127溫泉場站1號出口左轉，直走約3分鐘路口右轉過馬路，直走約5分鐘的巷口右轉，再直走約1～2分鐘左側 ! 有高血壓、糖尿病、心臟病和飲酒後的人請謹慎使用。天候不佳時暫停開放

在長時間走很多路的旅行之後，將雙腳浸泡在熱熱的足浴湯裡，可以舒緩腿部的痠痛感，並且能恢復氣力，東萊溫泉場附近的「東萊溫泉露天足浴」，這裡沒有圍牆阻隔、免費開放使用，周邊有時還會舉辦戶外音樂活動，要泡足浴湯之前，請務必先在旁邊小水池清洗足部，之後泡湯每次約20～30分鐘為佳，現場無售毛巾，必須要自備喔！

蒸氣房樣式的東萊溫泉

虛心廳

허심청

MAP P.177/C2

1號出口
步行約10分鐘

DATA

http hotelnongshim.com(多國語言) ✉ 부산시 동래구 금강공원로 20번길 23(온천동) ☎ (051)550-2200 溫泉05:30～22:00(最後入場21:30)，蒸氣房06:30～21:00 休 年中無休 $ 入場費(泡湯洗澡)大人15,000₩(假日18,000₩)、小學生12,000₩、幼兒7,000₩，若要使用休息大廳(汗蒸幕)，以上價格各加3,000₩ ➔ 地鐵127溫泉場站1號出口左轉直走，約3分鐘的路口右轉過馬路，之後直走約3分鐘的巷口右轉，再直走約4分鐘過農心飯店後的虛心廳別館3～5樓 ! 非24小時營業、不能過夜

由韓國的農心集團經營，是釜山知名的溫泉，有數十種效能溫度的溫泉湯、小型游泳池和水壓SPA等各式設備，其中露天溫泉還能一邊泡湯，一邊接觸到陽光與藍天，徹底消除壓力疲勞。韓國溫泉通常都是蒸氣房或韓式三溫暖的形式，和蒸氣房一樣，販賣部有各種餐點和甜米露、汗蒸幕蛋等飲料零食，休息大廳有烤箱、休息室、閱讀室、遊戲室和網咖等，在此度過一下午也不會覺得無聊。

1

2

3

4

1 2 虛心廳 3 農心飯店 4 虛心廳溫泉的休息大廳

＊本區因都更，僅剩少數店家，但菜單仍可於同類店家使用。

用料實在的平價蔥煎餅

民俗村 東萊蔥煎餅

민속촌 동래파전

MAP P.177／B3
1號出口
步行約13分鐘

DATA

부산시 동래구 차밭골로 50번길 34(온천동) (051)556-5651 09:00～22:00，最後點餐21:00 東萊蔥煎餅(小)10,000₩，其他約5,000～10,000₩ 參考P.186金剛公園纜車，從地鐵127溫泉場站1號出口走過來約13分鐘

位在金剛公園附近的東萊蔥煎餅街上，老闆娘就在不太大的店前面製作蔥煎餅，過程和用料都一目了然，主角青蔥搭配上豐富的鮮蚵、蝦子等海產，再點綴紅蘿蔔絲，起鍋前淋上蛋汁，兼顧味蕾與視覺的享受，除了招牌蔥煎餅，綠豆煎餅也是不錯的下酒好選擇，或是很推薦夏天吃的涼拌橡實凍，搭配韓國傳統的馬格利濁米酒，體驗嘗試最道地的韓國口味。

Menu

民俗村菜單

- ☐ 東萊蔥煎餅／동래파전
- ☐ 綠豆煎餅／녹두빈대떡
- ☐ 涼拌橡實凍／도토리묵
- ☐ 馬格利濁米酒／막걸리
- ☐ 牛血解酒湯／선지해장구
- ☐ 石鍋拌飯／돌솥비빔밥
- ☐ 小蘿蔔拌飯／열무비빔밥
- ☐ 湯麵線／잔치국수
- ☐ 小蘿蔔麵線／열무국수
- ☐ 大醬湯鍋／된장찌개

| 玩 | 家 | 筆 | 記 |

東萊蔥煎餅街

「東萊蔥煎餅」是釜山的知名特色美食，以滿滿青蔥作為主角，沒有刻板印象的辛辣味，而是圓潤的自然口感，再加入鮮蚵、蝦子、章魚腳等海產，無論是當主餐或下酒菜都很適合。「東萊奶奶蔥煎餅」(동래할매파전)是釜山地區的70年老店，有燈光美、氣氛佳的用餐環境，深受日本遊客的喜愛，價格較高、分量較少，而蔥煎餅街上的店家，雖然都沒有豪華的環境，但用料實在、口味道地，這些看來不起眼的小店，成本多反應在蔥煎餅裡，可以用合理的價格來享受在地風味唷！

遊賞去處

嶺南三大寺廟、秋景氣氛迷人

梵魚寺
범어사

MAP 封底裡
老圃站2號出口
公車+步行約23分鐘

DATA

www.beomeosa.kr(韓) 부산시 금정구 범어사로 250 (051)508-3122 08:30～17:30 免費 地鐵134老圃站2號出口外的公車總站搭90號公車，車程約15分鐘，在梵魚寺下車後，往前直走上階梯，步行約8分鐘可到。回程時，在去程的公車下車處，同一個地方搭90號公車往地鐵站

位於金井山的古剎梵魚寺，相傳是在新羅文武王18年(西元678年)時由義湘大師建造，分別於新羅興德王時和壬辰倭亂後重建，曾有多位高僧在此修行，寺內有寶物第434號大雄殿、寶物第250號三層石塔等遺跡，與陝川的海印寺、梁山的通度寺並列為韓國嶺南[1]三大寺廟，後方的溪谷和樹林，夏季翠綠涼爽可以避暑，秋季色彩豐富可以賞楓，所以梵魚寺也常是遊客來往金井山最高處姑堂峰的起訖點。

[1]「嶺南」為韓國慶尚北道聞慶市的「鳥嶺」以南，指韓國東南部慶尚道地區。

1 3 4 5 梵魚寺的內外各處，都有很富意境的楓葉銀杏美景 2 大雄殿 6 梵魚寺旁的金井山頭

多元實惠的學校商圈

釜山大學年輕的街道

부산대학교 젊음의 거리

MAP P.182／C2

DATA

各店家不同，中午～22:00較熱鬧 地鐵128釜山大學站1或3號出口對面，與釜山大學中間的巷弄為商區範圍。地鐵3號出口右轉直走到路口，左轉過馬路再直走約6分鐘可到釜山大學正門口 建議避開學生放長假的時間前往，避免較多商家休息

有學生聚集的地方就有年輕活力，釜山大學和地鐵站之間，是年輕風格的商圈，有特色服飾店、彩妝保養品店、各種美食咖啡店和小吃等，以往這一帶稱為「保稅街」，保稅品原指未賦稅的境內加工品，直接外銷或在免稅店販售，因減少稅金成本，所以價格較便宜，用保稅兩字是呼應物美價廉的特色，但無論如何，此處都引領著釜山的年輕潮流，也吸引不少釜山民眾和遊客來此逛街購物。

口味多樣的豪華早餐

釜山大學前吐司巷弄

부산대앞 토스트골목

1

MAP P.182／B1
1號出口
步行約13分鐘

DATA

各店家不同，約07:00～凌晨01:00 吐司3,000～4,000₩，果汁3,000～4,000₩ 參考釜山大學年輕的街道交通方式，店家多位在學校正門旁的巷內

傳統韓國人習慣在家吃早餐，但近年早餐外食頻率變高，除了速食店和飯捲店，西式早餐店也越來越多。韓式三明治吐司的口味選擇豐富，吐司和食材煎好後，加入生菜、醃黃瓜、煎蛋和沙拉醬等，通常以Best、Special或MVP等來代表加料升級。釜山大學正門旁的小巷子，聚集多家限外帶的西式早餐店，以3層吐司為主，再來杯現打果汁，用實惠價格就可以吃得很飽足唷！

1 5 這附近店家的吐司，大多是3層，吃起來很有飽足感 2 奇異果汁 3 店家多集中在釜山大學正門前巷弄裡 4 鳳梨汁

Menu

吐司巷弄菜單

- ☐ 吐司／토스트
- ☐ 韓式烤肉／불고기
- ☐ 韓式烤排／불갈비
- ☐ 韓式年糕烤排／떡갈비
- ☐ 烤牛肉／소불고기
- ☐ 鮪魚／참치
- ☐ 火腿／햄
- ☐ 培根／베이컨
- ☐ 雞肉／치킨
- ☐ 辣海鮮／짬뽕
- ☐ 雞胸肉／닭가슴살
- ☐ 蝦／새우
- ☐ 蟹味棒／게맛살
- ☐ 地瓜／고구마
- ☐ 披薩／피자
- ☐ Best 綜合／베스트
- ☐ Special 綜合／스페셜
- ☐ 雞蛋／계란
- ☐ 野菜／야채
- ☐ 起司／치즈
- ☐ 新鮮果汁／생과일쥬스
- ☐ 草莓／딸기
- ☐ 奇異果／키위
- ☐ 鳳梨／파인애플
- ☐ 番茄／토마토
- ☐ 香蕉／바나나
- ☐ 柳橙／오렌지
- ☐ 水蜜桃／복숭아
- ☐ 藍莓／블루베리
- ☐ 山藥／마
- ☐ 綜合果汁／섞어 쥬스
- ☐ 草莓＋香蕉／딸기＋바나나
- ☐ 柳橙＋香蕉／오렌지＋바나나
- ☐ 奇異果＋香蕉／키위＋바나나
- ☐ 草莓＋奇異果／딸기＋키위
- ☐ 水蜜桃＋李子／복숭아＋자두
- ☐ 柳橙＋奇異果／오렌지＋키위
- ☐ 冰咖啡／냉커피
- ☐ 溫咖啡／온커피
- ☐ 冰茶／아이스티
- ☐ 熱飲／뜨거운 음료
- ☐ 冷飲／시원한 음료

2

3

4

5

Thanks

2 號線：搭乘最方便的市區地鐵，來趟精采的釜山之旅吧！

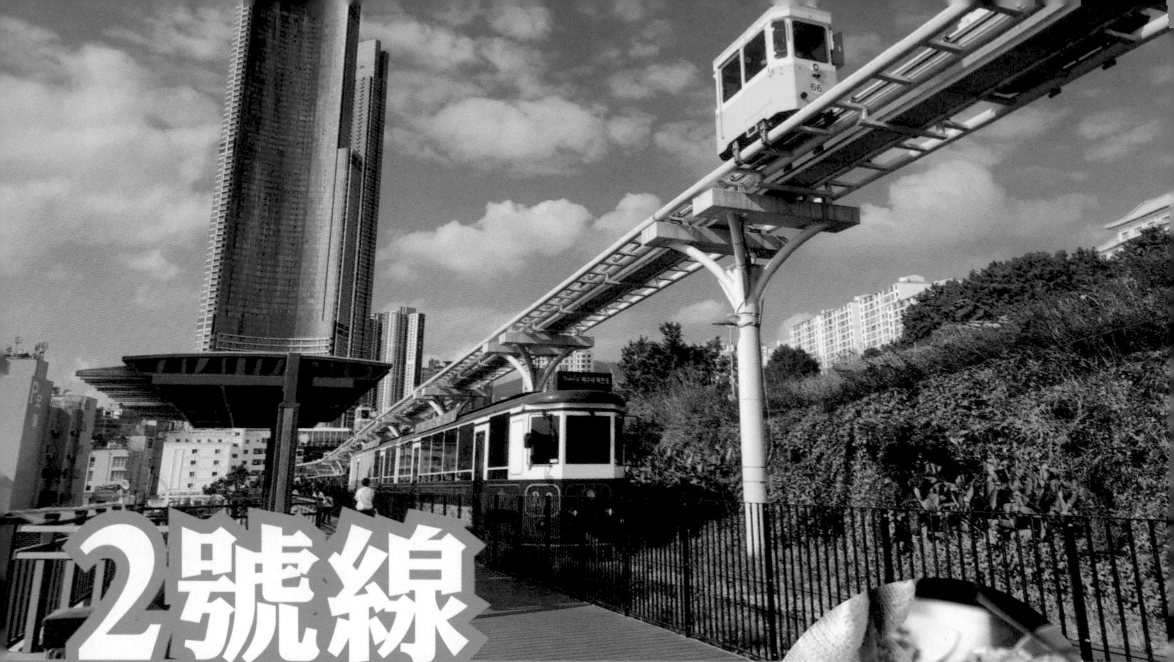

2號線

Line 2

搭熱門列車欣賞美麗海景

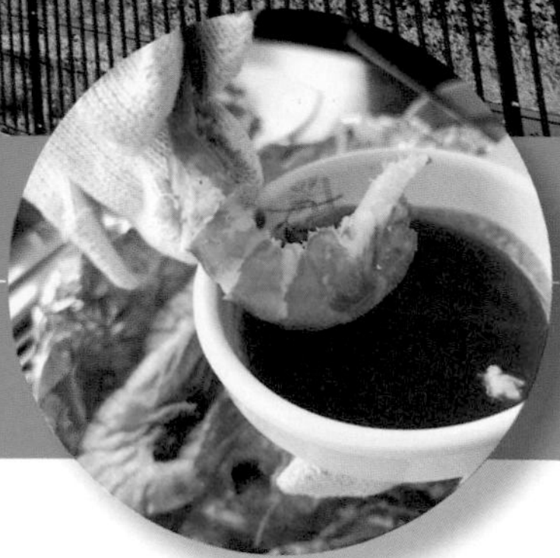

中洞站
중동역 (202)

中洞站周邊街道圖

A B C D
1 2 3
202
中洞站
중동역
201
萇山站
장산역
203
海雲臺站
해운대역
2號線
e-mart
大賣場
HEY春 韓服體驗
헤이봄 한복체험
CLUB D OASIS
클럽디오아시스 스파&워터파크
麥當勞
尾浦五岔路口
미포오거리
海雲臺海水浴場
해운대해수욕장
迎月嶺入口
달맞이고개입구
極東豬肉湯飯(1樓)
극동돼지국밥
多鍋美食店(2樓)
다솥맛집
BUSAN X the SKY
부산엑스더스카이
海雲台藍線公園
해운대블루라인파크
HILL SPA蒸氣房
힐스파 찜질방
(疫情後已重新開業，詳細介紹請見P.315)
尾浦石碑
尾浦港觀光遊覽船搭乘處
미포항 관광투어유람선
Hotel Hyggelig
호텔 휘겔리
海月亭
해월정
青沙浦入口十字路口
청사포입구 사거리
非非非堂
비비비당
推理文學館
추리문학관
往青沙浦踏石展望台
청사포다릿돌전망대 방향
青沙浦
청사포
北

在海雲臺旁的迎月嶺上，可從高處眺望海雲臺與青沙浦的景色，此處有密集的各式咖啡店，近來最熱門的景點，是剛完工不久、可以欣賞海景的天空膠囊列車和海岸列車。山坡道路的兩旁多有櫻花樹，大約每年3月底～4月初會盛開。

「中洞」名稱的由來，是因為在海雲臺區臨海的中間位置，地鐵中洞站出口旁就有大型超市賣場，與地鐵海雲臺站相距不遠，方便選購食品、日用品和伴手禮，而在往海邊的路上，亦有服飾店、各式餐廳和特色藝文空間。

老火車鐵軌的華麗變身

海雲臺藍線公園

블루라인파크 / BLUE LINE PARK

MAP P.187/B3

7號出口，搭計程車約5分鐘

DATA

www.bluelinepark.com/chn 부산시 해운대구 청사포로 116(중동) (051) 701-5548 暑假旺季7、8月09:00～22:00，各設施車站略有不同，依照季節亦會調整，詳情請參考官網 請參考右頁玩家筆記 參考P.191迎月嶺周邊交通綜合說明，往迎月嶺方向走到尾浦五岔路口，右轉往海邊尾浦石碑方向走約3～4分鐘，左邊可看到往海岸列車尾浦站的路口 列車不定期會有檢修日，期間暫停營運，建議出發前再做確認

原為韓國鐵路公社火車「東海南部線」截彎取直後的保留區段，最早開放時僅有廢棄鐵軌和石子路，周邊也沒有什麼店家，走起來其實沒那麼方便，夜間光線昏暗還感覺有些不安全。

經過規畫整修後，改名為呼應藍天大海的「藍線公園」。沿著海岸線約4.8公里，木頭步道全程都很好走，每隔一段還有休息涼亭，以及色彩豐富、可愛又吸睛的熱門設施：天空膠囊列車和復古海岸列車，因為增設了列車的車站，也能方便使用廁所、購買飲料和景點限定紀念品，可以更自由地選擇不同方式和時間，來欣賞海雲臺←→松亭一帶的美麗海洋與日夜景色。此外，沿線周邊也陸續增加多種類的餐廳和咖啡店，讓原本感覺有些沒落的青沙浦小漁村，因此熱鬧活絡了起來。

1藍線公園的尾浦站 2鐵軌沿線設有小門，可以穿越到對面店家 3保留原來火車線的迎月隧道 4膠囊列車尾浦→青沙浦方向，是走靠海側鐵軌，視野更好 5上層是天空膠囊列車，下層是海岸列車，沿線皆為好走的木頭步道，每隔一段設有椅子可休息 6海岸列車的座位都是面海，方便欣賞海景

|玩|家|筆|記|

海雲臺藍線公園遊玩撇步

可從官網英文版頁面事先預約，選擇搭乘的班次，當天再依照時段前往即可。預約時可不用填電話，有e-mail即可，但頁面的部分內容還是韓文，要留意選擇列車種類的搭乘順序。

■ 現場窗口只銷售當天的場次，不能預購。

■ 即使有預約，現場時段內還是要排隊搭乘，建議避開週末、節假日為佳。

■ 若為網路預約，實際搭乘時，須以網頁開啟電子車票，不能使用截圖。

■ 列車不定期有檢修停運日，出發前請務必於官網再做確認。

海岸列車(해변열차，1樓鐵軌)

■**路線車站：**海雲臺尾浦⟷青沙浦⟷松亭車站，中間另有三個小站，總長約4.8公里，車程單趟約30分鐘。

■**票價：**單次7,000₩、兩次12,000₩、自由利用16,000₩。

■**注意事項：1.**搭乘兩次：下車後可以重新進場1次(等同往返票)，或步行後從其他車站搭乘。／**2.**自由利用：所有車站都能搭乘，但同一站無法進入兩次(可下車、上車各一次)。／**3.**若是購買自由利用券套票，依規定，海岸列車的第一趟，須依照預約的時段路線。但實務上，平日人較少的話，可當天任意班次搭乘，不一定要依照網路預訂的時段。詳細情況，請當天洽詢現場服務人員。

天空膠囊列車(스카이캡슐，2樓鐵軌)

■**路線車站：**全線海雲臺尾浦、青沙浦兩站，車程單趟約30分鐘。

■**票價：1.**1～2人35,000₩起，另有3、4人和往返票。每車最多搭乘4人，無需與陌生人併乘。／**2.**若為4大1小搭乘，小孩未滿36個月免費，36個月～7歲加購車票，可與大人共乘，現場須出示身分證件(護照)。

■**注意事項：1.**除非只有1人，兩種列車各只搭一次，才建議各買單程票，不然都是買套票比較優惠。／**2.**若為4大1小搭乘，小孩未滿36個月免費，36個月～7歲加購車票，可與大人共乘，現場須出示身分證件(護照)。

往返建議路線

多數遊客以尾浦⟷青沙浦為主，建議規畫如下：

■為了有更好的視野，膠囊列車建議買尾浦→青沙浦段，是走靠海側鐵軌。

■海岸列車是單軌、全座位面海運行，回程再搭海岸列車從青沙浦→尾浦。

■若想走走沿海步道(僅在車站有廁所)，推薦以下兩段，可節省等下一班海岸列車的時間：**1.**在青沙浦站下膠囊列車，步行往踏石展望台，單程約600公尺。／**2.**從青沙浦返程時，在「迎月隧道」站下車，步行回尾浦站約550公尺。

遊賞去處

異國風情賞櫻花海景

迎月嶺
달맞이고개

MAP P.187／B2
海雲臺周邊，
轉搭計程車約9分鐘

DATA

⏲24小時，夜間照明為早上5點～日出前、日落後～晚上11點 💲免費 ➡參考P.191迎月嶺周邊交通綜合說明 ⁉海月亭前的廣場上有觀光案內所和公廁

迎月嶺原來是海雲臺尾浦和松亭之間的15個曲道，後來則是指尾浦和青沙浦間的海邊山路，可以眺望周邊的美麗海景，此處有大小藝廊、各式海景餐廳、咖啡廳和酒吧，營造出豐富的異國情調，搭配上夜晚皎潔動人的月色。日光浴不稀奇，月光浴才是新魅力，從迎月嶺的入口到海月亭，以月亮為主題，利用照明燈光來點綴，如此浪漫氣氛，是釜山情侶約會的熱門地點，每年4月初櫻花盛開之時，無論白天還是夜晚，增添了粉嫩的點綴，讓人無不心嚮往之，成為釜山的賞櫻名所。

1

2

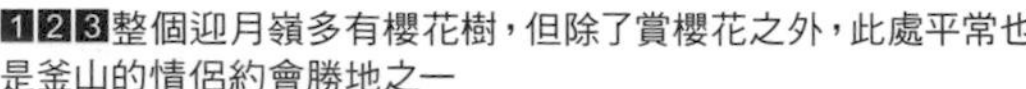
123整個迎月嶺多有櫻花樹，但除了賞櫻花之外，此處平常也是釜山的情侶約會勝地之一

3

|玩|家|筆|記|

迎月嶺周邊交通綜合說明

前往迎月嶺、青沙浦的交通方式說明，搭配本站的「中洞站周邊街道圖」(P.187)、「青沙浦周邊街道圖」(P.192)一起看更清楚。

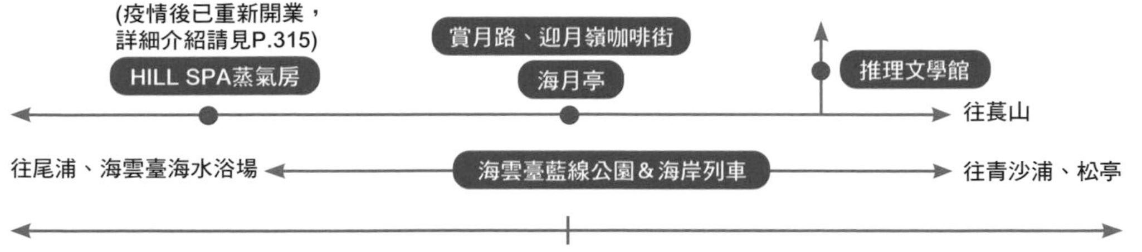

迎月嶺、海月亭、HILL SPA蒸氣房

■**搭計程車：**從海雲臺周邊搭計程車前往，車程約9分鐘、車費約5,700₩。

■**步行：1**.地鐵202中洞站7號出口直走，約8分鐘到尾浦五岔路口，沿往上的斜坡步行約10分鐘可到HILL SPA蒸氣房，再往上步行約15分鐘可到海月亭。／**2**.從海雲臺尾浦石碑對面上斜坡，步行約5分鐘到尾浦五岔路口，之後的路線同步行1。

■**搭公車：**地鐵203海雲臺站1號出口直走1分鐘的路口右轉，再直走約1分鐘的公車站牌，搭區域公車「海雲臺02」(해운대02)、「海雲臺10」(해운대10)，約10～15分鐘在「推理文學館」(추리문학관)下車，左邊建築就是推理文學館，往右邊走下斜坡階梯到路邊，即是迎月嶺靠海邊的路段。

1.右轉直走約6分鐘可到海月亭，再往下走約10分鐘可到(原)HILL SPA蒸氣房。

海雲臺藍線公園＆海岸列車、青沙浦＆踏石展望台

■**搭計程車：**從海雲臺周邊搭計程車往青沙浦，車程約12分鐘、車費約6,400₩。

■**步行：**沿海雲臺藍線公園的沿海步道，走約40～60分鐘，從海岸列車鐵道口右轉切往海邊即到青沙浦，面對青沙浦海邊，左轉(和紅白燈塔反向)沿海邊走約5～10分鐘可到踏石展望台。

1.地鐵202中洞站7號出口，直走約10分鐘到尾浦五岔路口，右轉往海邊走約3分鐘的左邊，可看到海雲臺藍線公園的入口。

2.從海雲臺尾浦石碑對面上斜坡，步行約2分鐘的右邊，可看到海雲臺藍線公園的入口。

■**搭公車：**往青沙浦的公車，有區域公車「海雲臺02」(해운대02)、「海雲臺10」(해운대10)，可於地鐵203海雲臺站、201萇山站搭乘，於青沙浦總站(海邊)下車。回程時，在青沙浦總站同一位置搭車往地鐵站即可。

1.地鐵203海雲臺站1號出口，直走1分鐘的路口右轉，再直走約1分鐘的公車站牌，搭公車約30分鐘可以到青沙浦。回程時，可以回到海雲臺去程出發的同一個站牌。

2.地鐵201萇山站7號出口前的公車站牌，搭公車約15分鐘可到青沙浦。回程時，可回到萇山站8號出口，或是可搭到海雲臺下車。

■**青沙浦入口十字路口：**這個路口(P.187／C2)上方的天橋，左右兩邊是迎月嶺，面對青沙浦海邊，右邊是往海雲臺的方向，前後公車站分別為「경남선경 아파트」(慶南仙境公寓)、「해월정사」 (海月亭寺)，來往青沙浦、迎月嶺時，也可考慮以步行的方式，除了「青沙浦→入口十字路口」這段是斜坡往上以外，其他路段大多平順好走，很適合來散步，尤其春天賞櫻的時候更漂亮。

大都市裡的純樸小漁港

青沙浦、踏石展望台

청사포、다릿돌전망대

MAP P.192／C2、D1
海雲臺周邊，
轉搭計程車約12分鐘

DATA

青沙浦24小時。踏石展望台09:00～18:00，夏季6～8月開放至20:00 免費 參考P.191迎月嶺周邊交通綜合說明 踏石展望台天候不佳時暫停開放

青沙浦是釜山東南邊的一個小漁村，若是初次來訪，應該會有「釜山居然也有這樣的地方！」的感覺。不同於其他人聲鼎沸的海灘和漁港，青沙浦空氣恬靜清新，大海和海浪聲才是主角，沒有過多複雜裝飾，有的只是未出航的漁船，以及曝曬在岸邊的漁網和魚乾。

海邊有多家以提供炭火烤鮮貝為主的海產店，不一定要吃正餐，來場特別的海鮮下午茶也不錯，或是挑家面海的景觀咖啡店坐坐，就這樣慵懶地放空休息。也可以在岸邊散步走走，看看海釣大叔們的成果，或是登上踏石展望台，從不同角度欣賞海雲臺，如此特別的都市祕境，千萬別錯過唷！

1青沙浦踏石展望台(圖片提供／土豪哥) 2韓國海港邊常見的紅白燈塔 3青沙浦港邊停泊著未出航的漁船
4 6青沙浦漁港的餐廳，以提供烤鮮貝、鮮蝦為主 5青沙浦入口十字路口的天橋
7 8 10海景咖啡店「CAFE ROOF TOP」 9 11海景咖啡店「CAFE INDUS」

青沙浦周邊街道圖

A B C D
1 2 3
公車站
往青沙浦
公車站
往萇山、海雲臺
青沙浦入口
十字路口
청사포입구 사거리
迎月嶺路天橋
往萇山、海雲臺
(斜坡往上)
迎月嶺
달맞이고개
公車站
往青沙浦
公車站
往萇山、海雲臺
非非非堂
비비비당
청사포로
往萇山、海雲臺
(斜坡往上)
ocean breeze咖啡店
오션브리즈
CAFE INDUS
카페인더스
청사포로
公車站
(青沙浦終點站)
青沙浦
청사포
紅燈塔
白燈塔
往尾浦、海雲臺
미포、해운대 방향
往松亭
송정 방향
青沙浦踏石展望台
청사포다릿돌전망대
청사포로
CAFE ROOF TOP
카페루프탑
北

KINFOLK

INDUS

2號線

Line 2

釜山人氣首位的海水浴場

海雲臺站

해운대역 (203)

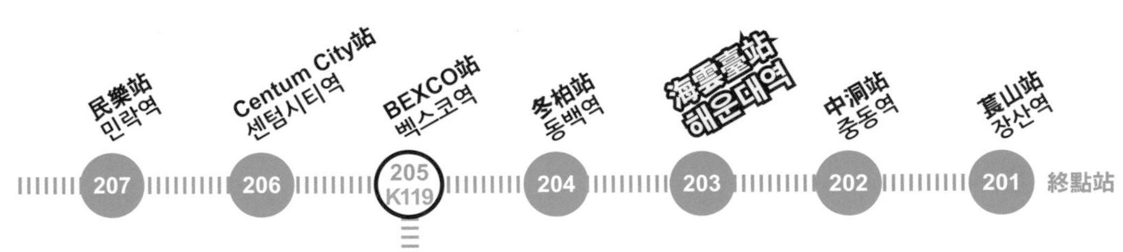

釜山達人 Busan 3大推薦地

遊客必訪

海雲臺海水浴場

釜山知名海水浴場，周邊是餐廳和住宿密集區，一年四季都有眾多的各國遊客，夏天更是超人氣旺季。(見P.197)

作者最愛

親親桶雞

海雲臺市場裡的炸雞店，雖然沒有明亮裝潢，但有炸雞、烤雞、雞粥等餐點，以及連鎖店家少見的下酒良伴炸雞胗。(見P.201)

在地人推薦

密陽血腸豬肉湯飯

海雲臺地區起家的40年老字號，不只湯頭濃郁的豬肉湯飯受到歡迎，馬鈴薯豬骨湯也是很多人的最愛。(見P.209)

海雲臺是釜山最具代表性的景點之一，潔白寬廣的白沙灘，搭配上高聳現代的大樓，充滿異國情調氣氛，接受著太陽和月光的潤澤，無論到過釜山幾次，腳步總是很常會要往海雲臺而去。為了方便遊客在海邊戲水玩樂，除了每年7～8月的海水浴場設施外，也有固定水龍頭，可以在玩沙後稍做清洗，此外海雲臺周邊也聚集了星級飯店、各式美食餐廳、特色咖啡店和夜店等，無論是賞景或用餐，這裡都是玩釜山的重要焦點。

海雲臺站周邊街道圖
e-mart大賣場
202
中洞站
중동역
2號線
海雲臺市外巴士站
해운대시외버스정류소
203
海雲臺站
해운대역
郵局
公車站—
從機張回海雲臺
的下車站牌
公車站—
往(新)海雲臺火車站、
迎月嶺、青沙浦和推理
文學館等
公車站—
往海東龍宮寺、機張市場
和松亭海水浴場等
華美達安
可飯店
라마다 앙코르
元祖奶奶湯飯
원조할매국밥
古來思
고래사
OPS麵包店
OPS빵집
海雲臺溫泉中心
해운대온천센터
傳說中的蔘雞湯
소문난 삼계탕
錦繡河豚
금수복국
宜康米民宿旅館
이코노미 게스트하우스
海雲臺名物炸物
해운대명물튀김
204
冬柏站
동백역
伍班長
오반장
螞蟻窩炒章魚
개미집 낙지볶음
海雲臺市場
해운대시장
尙國家飯捲
상국이네김밥
親親桶雞
뽀뽀통닭
往 舒暢大口魚湯
속씨원한대구탕 방향
密陽血腸
豬肉湯飯
밀양순대돼지국밥
老洪蒸餃刀切麵
노홍 만두 칼국수
HOOLIGAN水果派
타르트훌리건
HEY春 韓服體驗
해이봄 한복체험
BUSAN X the SKY
부산엑스더스카이
釜山烤盲鰻
부산곰장어
龜南步行路
郵局
海雲飯店公寓
해운대 씨클라우드 호텔 레지던스
MONEY BOX換錢所
머니박스 환전소
海雲臺藍線公園
해운대블루라인파크
bhc炸雞
bhc치킨
海雲臺海水浴場
해운대해수욕장
公車站—
從(新)海雲臺火車站
往海雲臺海水浴場
139號公車下車處
公車站—
往(新)海雲臺火車站
139號公車搭乘處
SEALIFE
釜山水族館
부산아쿠아리움
舒暢大口魚湯(本店)
속씨원한대구탕
尾浦港觀光遊覽船
미포항 관광투어유람선
往 冬柏島
동백섬 방향
海雲臺海水浴場
해운대해수욕장
北
＊地鐵海雲臺站前的公車站牌，已位移至馬路中間的公車專用道。

超人氣夢幻白沙灘

海雲臺海水浴場

해운대해수욕장

MAP P.196／B4、D3
3號出口
步行約10分鐘

DATA

http 海雲臺區廳：haeundae.go.kr(多國語言) 沙灘24小時，海水浴場每年7、8月開放 $ 免費 地鐵203海雲臺站3、5號出口，直走約7～10分鐘可到海灘

海雲臺沙灘長1.8公里、寬30～50公尺，由白沙與貝殼碎片組成，是個釋放浪漫的人氣度假海灘，搭配上有親和力的海浪，一年四季都受到男女老幼的青睞，夏季戲水是重點活動，冬季來看可愛的海鷗，春秋也能搭著地鐵就輕鬆前往散心，地鐵站往海邊的龜南步行路上，設有小型音樂噴泉，和海邊沙灘一樣，不時會舉辦各式活動，周邊有星級飯店、旅館和Pub夜店，以及各式餐廳和咖啡廳聚集，旁邊市場裡的在地美食和小吃，更為海雲臺增添豐富多元的魅力。

126海雲臺是釜山最有人氣的海灘，特別是每年7、8月戲水人潮絡繹不絕
35龜南步行路上設置的聖誕節燈飾
4春、夏、秋三季在龜南步行路上演的水舞噴泉秀

玩家筆記

海雲臺名稱的由來

崔致遠(西元857年～卒年不詳)、字海雲，新羅時期有名的學者，在亂世中辭官，隱居在伽耶山海印寺附近。先生迷戀冬柏島一帶的景色，用自己的字「海雲」來替此地命名，為了懷念崔致遠先生，在冬柏島上設有其銅像和紀念石碑。

1

2

3

4

5

6

遊賞去處

感受魚兒悠游的海洋世界

SEALIFE釜山水族館

부산아쿠아리움

MAP P.196／B3
5號出口
步行約10分鐘

DATA

www.busanaquarium.com(多國語言) 부산시 해운대구 해운대해변로 266(중동) (051)740-1700 週一～五10:00～19:00、週六～日10:00～20:00，每日可能略有不同，暑假平日會延長，最後入場為打烊前1小時 大人(中學生以上)30,000₩、小孩25,000₩ 地鐵203海雲臺站3、5號出口，直走約7～10分鐘，到海邊右轉再直走約1分鐘 可上官網列印優惠券，或是旁邊觀光案內所常可索取

占地約3,600坪，有大小近百個展示水槽、約3,500噸的水量，飼育約400種、4萬餘隻的各種海洋生物，館內有韓國最大的鯊魚水族館隧道，還有水深7公尺、韓國最深的珊瑚水族館。參觀動線從地下2樓開始，各種大小魚類，以及可愛的企鵝、水獺和水母等，此外也有各式體驗活動和動物餵食秀，或是搭透明小船，從水族館隧道上方觀賞悠游的魚兒，是大人小孩都會喜歡的海洋世界。

1 4 韓國最大的水族館隧道 2 3 種類和數量都驚人的海洋生物，尤其吸引小朋友們的目光 5 韓國最深的水族館展示水槽，是到訪遊客喜愛的拍照背景

1

2

3

4

5

韓國最大型的高空展望台

BUSAN X the SKY

부산엑스더스카이

MAP P.196／F3
中洞站7號出口
搭計程車約5分鐘

DATA

www.busanxthesky.com 부산시 해운대구 달맞이길 30(중동) (051)731-0099 10:00～21:00，最後入場20:30 現場購票大人27,000₩、小孩24,000₩ 參考P.191迎月嶺周邊交通綜合說明，往迎月嶺方向走到尾浦五岔路口，右轉往海邊尾浦石碑方向走約5分鐘可到，展望台入口在面海側

「BUSAN X the SKY」是韓國第二高、規模最大的高空展望台，位於釜山海雲臺海邊、尾浦石碑旁，高411.6公尺的LCT Land Mark Tower大樓的98～100樓。從1樓入場後，先搭高速電梯到100樓，之後再走樓梯往99、98樓，在最後離場之前，可以在這三層樓的開放範圍內活動。透過展望台各面的落地窗，眺望欣賞海雲臺周邊的景色，包含迎月嶺、廣安大橋、二妓臺、釜山大橋等，釜山的多個知名地標，都能在此一次打包收藏。

在100樓要往99樓的樓梯旁，標高384公尺的透明步道，可以從腳下直接看到海雲臺的沙灘，很是考驗大家的膽量。在99樓餐廳「SKY 99」前，可以走到沒有屋頂的小平台，直接感受近400公尺高空的戶外空氣。98樓則是有特色紀念品商店，以及韓國最高的星巴克咖啡，亦有各種可以坐下來休息的開放座位。入場門票當天沒有限時，可以在展望台上，從白天待到晚上，享受不同氛圍的釜山美景。

1位於100樓、距離地面384公尺的透明步道 2連廣安大橋都能一眼望盡 398樓的紀念品店，有釜山和X the SKY的專屬紀念品 4走98樓側邊的樓梯，可以往韓國最高的星巴克 599樓餐廳前、沒有屋頂的小平台，可以感受高空的氣息

吃遍海雲臺市場美食

遊賞去處

美食爲主的街區

海雲臺市場

해운대시장

MAP P.196 / C2
3號出口
步行約5分鐘

DATA

✉부산시 해운대구 구남로41번길 22-1(중동) ⏲各店家不同，午餐到深夜最為熱鬧 ➜地鐵203海雲臺站3號出口，沿龜南路直走約5分鐘的巷口左轉即到，若要穿過市場，步行時間約4分鐘

要了解一個地方的風俗民情，傳統市場是很適合的地方之一，海雲臺市場雖然規模不大，整條走完還不到5分鐘，但這裡卻是釜山的縮影，從常見的新鮮海產，釜山有名的盲鰻料理，以及韓國飯桌上的各種小菜，還有不可錯過的韓式小吃，跟著韓國人一起擠在攤位前，吃著辣炒年糕、黑輪和血腸等，吃飽喝足後，還有雜貨超市可以購買香蕉牛奶、泡麵和餅乾零食等人氣商品喔！

特色美食

價格實惠、分量充足

海雲臺名物炸物

해운대명물튀김

MAP P.196 / C2
3號出口
步行約9分鐘

DATA

✉부산시 해운대구 구남로 41번길 45(중동) ☎(051)743-3580 ⏲10:00～23:00，最後點餐22:30 $各餐點每份約2,000～10,000₩，炸物每個900₩ ➜參考本頁上方海雲臺市場，龜南路入口走約4分鐘左側 ⁉可1人用餐

在韓國的傳統市場裡，不管主要售賣什麼類型的商品，無論如何不會缺少的，那肯定就是「小吃」，雖然有時稍嫌雜亂，但就是這種與當地人混在一起的感受最深刻。海雲臺市場裡的「海雲臺名物炸物」，從辣炒年糕到各式炸物，以及血腸、魚板、飯捲等韓國經典小吃俱全，價格較便宜，分量也較多，單份、單個輕鬆無負擔，整體裝潢簡單、空間也較小，不妨就跟著韓國人一起，直接站在店門口吃吧！

Menu

海雲臺名物炸物菜單

- ☐ 辣炒年糕 / 떡볶이
- ☐ 血腸 / 순대
- ☐ 魚板 / 오뎅
- ☐ 炸物 / 튀김
- ☐ 紫菜飯捲 / 김밥
- ☐ 小飯捲 / 꼬마김밥
- ☐ 辣炒血腸 / 순대볶음
- ☐ 辣炒年糕泡麵 / 라볶이

特色美食

有下酒炸雞胗的市場口味

親親桶雞

뽀뽀통닭

MAP P.196/C2
3號出口
步行約8分鐘

DATA

✉부산시 해운대구 구남로41번길 40(중동) ☎(051)741-4065 ⏲24小時 $炸雞類17,000～23,000₩、炸雞胗10,000₩ ➔ 參考P.200海雲臺市場，龜南路入口走約3分鐘右側 ⁉可1人用餐(炸雞基本為2人份)，有外文菜單附照片

多數人會從龜南路側的入口走進海雲臺市場，加上市場裡充滿海鮮和小吃店的誘惑，因此在街尾的「親親桶雞」，通常經過都不一定會被注意到。在市場裡開業將近30年，醬油、調味炸雞是招牌，推薦可以點「半半」(兩種各半)，試試不同口味，還有其他炸雞店少有的炸雞胗，更是下酒的好選擇，另外還有雞粥、清燉雞、辣雞湯、炒雞腳和起司火烤雞等不同選擇，24小時營業，方便隨時都能來吃喔！

Menu

親親桶雞菜單

- ☐ 炸雞 / 켄터키
- ☐ 炸全雞 / 통마리
- ☐ 無骨炸雞 / 순살켄터키
- ☐ 鹽味烤雞 / 소금구이
- ☐ 醬油炸雞 / 간장치킨
- ☐ 調味炸雞 / 양념치킨
- ☐ 半半 (兩種各半) / 반반
- ☐ 炸雞胗 / 똥집
- ☐ 啤酒 / 맥주

1 2 店面內外 3 韓國炸雞店必備的醃酸蘿蔔，去油解膩又開胃 4「半半」炸雞，原味、調味各半

1

2

3

4

口感扎實、內餡飽滿

老洪蒸餃刀切麵

노홍 만두 칼국수

MAP P.196 / C3
3號出口
步行約7分鐘

DATA

부산시 해운대구 구남로41번길 26-4(중1동) (051)644-9313 10:30～22:30，最後點餐22:00 各餐點每份6,000～8,500₩ 參考P.200海雲臺市場，從龜南路入口走約2分鐘右側 可1人用餐，有外文菜單附照片

以往朝鮮半島的主食是米飯，韓戰後物資缺乏，政府鼓勵人民多用麵粉，因此開始出現許多販售手工麵食的店家。海雲臺市場裡的「老洪蒸餃刀切麵」，在店門口就能看到師傅正在揉製的白胖麵團，蒸籠裡熱騰騰的包子和蒸餃，飽滿的內餡有扎實口感，或是來碗以海鮮高湯為底的刀切麵，原味清爽、辣味帶勁，另外還有甜口味的紅豆沙蒸包，尤其是在天冷的時候，吃起來滿是幸福的感覺呢！

1蒸餃 2店面外觀 3手工刀切麵 4鮮蝦蒸餃

Menu

老洪蒸餃刀切麵菜單

- ☐ 手工刀切麵 / 손칼국수
- ☐ 辣拌刀切麵 / 비빔칼국수
- ☐ 辣味手工餃子刀切麵 / 얼큰이 손만두칼국수
- ☐ 年糕餃子湯 / 떡만두국
- ☐ 蒸餃 / 찐만두
- ☐ 泡菜蒸餃 / 김치만두
- ☐ 鮮蝦蒸餃 / 새우만두
- ☐ 肉包子 / 왕만두

1

2 3 4

在地代表的鄉土料理

釜山烤盲鰻

부산곰장어

MAP P.196 / C3
3號出口
步行約6分鐘

DATA

부산시 해운대구 구남로41번길 11(중동) (051)747-9271 10:30～24:00，最後點餐24:00 盲鰻每份40,000₩起，其他海產每份10,000₩起 參考P.200海雲臺市場，從龜南路入口走約1分鐘左側 可1人用餐(但不太建議)，有外文菜單

釜山北部的機張地區，是個水產資源豐富的地方，海帶、鯷魚、盲鰻等的品質和產量都是全韓國有名，前兩者以煮湯為主，而盲鰻因為近海就能輕易捕撈，是窮苦年代人民重要的蛋白質來源，最初以稻草烤過後沾鹽吃，後來則是另有醬料辣味可選擇。海雲臺市場聚集多家盲鰻料理店，原味鹽烤或拌炒過的，吃起來可能會有點土味，若是單吃不太習慣，建議就再加點炒飯，做成盲鰻炒飯可以提升接受度喔！

1

電視報導小吃名店

尚國家飯捲

상국이네김밥

MAP P.196/C2
3號出口 步行約9分鐘

DATA

부산시 해운대구 구남로41번길 40-1(중동) 0507-1400-9027 10:00～翌日00:30，最後點餐00:00 每月第二、四個週三 各餐點每份約2,500～10,000₩，另有A、B套餐 參考P.200海雲臺市場，龜南路入口走約4分鐘右側 可1人用餐

海雲臺市場裡的「尚國家飯捲」，經過電視節目和知名廚師的介紹，是當地很有名氣的小吃店，重新裝修過的店面較為明亮整齊，辣炒年糕、血腸、魚板和炸物是必定會有的，還有3種不同的紫菜飯捲可選擇，內用時部分餐點需點一組數個，多人一起前往時，也可選擇A、B內容不同的套餐，或是另有泡麵、湯麵、蓋飯和煎餅。將近24小時營業的時間，幾乎隨時都可以方便前往用餐。

Menu

尚國家飯捲菜單

- ☐ 辣炒年糕／떡볶이
- ☐ 血腸／순대
- ☐ 魚板／오뎅
- ☐ 炸物／튀김
- ☐ 牛蒡野菜飯捲／우엉야채김밥
- ☐ 小飯捲／꼬마김밥
- ☐ 忠武飯捲／충무김밥

Menu

釜山烤盲鰻菜單

- ☐ 鹽烤盲鰻／곰장어소금구이
- ☐ 調味盲鰻／곰장어양념구이
- ☐ 海腸／개불
- ☐ 活章魚／산낙지
- ☐ 生鮑魚／전복회
- ☐ 烤鮑魚／전복구이
- ☐ 烤刀魚／갈치구이
- ☐ 烤青花魚／고등어구이
- ☐ 炒飯／볶음밥
- ☐ 米飯／공기밥

1鹽烤盲鰻 2若吃不太習慣，建議可加點炒飯增加接受度 3 4調味拌炒盲鰻

饕客推薦的釜山魚糕

古來思

고래사 해운대점

MAP P.196／B2
5號出口
步行約1分鐘

DATA

www.goraesa.com(韓) 부산시 해운대구 구남로 14(우동) 1577-9820 09:00～21:00，熱食最後點餐打烊前1小時 魚糕類產品單個約1,000～6,000₩，其他餐點3,000～9,000₩ 地鐵203海雲臺站5號出口，直走約1～2分鐘 可1人用餐

韓戰後從釜田市場起家，使用新鮮材料、經過脫油程序，製作無防腐劑、富含蛋白質，深受饕客喜愛的釜山魚糕。開架式賣場可自由選購，除了豐富多樣的各種魚糕，口感酥軟的魚糕可樂餅，以及創新的魚糕漢堡、魚糕飯捲，和魚糕烏龍麵、辣海鮮麵、炸醬麵和咖哩麵等，也都很受到歡迎，海雲臺店結合體驗教室，1、2樓都有座位區和微波爐，購買魚糕後可直接加熱享用，雖然價位稍高但精緻，另有攜帶方便的真空包裝樣式，送禮自用兩相宜。

1開架式的賣場，方便消費者自行選購 2若一次購買較多，記得要放冷凍保存 3店面外觀 4魚糕可樂餅 5魚糕烏龍麵

傳統健康補身料理

傳說中的蔘雞湯

소문난 삼계탕

MAP P.196／D2
3號出口
步行約14分鐘

DATA

부산시 해운대구 중동2로 6(중동) (051)741-4545 10:30～21:00，最後點餐20:00，15:00～17:00休息 各蔘雞湯16,000～21,000₩ 地鐵203海雲臺站3號出口直走，約7～8分鐘的海邊路口左轉(不用過馬路)，直走約6分鐘的路口左轉，再直走一下的右側巷口 可1人用餐，有外文菜單

Menu

傳說中的蔘雞湯菜單

- ☐ 紅蔘蔘雞湯／홍삼삼계탕
- ☐ 韓方蔘雞湯／한방삼계탕
- ☐ 土種蔘雞湯／토종삼계탕
- ☐ 鮑魚蔘雞湯／전복삼계탕
- ☐ 漆雞蔘雞湯／옻삼계탕

韓國人有「以熱治熱」的飲食觀念，在炎熱的夏天喝熱湯讓身體變暖，到戶外才不會覺得太熱，所以夏天會多吃人蔘雞，也有利於補身。海雲臺的「傳說中的蔘雞湯」，在童子

1紅蔘蔘雞湯 2店面外觀 3同樣會附上各式小菜 4附送的人蔘酒，可以單喝，也可以加到蔘雞湯裡調味

特色美食

以「牛」爲食材的古早味料理

元祖奶奶湯飯

원조할매국밥

MAP P.196／C2

3號出口
步行約5分鐘

DATA

부산시 해운대구 구남로21번길 33(우1동) (051)746-0387 凌晨03:30～04:30和15:30～16:30休息，其他時間都營業 湯飯裝在一起8,000₩，湯和飯分開裝8,500₩ 地鐵203海雲臺站3號出口直走約2～3分鐘的路口左轉，再直走約2～3分鐘的左側 可1人用餐

「牛」是韓國重要的補身食材，但因牛肉較貴，所以韓戰時改以豬肉來取代牛肉製作湯飯，可是在以前海雲臺的公車總站旁，聚集了維持傳統、用牛肉來製作的店家，「元祖奶奶湯飯」就是其中之一。看起來紅紅的湯頭，喝起來卻是相對清爽，搭配上豐富的豆芽菜，相當營養滿分。除了牛肉，也有牛血湯飯，或是換成麵線，可以選擇飯和湯裝在一起或分開，隱藏版混合湯飯，一次品嘗牛肉和牛血的口感。

Menu

元祖奶奶湯飯菜單

- ☐ 牛肉／소고기
- ☐ 牛血／선지
- ☐ 牛肉牛血 混合／소고기 선지 섞어
- ☐ 湯飯／국밥
- ☐ 分開湯飯／따로국밥
- ☐ 麵線／국수

1

2

3

4

1 4 店面內外 2 小菜就放在桌上，自己酌量取用
3 搭配蘿蔔和滿滿黃豆芽的牛肉湯飯

雞的肚子裡，塞入糯米、人蔘、紅棗、栗子和大蒜等材料，熬煮到肉和骨頭都軟爛好入口，附贈的人蔘酒可直接喝，或倒入雞湯裡一起喝，第一次吃的人建議可選味道不會太濃的紅蔘，且人蔘酒少量慢慢加，比較好調整到符合自己的口味。

1

2

3

4

特色美食

復古風Pub鐵桶炭火烤肉

伍班長
오반장

MAP P.196／B2
5號出口
步行約5分鐘

DATA

⊠부산시 해운대구 구남로24번길 20(우1동) ☎(051)747-8085 ⊙11:00～翌日04:00，最後點餐02:00 $烤肉每份13,000～15,000₩，爐邊蛋第一次免費，之後追加每次1,000₩ ➡地鐵203海雲臺站5號出口，直走約3分鐘路口右轉，再直走約2分鐘右側 ?可1人用餐(烤肉低消2份)，有外文菜單

位在海雲臺的伍班長，店內播放的音樂和鐵桶布置，沒注意還以為來到復古風Pub，多年來維持一定品質的牛、豬肉，以及把泡菜、辣蘿蔔和豆芽菜也一起放在鐵盤上烤，還有好吃的爐邊蛋，這種溫熱的口感也很不錯。韓國的烤肉店，不見得都是以吃飯為主，有些時候會是續攤喝酒的地方，為了不打擾客人，這類店家通常不主動代為烤肉，但若有需要也可以直接找服務生過來喔！

Menu

伍班長菜單

- □ 牛肉／소고기
- □ 牛排骨／꽃갈비살
- □ 牛排骨（辣味）／꽃갈비주물럭
- □ 豬肉／돼지고기
- □ 橫膈膜肉／갈매기살
- □ 橫膈膜肉（辣味）／갈매기주물럭
- □ 後頸肉／항정살
- □ 前頸肉／두툼목살
- □ 三層肉／삼겹살

1 4 有著復古風PUB風格的環境 2 附送的小菜大多可放到爐邊烤來吃 3 烤肉可以單吃，或是用生菜包著一起吃 5 比起鐵盤，用炭火來烤肉更是有不同的香氣

1

2

3

4

5

口味清爽的健康補身湯

舒暢大口魚湯

속씨원한대구탕

MAP P.196／A3

5號出口
步行約7分鐘

DATA

부산시 해운대구 해운대로 570번길 11(우동) (051)731-4222 08:00～21:00 大口魚湯(대구탕)13,000₩、燉大口魚(대구찜)50,000₩、魚卵雞蛋捲(알말이)8,000₩ 地鐵203海雲臺站5號出口直走一下的巷口右轉，再直走約6～7分鐘的左側2樓 可1人用餐，有外文菜單附照片

大口(대구)魚的韓文和韓國的城市大邱相同，盛產於釜山附近的加德島，因為魚嘴很大，所以取名大口，外型和鱈魚相似，魚肉有豐富的維他命A、蛋白質和礦物質，且脂肪含量低，對解除疲勞、恢復肝機能和改善視力有幫助，也有益於消化不好的老人小孩，是很好的補身料理。「舒暢大口魚湯」是釜山有名的專門老店，原味魚湯喝起來鮮甜，也可以加一點辣椒粉調味，韓國人認為熱湯有解酒功效，因此除了正餐，也有很多人當成解酒湯來享用。

1 5 口味清爽的大口魚湯 2 3 店內外環境 4 魚卵雞蛋捲

豐富調味、脆皮多汁

bhc炸雞

bhc치킨 해운대팔래드점

MAP P.196 / E3

3號出口 步行約14分鐘

DATA

http www.bhc.co.kr(韓) ✉부산시 해운대구 해운대해변로298번길 24(팔레드시즈1-6) ☎(051)747-9940 ⏰12:00～24:00，最後點餐23:00 $炸雞每份約22,900～24,900₩ ➜地鐵203海雲臺站3號出口，直走約9分鐘左轉，再直走約5分鐘，大樓面海側1樓 ?可1人用餐(炸雞基本為2人份)，有外文菜單附照片

在哪裡都很吸引人的「海景第一排」，吃炸雞時也不例外，但沒有好味道那也是不行的。連鎖炸雞店「bhc」，海雲臺分店就位在沙灘邊，主打各種調味炸雞，招牌推薦有甜蒜醬、香辣調味、火辣調味和脆皮加起司粉等口味，可以選擇一隻雞、翅膀或無骨，口感多汁不乾澀，韓國炸雞的分量普遍頗多，如果擔心吃不完，這裡也能選擇拼盤套餐，半份炸雞搭配生菜和起司球、薯條擇一，再來杯生啤酒，吃得輕鬆沒負擔喔！

Menu

bhc炸雞菜單

- □ 只要炸雞 / 치킨만
- □ 套餐 / 플래터
- □ 一隻雞 / 한마리
- □ 翅膀 / 날개
- □ 無骨 / 순살
- □ 甜蒜醬 / 치레카
- □ 脆皮加起司粉 / 뿌링클
- □ 香辣調味 / 맛초킹
- □ 火辣調味 / 맵스터
- □ 生啤酒 / 생맥주
- □ 可樂、汽水 / 콜라、사이다

1 2 位在海雲臺海邊的店面內外 3 韓國炸雞每份約適合2～3人吃 4 右：甜蒜醬炸雞、左：脆皮起司粉炸雞

1

2

3

4

24小時營業的特色美食

密陽血腸豬肉湯飯 馬鈴薯豬骨湯

밀양순대돼지국밥、감자탕

MAP P.196／B3
5號出口 步行約4分鐘

1

DATA

부산시 해운대구 구남로 28(우동) (051)731-7005 24小時 各類湯飯10,000～13,000₩，馬鈴薯豬骨湯32,000₩起 地鐵203海雲臺站5號出口直走約4分鐘 可1人用餐，有外文菜單附照片

相較於牛肉，豬肉價格便宜許多，韓戰時來到釜山的難民們，使用豬肉來製作湯飯。海雲臺的密陽血腸豬肉湯飯，原本在巷口的本店較擁擠，搬遷到龜南步行路邊後，提供更寬敞的用餐空間，這裡的豬肉和高湯燉煮得很入味，湯飯可以單吃，也能加入小菜裡的蝦醬或韭菜調味，如果想嘗試不同的湯料，也可選擇混合湯飯。

此外菜單也新增加馬鈴薯豬骨湯，在以前窮苦的年代，連豬肉都吃不起的人，只好把切過、還帶有剩肉的豬骨拿來燉湯，加馬鈴薯、麵疙瘩等澱粉食物，則是為了更有飽足感，有2人以上的大鍋，或是1人前往也有個人鍋，24小時營業，無論是清爽的豬肉湯飯，或是濃郁的馬鈴薯豬骨湯，當作三餐或宵夜都非常適合喔！

Menu

密陽血腸豬肉湯飯菜單

- □ 豬肉湯飯／돼지국밥
- □ 血腸湯飯／순대국밥
- □ 內臟湯飯／내장국밥
- □ 混合湯飯(肉＋1種)／섞어국밥
- □ 綜合湯飯(3種)／모듬국밥
- □ 白肉定食／수육백반
- □ 馬鈴薯豬骨湯／감자탕
- □ 大骨解酒湯／뼈해장국
- □ 小份白切肉／맛보기수육
- □ 單點血腸／순대한접시
- □ 泡麵、馬鈴薯／라면、감자
- □ 韓式冬粉、麵疙瘩／당면、수제비

1豬肉湯飯，或是也可以選血腸、內臟和混合湯飯 2 5店面搬遷到新位置，有更寬敞的用餐空間 3單點血腸 4豬肉湯飯的湯底味道較淡，可依照自己的口味，使用桌上的調味料來做調整 6馬鈴薯豬骨湯

2

3

4

5

6

2號線

Line 2

百萬級夜景不容錯過

冬柏站
동백역 (204)

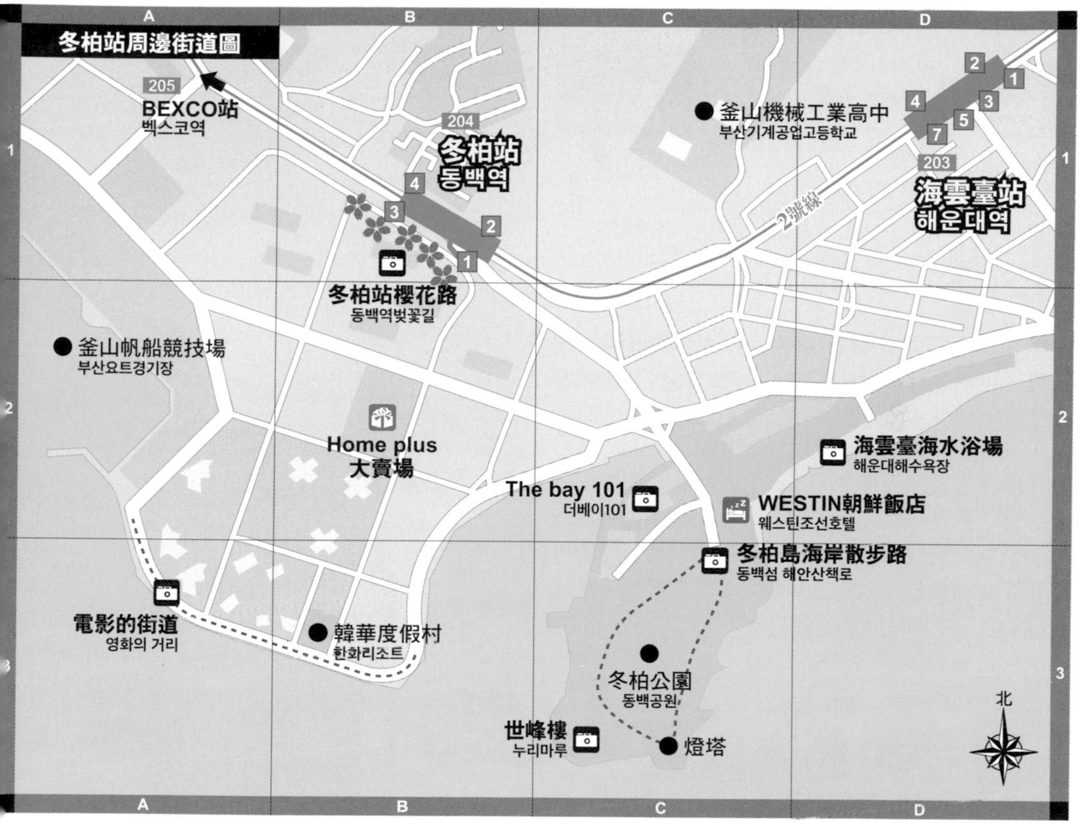

冬柏站周邊街道圖

205 BEXCO站 벡스코역
204 冬柏站 동백역
203 海雲臺站 해운대역
2號線
釜山機械工業高中 부산기계공업고등학교
冬柏站櫻花路 동백역벚꽃길
釜山帆船競技場 부산요트경기장
Home plus 大賣場
The bay 101 더베이101
海雲臺海水浴場 해운대해수욕장
WESTIN朝鮮飯店 웨스틴조선호텔
冬柏島海岸散步路 동백섬 해안산책로
電影的街道 영화의 거리
韓華度假村 한화리조트
冬柏公園 동백공원
世峰樓 누리마루
燈塔
北

冬柏島有完善的海邊散步道路和PU步道，可以從海雲臺沿著海邊散步走過去，是釜山多個海岸道路區段中，較輕鬆就可以走完的，因此也成為附近居民喜歡前往運動的地方。在冬柏島上，除了能欣賞海雲臺的日夜美景，走到另外一頭，世峰樓搭配廣安大橋的遠景也是一絕，還有可以享受百萬級夜景的「The bay 101」，以及另一個沿海的散步好去處「電影的街道」，想要收藏釜山的海景，這裡可是不能缺少的喔！

遊賞去處

APEC會議舉行場地

世峰樓

누리마루

MAP P.211/C3
1號出口
步行約15分鐘

DATA

http www.busan.go.kr/open_content/APEC_2005(韓、英) 부산시 해운대구 동백로 116 (051)743-1974 09:00～18:00 休週一 $免費 地鐵204冬柏站1號出口沿大路直走約15～20分鐘 在世峰樓的內部須順方向往前參觀

世峰樓(圓形屋頂建築)意指「聚集世界各國高層人員於一堂的世界頂峰之家」，是2005年亞太經濟合作會議(APEC)的舉行場地，位於冬柏島的中間位置，以韓國傳統涼亭和冬柏島的稜線為概念，建造了這棟極具意義的建築，搭配遠方的廣安大橋與周邊海景，更是有不凡的氣勢，除了當時開會的圓桌會議室外，也展示各種和會議相關的物品、照片和影像等，1樓展示各國代表和韓國盧武鉉總統穿著韓服的合影，別具歷史意義。

遊賞去處

舒適好走的運動休閒空間

冬柏島海岸散步路

동백섬 해안산책로

MAP P.211/C3
1號出口
步行約10分鐘

DATA

24小時 $免費 **1**.地鐵204冬柏站1號出口，沿大路直走約10分鐘到海邊，可連接島上的PU步道，再走過世峰樓旁的燈塔，木頭階梯往下可接海岸散步路／**2**.海雲臺的中間位置，面海右轉沿海岸線步行約15分鐘，過WESTIN朝鮮飯店後，旁邊的木頭階梯可連接海岸散步路

古時候的冬柏島，獨立位於大海之上，後來因為泥沙淤積而成為陸連島，可以從海雲臺步行來往。島上的散步路分為內側的PU道路和沿海木頭步道，兩者都輕鬆好走，一望無際的海雲臺景色，搭配上蔥鬱茂密的冬柏樹林和松樹林，感覺就像是沙漠裡的綠洲，能讓人瞬間恢復能量，自海平面湧出的美景和多變的大海風情，從白天日出後的晶瑩剔透，到夜晚日落前的奪目燦爛，無論何時都是如此地令人陶醉。

124海岸散步路沿線都有便利好走的木頭步道
3The bay 101旁的散步路入口海景

影像主題濱海散步路

電影的街道

영화의 거리

DATA

🕒24小時 $免費 ➡地鐵204冬柏站1、3號出口，往海邊步行約15分鐘，海雲臺周邊搭計程車可用「한화리조트」(韓華度假村)為目標，車程約6分鐘、車費約4,800₩

每年10月初在釜山舉辦的電影節，已是國際上知名的盛會活動，「電影的街道」是以廣安大橋為背景，結合電影的拍攝元素，在冬柏島旁海邊打造的濱海散步路，與海雲臺稍微有段距離，因此這裡通常比較清靜，來此處散步、放空都很享受，也吸引喜歡拍照的人前來取景。夏日晚上常會看到有人來跑步運動，是這裡最熱鬧的時刻，但依然有別於人氣海邊的喧鬧，有它獨特的迷人魅力。

12結合電影元素和人物的濱海休閒空間 3夜景也是此處的一大特色

盡賞海灣摩天高樓夜景

The bay 101

더베이101

DATA

http www.thebay101.com(韓) ✉ 부산시 해운대구 동백로 52(우동) ☎(051)726-8888 🕒各店家不同，1樓FINGERS&CHAT營業時間：平日14:00～翌日01:00、假日11:00～翌日02:00 $入場免費。炸海鮮、炸雞19,000～45,000₩，各品牌啤酒6,000～15,000₩ ➡地鐵204冬柏站1號出口沿路順步行約9分鐘

位於冬柏島上，The bay 101集合幾家不同類別的餐廳和咖啡店，傍晚到入夜是這裡最有人氣的時刻，尤其是夏天日落之後，拋開白天擾人的暑氣，來此吹海風、喝冰啤酒，欣賞海灣高樓迷人夜景。戶外露天座位區常一位難求，1樓的「FINGERS&CHAT」是最熱門的美食店，海鮮炸物是這裡的招牌，特別推薦：鱸魚、比目魚、鮮蝦和魷魚，雖然價格較高，但沒有厚重裹粉，真材實料，是賞景時的下酒良伴。

Menu

FINGERS&CHAT菜單

- ☐ 鱸魚／농어
- ☐ 鮮蝦／새우
- ☐ 比目魚／광어
- ☐ 薯條／감자
- ☐ 魷魚／오징어
- ☐ 綜合／모둠
- ☐ 原味炸雞／오리지널치킨
- ☐ 醬油炸雞／간장치킨
- ☐ 生啤酒／생맥주

周邊順遊

Centum City站

센텀시티역

車站與韓國兩大連鎖百貨公司「新世界百貨」、「樂天百貨」相連接，周邊有結合國際化的BEXCO會展中心，舉行國際電影節盛會——電影的殿堂，和推展藝術文化的釜山市立美術館。新世界百貨裡有蒸氣房、免稅店、大型書店和頂樓恐龍公園，是很豐富多元的商場，此外周邊也有各式餐廳和大型賣場，無論是出差開會或血拼逛街都很方便，因為是以商業辦公區域為主，所以店面的打烊時間會比海雲臺、廣安里等地區早一些。

Centum City站周邊街道圖

K118 Centum站 센텀역

Home plus大賣場

電影的殿堂 영화의전당

樂天百貨 롯데백화점

新世界Mall 신세계 몰

2號線

BEXCO 벡스코

206 Centum City站 센텀시티역

205 BEXCO站 벡스코역

新世界百貨 신세계백화점

SPA LAND蒸氣房 스파랜드 찜질방

釜山市立美術館 부산시립미술관

APEC 로

207 民樂站 민락역

BEXCO第二展示場 벡스코 제2전시장

水營灣 수영만

奧林匹克公園 올림픽공원

午後的紅茶 오후의 홍차

北

世界最大的百貨公司

新世界百貨

신세계백화점 센텀시티점

MAP P.214／A2

和地鐵站出口連通前往

DATA

www.shinsegae.com(多國語言) 부산시 해운대구 센텀남대로 35(우동) 1588-1234 10:30～20:00，週末假日延長到20:30 休參考官網公告 地鐵206 Centum City站往10、12號出口方向，有連接百貨公司的出入口，百貨公司和Mall商城於B2、3、4樓有連接通道

世界上最大的百貨公司，有豐富的品牌商品和美食餐廳，以及SPA三溫暖、電影院和高爾夫練習場，提供退稅、外文翻譯和物品保管等服務，中央區的9樓規畫成戶外休閒空間，設置小型恐龍公園、溜滑梯、海盜船，還有持消費收據就可免費搭乘的旋轉木馬，也是不錯的親子景點，後方的新世界Mall商城，B1為新世界免稅店，B2的大型書店、創意文具店、玩具模型店、3C家電賣場和Apple store，以及4樓的多樣化美食，都讓逛百貨公司更豐富有趣。

1新世界百貨Centum City店，世界紀錄認證最大的百貨公司
234除了逛百貨公司和免稅店，頂樓的小型恐龍公園，也是遛小孩的好地方

江邊清水模建築的時尚悠閒

午後的紅茶

오후의 홍차

MAP P.214/A3
13號出口
步行約14分鐘

DATA

www.instagram.com/cafe_afternoontea 부산시 수영구 민락수변로 243 (민락동) 0507-1381-5115 10:30～23:00，最後點餐至打烊前1小時 茶飲咖啡、冰品甜點6,000～11,000₩，另有紅白酒和啤酒 地鐵206 Centum City站13號出口直走約9分鐘，過水營橋後左轉，沿水營江邊走約4分鐘的建築4樓 低消每人1杯飲料，禁帶外食。該建築每層樓的店家為獨立營業。為了安全因素，若要坐5樓的戶外空間，點餐時請先告知店員，且小朋友不能上去5樓

釜山城市建築獎的金賞作品，除了必要的鋼梁之外，這棟造型時尚的清水模建築，水營江側的牆面都是採用落地窗，將視野的延伸感發揮到極致，搭配上古典風的裝飾和樂曲，以及外語老情歌，是個相當優閒舒適的寬敞空間。

「午後的紅茶」顧名思義是以「茶」為主打招牌，使用原葉茶，紅茶、綠茶、白茶、烏龍茶、花草茶等，櫃檯有茶葉罐可聞味道。職員在沖茶時，非常講究，還會控溫和計時，此外也有多種的咖啡、冰奶茶，以及蛋糕、司康、美式鬆餅等甜點可選擇。

1

1這裡主打原葉茶，亦有奶茶、咖啡等其他飲料可選擇 2346除必要鋼樑，靠水營江邊的牆面，皆採用落地窗，讓視覺更有穿透延伸感 5頂樓的戶外座位，更是有欣賞周邊景色的好視野

2

3

4

5

6

空間寬敞、高級享受

SPA LAND蒸氣房

스파랜드 찜질방

MAP P.214／A2

和地鐵站出口連通前往

DATA

☎1668-2850 ⏰08:00～23:00，最後入場22:00 $參考本頁價目表，每次使用4小時，超過需另付費，場內消費(不含入場費)超過1萬韓幣，可使用到6小時 ➜參考P.215新世界百貨，左側玻璃帷幕的1～3樓，入口在百貨公司的1樓內 ⓘ7歲以下不可入場，小學孩童須有同姓監護人同行，未滿18歲22:00後須有成年人陪同。地址、公休等資訊，請參考新世界百貨

類別	價格	備註
大人	23,000₩	
學生	20,000₩	國／高中生
以上為基本入場費，可使用四小時，超過時間需另加3,000₩		

相較於韓國一般的蒸氣房，這裡走高級風格，內裝豪華寬敞，從環境布置到多樣設施，堪稱城市中的休養型溫泉。浴室內提供的沐浴梳妝用品完備，分別設置多個泡湯和露天浴池，公共區域則是有數種不同功能溫度的汗蒸幕烤箱和露天足浴，此外也附設有美容美甲、餐廳咖啡廳、娛樂休息室等。服務台可寄放行李箱，另設有貴重物品保管處，因為走高級路線，所以消費價位較高一些，部分飲料只有出售鋁罐裝，非一般蒸氣房的杯裝樣式。

1蒸氣房提供的衣服樣式 2 3 6擁有寬敞的休閒活動空間
4 5設有多樣泡湯泡腳的水池

2號線

Line 2

釜山最浪漫的代名詞

廣安站

광안역 (209)

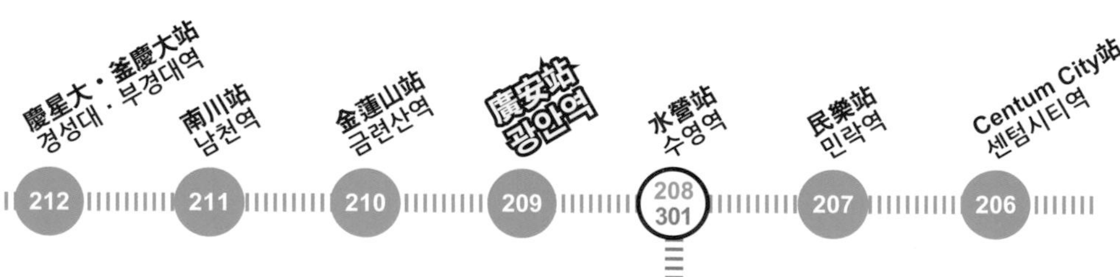

←梁山站 양산역

장산역 萇山站→

廣安站周邊街道圖

A B C D
1 2 3
208 301 水營站 수영역
209 廣安站 광안역
2號線
210 金蓮山站 금련산역
211 南川站 남천역
民樂公園 민락공원
素食與我 베지나랑
廣安海水世界 광안해수월드
民樂水邊公園 민락수변공원
農畜產超市 농축산마트
橘色海洋 오랜지바다
凌晨家 새벽집
玄家黃豆芽湯飯 현가네 콩나물해장국
民樂Town生魚片中心 민락타운 회센터
AQUA PALACE蒸氣房 아쿠아펠리스 찜질방
廣安海濱樂園 광안비치 랜드
星星床／廣安里飯店1 별침대 / 광안리 호텔 1
廣安里海水浴場 광안리해수욕장
廣安大橋 광안대교
BEANSBINS COFFEE 빈스빈스 커피
廣安海邊散步路 광안해변산책로
南川洞櫻花路 남천동벚꽃길
北

廣安里海邊一年四季都受到大家的關注喜愛，特別是春、夏、秋季的4～10月，在海邊展開露天電影會、音樂會等各式活動，其中最吸睛的，莫過於10月底的釜山國際煙火節，當色彩繽紛的華麗煙花被鑲繡在天空的同時，人們心裡的悸動也隨之綻放，每年都吸引眾多遊客前往觀賞，景觀視野好的飯店、餐廳和咖啡店，面海側通常都會提早被預約一空。地鐵廣安站和金蓮山站相距不遠，亦可由金蓮山站下車前往廣安里海邊。

融合大海與聲光的露天夜店

廣安里海水浴場

광안리해수욕장

MAP P.219/B2
3號出口
步行約10分鐘

DATA

http www.suyeong.go.kr/tour(多國語言) ◷海灘24小時，海水浴場每年7～8月。廣安大橋點燈時間，以日落後到24:00為主，夏季和週末會延長到凌晨01:00～03:00不等 $免費 ➲**1**.地鐵209廣安站3、5號出口往回走到路口轉彎，再直走約10～15分鐘可到海邊中段位置／**2**.地鐵210金蓮山站1、3號出口往回走到路口轉彎，再直走約6分鐘可到海邊

因夜晚而存在的廣安里，就像是個與天放鬆、同地搖滾的露天夜店，日落時分開始顯露浪漫本色，結合燈光、影像和音樂的演出，每晚都在海邊精采上映，廣安大橋上妝點繽紛的光影藝術，再搭配各式節奏的音樂，同時滿足視覺和聽覺的聲光饗宴，讓此處成為另類的露天「海・光美術館」。

廣安里海邊聚集了各式餐飲店，還有一旁的民樂生魚片中心，周邊以海鮮商家餐廳為主，結合廣安里的浪漫氣氛，形成和札嘎其魚市場相異的情趣，此外也有很多Pub夜店和咖啡店，多樣選擇可以滿足大家的喜好，深刻地體會廣安里特有的光之浪漫。

廣安大橋(광안대교)

廣安大橋總長7.4公里，是韓國最長的雙層跨海大橋，結合造型藝術和照明設施，將暗夜妝點得更為動人，尤其是每年10月的國際煙火節，更是吸引大家的目光。從海雲臺往西面方向是走上層，能看到較漂亮的風景，如果想乘車通過、更近距離接觸廣安大橋，可以搭乘釜山觀光巴士，或是於地鐵Centum City站周邊，搭計程車「經由廣安大橋」(광안대교 경유)往地鐵慶星大・釜慶大站附近，車費加過路費約需10,000₩。

|玩|家|筆|記|

廣安里的海邊散步路

廣安里海岸線範圍，約涵蓋地鐵民樂站～南川站之間的相對位置，若要前往中段的沙灘海岸，建議可從廣安站或金蓮山站前往，如果想散步運動，可從民樂水邊公園沿著海岸線，一直走到南川站附近的櫻花社區，約需1小時左右。

視野絕佳、空間寬敞

AQUA PALACE 蒸氣房

아쿠아펠리스 찜질방

MAP P.219／B2
5號出口
步行約12分鐘

DATA

http www.aquapalace.co.kr(韓、英) ✉부산시 수영구 광안해변로 225번지 ⏲24小時，每月第四、五個週二公休 $ 參考本頁價目表，游泳池費用另計 ➜ 地鐵209廣安站5號出口，往回走到路口轉彎，再直走約10分鐘到海邊前的路口右轉，再直走約1分鐘，位於AQUA PALACE飯店5樓 ⓘ **1.**「三溫暖＋蒸氣房」的入場費，單次可使用24小時／**2.**櫃檯移至1樓，先付款、拿衣服毛巾後，再搭電梯上樓

類別	三溫暖	三溫暖+蒸氣房
大人	12,000₩	30,000₩
小孩	9,000₩	20,000₩

位於正對廣安大橋的飯店內，擁有絕佳的位置和視野，室內空間寬敞，可以活動的範圍很大，面海側採用大片落地窗，無論是在浴室泡湯，或是在大廳吃東西，都能輕鬆享受海邊美景，白天夜晚都有吸引人的魅力，附設游泳池和滑水道，還有各種溫度功能的蒸氣房和休息空間，適合在這放鬆身心或過夜休息，每年舉辦釜山國際煙火節時，除了周邊的餐廳咖啡店，此處也是賞煙火的熱門地點。

面海好視野的自助咖啡

星星床

별침대

MAP P.219／B2
5號出口
步行約14分鐘

DATA

http www.hotel1.me(韓、英) ✉부산시 수영구 광안해변로 203(광안동) ☎(051)759-1011 ⏲早餐08:00～10:00，咖啡10:00～24:00 $ 早餐每人6,600₩、咖啡11,800₩，部分餐點另加價 ➜ 地鐵209廣安站5號出口，往回走到路口右轉，直走約10分鐘到海邊路口右轉，再直走約4分鐘(亦可由金蓮山站前往) ⓘ 全館皆為脫鞋後再入內使用。安全因素，婉拒13歲以下孩童進入

釜山廣安里的海邊浪漫，相信來過的人都感同身受，這裡有多家面海的景觀餐廳和咖啡店，其中開在飯店裡的「星星床」咖啡，跟隨建築整體的大理石白色系風格，更是加深夢幻的氣氛，1、2樓的座位都面向海邊，在吧檯區自助取用飲料點心，就能一邊看海、一邊放鬆休息，此外2樓還設有盥洗室，不是飯店房客，只在咖啡店消費就可使用(盥洗用品自備或另購)，搭乘紅眼航班的人可以來休息喔！

現做厚鬆餅的美味呈現

BEANSBINS COFFEE

빈스빈스 커피 광안리점

MAP P.219／A3
金蓮山站1號出口
步行約7分鐘

DATA

www.beansbins.com(韓、英) 부산시 수영구 광안해변로 155(광안2동) (051)752-1995 12:00～22:00，週五、六11:00開始，最後點餐打烊前30分鐘 鬆餅6,900～17,000₩，咖啡飲料4,100～6,000₩ 地鐵210金蓮山站1號出口，往回走到路口轉彎，直走約6分鐘到海邊路口，不用過馬路直接左轉，再直走約30公尺即到。從地鐵廣安站亦可前往

從首爾三清洞開始的「BEANSBINS」，雖然使用品質還不錯的咖啡豆，但是最被大家熟知且印象深刻的，應該是那十多種口味的鬆餅吧！現點現做、帶有核桃香的熱騰騰厚鬆餅，加上豐富的新鮮水果、鮮奶油和哈根達斯冰淇淋，各地分店數不是太多，就屬釜山廣安里海邊分店的視野景觀最讚，搭配上此處的日夜美景，靠窗面海的少少幾個座位，夏日尤其熱門，讓人捨不得離開呢！

1冬季限定的草莓鬆餅 2 4店面內外 3鬆餅上都是使用知名的哈根達斯冰淇淋

帶走廣安大橋的美好回憶

橘色海洋

오랜지바다

MAP P.219／B1
3號出口
步行約13分鐘

DATA

www.orangebada.com 부산시 수영구 광안해변로 245-1 (민락동) 0507-1324-5308 10:00～22:00，午休12:30～13:30 明信片4,000₩、郵票1,500₩、空白明信片3,000₩ 地鐵209廣安站3號出口，往回走到路口轉彎，再直走約10分鐘到海邊前的路口左轉，再直走約2分鐘 郵票可直接寄送往國外的明信片。現場提供彩繪明信片的工具

由在地水營區的地方企業成立，集結各種領域藝術創作者的禮品店。橘色有溫暖的含義，希望讓到訪釜山海洋、廣安大橋的旅客，以及創作者們都能留下美好溫馨的回憶。店內販售多樣釜山廣安里相關的紀

特色美食

健康營養又解酒的熱湯飯

玄家黃豆芽湯飯

현가네 콩나물해장국

MAP P.219／B1
3號出口
步行約12分鐘

DATA

부산시 수영구 광안해변로 243(민락동) (051)757-3389 06:00～19:00 黃豆芽解酒湯8,000₩、大骨解酒湯10,000₩ 地鐵209廣安站3號出口，往回走到路口轉彎，再直走約10分鐘到海邊前的路口左轉，再直走約1～2分鐘 可以1人用餐。湯飯裡原本已有米飯

廣安里海邊有很多餐廳和Pub，喝酒後宿醉的人也較多，因為韓國人覺得喝熱湯有解酒的功效，所以周邊開始聚集賣解酒湯或熱湯飯的店家，其中又以全州口味的黃豆芽湯飯最多。全州的黃豆芽湯飯，以滿滿的黃豆芽為主角，用海鮮高湯為底，最後再打上蛋，可以直接吃，或是加少許蝦醬、泡菜汁來調味，無論是否真的能解酒，健康營養是一定的，當正餐或宵夜都很適合喔！

Menu

玄家黃豆芽湯飯菜單

- □ 黃豆芽解酒湯／콩나물해장국
- □ 大骨解酒湯／뼈다귀해장국
- □ 白飯（追加）／공기밥

1店面外觀 2有著滿滿黃豆芽的清爽口味湯飯 3加點蝦醬(鹹)調味，更能帶出鮮味 4最後才打上的雞蛋

念品，光是手繪明信片就有數十種圖案可選擇，或是也能自己繪製創作，在櫃檯可購買以廣安大橋為圖案的郵票，店外有真的郵筒可直接寄送明信片。

1很有海洋風情的白色建築外觀 2雖然空間不大，但商品種類豐富 3 4有數十種圖案的廣安里相關明信片、別針、磁鐵等可挑選

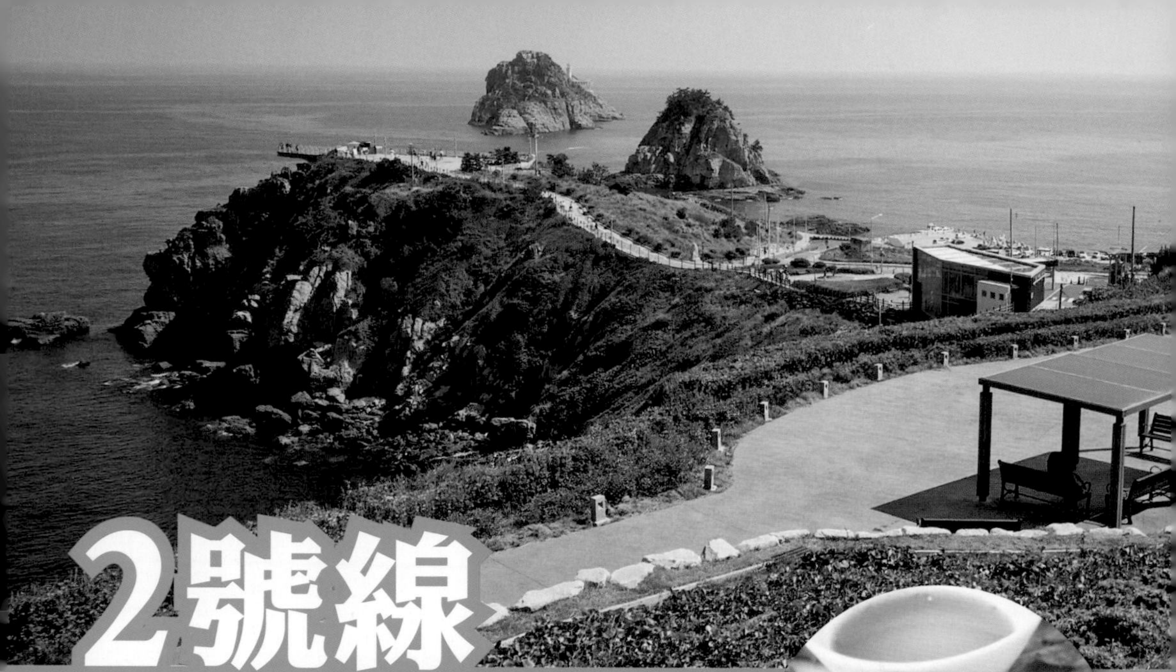

2號線

Line 2

了解釜山的由來和歷史發展

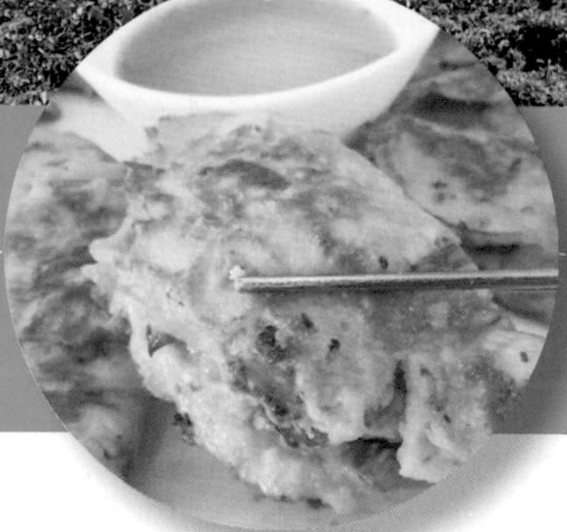

大淵站
대연역 (213)

門峴站 문현역 (216) — 支架谷站 지게골역 (215) — 池谷站 못골역 (214) — **大淵站 대연역 (213)** — 慶星大・釜慶大站 경성대・부경대역 (212) — 南川站 남천역 (211) — 金蓮山站 금련산역 (210)

←梁山站 양산역　　장산역 萇山站→

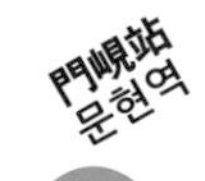

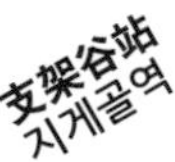

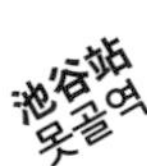

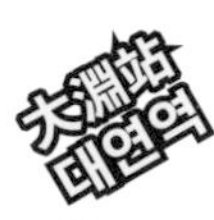

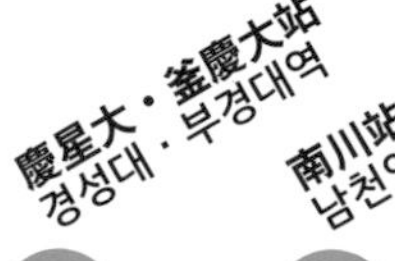

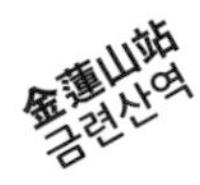

大淵站周邊街道圖

A B C D
1 2 3

212
慶星大・釜慶大站
경성대.부경대역

214
池谷站
못골역

6 4 2
5 3 1
213
大淵站
대연역

雙胞胎豬肉湯飯
쌍둥이 돼지국밥 (本店)

五六島炒章魚
오륙도 낙지볶음
(日本電視劇：「孤獨的美食家」拍攝地)

유엔평화로

雙胞胎豬肉湯飯
쌍둥이 돼지국밥 (直營店)

善良的章魚
착한낙지

釜山博物館
부산박물관

UN紀念公園
유엔기념공원

北

相較於其他觀光客會去的區域，本站不走熱門流行路線，而是以釜山的歷史文化為主。釜山博物館展出的多樣文物和傳統文化體驗，是最吸引外國觀光客的項目之一，透過多個分門別類的展館，可以更了解釜山的過去和現在的變遷發展，還能免費體驗試穿傳統韓服，以及體驗韓國傳統的茶道，附近還有紀念在韓戰中犧牲的外國軍士的公園，來到釜山不只是吃喝玩買，也可以很有文化深度，充滿文藝氣息喔！

體驗韓國傳統文化

釜山博物館

부산박물관

MAP P.225／C3
3號出口
步行約11分鐘

DATA

http museum.busan.go.kr(多國語言) ✉부산시 남구 유엔평화로 63(대연동) ☎(051)610-7111 ⏰博物館09:00～18:00，最後入場17:00。文化體驗10:00～17:00，部分項目(如：韓服)每天只有4個場次 休週一、元旦，若週一為法定假日，則順延至下個平常日 $免費(拓本體驗需工本費) ➜地鐵213大淵站3號出口，往回到路口左轉，直走約8分鐘，過馬路後可到博物館，文化體驗館位於面對本館正面樓梯的左邊B1 !?韓服當日早上開始現場預約，茶道建議提前預約

釜山博物館以釜山和周邊地區為範圍，收集、保存和研究相關的歷史文物，從史前時代開始，分門別類展示釜山的由來變遷，此外文化體驗館的部分，透過傳統服飾、茶道和拓本體驗，可以更近一步接觸韓國傳統文化，這裡韓服的品質不錯，雖然只能在室內拍照，且有限制人數，每個團體無論幾人前往，同時段名額固定(2人)不會增加，但因為免費體驗，依然受到外國遊客喜愛。

1釜山博物館正門 2茶道體驗 3韓服體驗 4體驗館內的傳統服裝展示

韓戰聯合國軍士的安息之地

UN紀念公園

유엔기념공원

MAP P.225／D3
3號出口
步行約16分鐘

DATA

http www.unmck.or.kr(韓、英) ✉부산시 남구 유엔평화로 93(대연4동) ☎(051)625-0625 ⏰5～9月09:00～18:00，10～4月09:00～17:00 $免費 ➜參考前述釜山博物館，從博物館依指示步行前往約5～10分鐘 !?在園區內參觀時請保持肅靜

韓戰時期，各場戰役一路從北到南，釜山曾是臨時政府所在地，以及戰役中的最後保衛地區，當時有多個國家參與這場戰事，為了安葬並紀念在韓戰中壯烈犧牲的各國軍士，1955年選定於釜山，建立紀念聯合國軍的墓園，在規畫良好、占地約13萬5千坪的碧綠墓園內，設置有紀念館、紀念碑悼念館和慰靈塔等，並於園區周邊種植如梅花、白木蘭等清雅的花卉，除了追念英勇的戰士們，也展示聯合軍的相關資料照片和紀念物，並且舉辦各種紀念活動。

知名老牌的濃郁好滋味

雙胞胎豬肉湯飯

쌍둥이 돼지국밥

MAP P.225／C2

3號出口 步行約3分鐘

DATA

부산시 남구 유엔평화로 13 번길 2(대연1동) (051)628-7020 09:00～22:00，最後點餐21:30 休春節、中秋節當天 $湯飯每份9,000～11,000₩，豬肉、內臟單切盤25,000₩起 地鐵213大淵站3號出口往回到路口左轉，再直走約2～3分鐘 可1人用餐。過本店再直走約3分鐘另有直營店，營業時間09:00～22:00

湯飯是韓國常見的料理，從海鮮、黃豆芽到各種肉類，都能是湯飯的主角，韓戰時到釜山避難的難民，用價格較便宜的豬肉來製作湯飯，大淵站附近的「雙胞胎」，是釜山知名的豬肉湯飯店，高湯和豬肉內臟等燉煮入味，可以單吃，或是用蝦醬、韭菜調味，湯飯裡有辣椒粉提味，但是不太會辣，如果想嘗試不同的湯料，在菜單之外，也可以點混合湯飯，或是想吃多一點豬肉，也可以選擇類似蒜泥白肉吃法的白肉定食，吃起來更是滿足。

Menu

雙胞胎豬肉湯飯菜單

- □ 豬肉湯飯／돼지국밥
- □ 內臟湯飯／내장국밥
- □ 血腸湯飯／순대국밥
- □ 混合（三種任選）／섞어
  - 豬肉＋內臟／돼지＋내장
  - 豬肉＋血腸／돼지＋순대
  - 內臟＋血腸／내장＋순대
- □ 白肉定食／수육백반
- □ 內臟白肉／내장수육
- □ 豬肉白肉／돼지수육

1店面外觀 2湯料可以單選或是混合 3可以用生菜包豬肉來吃 4白肉定食

1

2

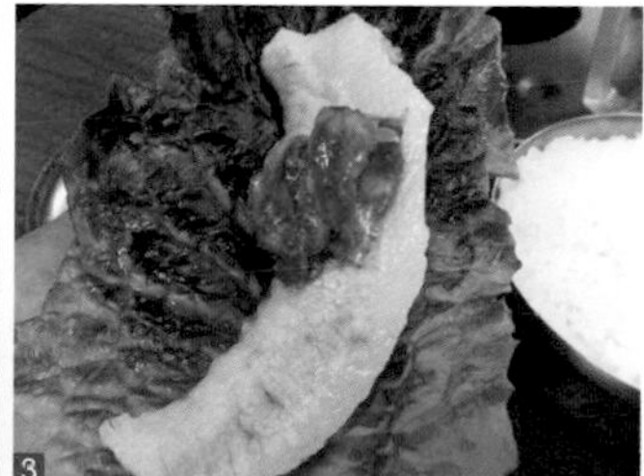

3

4

特色美食

香辣帶勁的章魚蓋飯

善良的章魚

착한낙지 남구직영점

MAP P.225/B3

5號出口
步行約9分鐘

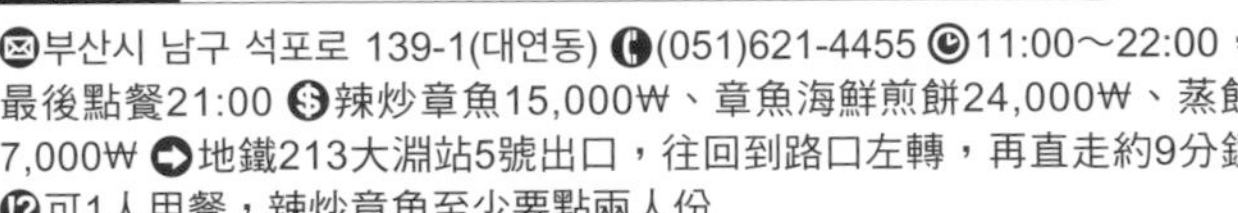

DATA

부산시 남구 석포로 139-1(대연동) (051)621-4455 11:00～22:00，最後點餐21:00 辣炒章魚15,000₩、章魚海鮮煎餅24,000₩、蒸餃7,000₩ 地鐵213大淵站5號出口，往回到路口左轉，再直走約9分鐘 可1人用餐，辣炒章魚至少要點兩人份

海鮮是許多人來到釜山必吃的美食，其中口感有嚼勁、富含多種營養成分的章魚，深受不少饕客喜歡。章魚的脂肪含量低，有豐富的牛磺酸和蛋白質，有助於恢復元氣、促進新陳代謝，朝鮮名醫──許浚，也在其著作《東醫寶鑑》裡提到食用章魚的功效，如果剛好又愛吃辣，那更是不能錯過「善良的章魚」的辣炒章魚蓋飯，使用整隻章魚腳入菜，要吃之前記得先剪成小塊，還有用料豐富的章魚海鮮煎餅，更是不能錯過唷！

Menu

善良的章魚菜單

- ☐ 辣炒章魚／낙지볶음
- ☐ 章魚海鮮煎餅／낙지해물파전
- ☐ 章魚鮮蝦炒飯／낙지새우볶음밥 (兒童餐)
- ☐ 蒸餃／통만두

1 2店面內外 3至少有中辣的辣炒章魚蓋飯 4章魚海鮮煎餅 5右邊的酸味冷湯可緩解辣味

二妓臺(이기대)

壬辰倭亂倭軍占領水營城(現釜山水營區)後，在舉辦慶功宴時，兩名妓生抱著倭軍將領投水身亡，當時安葬兩位妓生的地方被稱為「二妓臺」。這裡一直到1993年都是軍事管制區，經過長時間封閉，使得二妓臺沒有過多開發和被破壞，除了連接海邊岩石的吊橋和木階梯，這裡所擁有的就是天然美景和濃密樹林，走過木梯可以更接近大海，越過吊橋可以更親近天空，在大自然的擁抱中，最簡單的呼吸也可以感覺舒適和滿足。

二妓臺周邊街道圖

A B C D
1 2 3

慶星大‧釜慶大站
경성대.부경대역
212
1 2 3 4 5 6

廣安大橋
광안대교

용소로

釜慶大學 大淵校區
부경대학교 대연캠퍼스

鄉土家
鮮蚵湯飯
향토집 굴국밥

二妓臺海岸散步路入口(海岸線)
이기대 해안산책로 입구

용소로

분포로

二妓臺水邊公園
이기대 수변공원

UN紀念公園
유엔기념공원

二妓臺海岸
散步路入口
(登山路線)
이기대 해안산책로 입구

二妓臺聖堂
이기대성당

往二妓臺海岸
散步路入口

公車站一
往二妓臺海岸散步路下車

公車站一
往地鐵212慶星大‧釜慶大站上車

往 五六島Sky Walk
오륙도 스카이워크 방향

北

遊賞去處

漫步海鷗路的天然美景

二妓臺海岸散步路

이기대 해안산책로

MAP P.229／D2、D3
地鐵站出口
公車＋步行約40分鐘

DATA

(051)607-4062 中段部分屬歷史教育保存的管制區，禁止進入時間：夏季20:00～凌晨05:00，冬季18:00～凌晨05:00，其他區段24小時開放 免費 參考右頁二妓臺交通綜合說明 考量所需時間，日落前走完為佳

距離二妓臺入口步行約15分鐘～1小時的區段，可從不同角度欣賞廣安大橋周邊海景，中段區域的木造平臺為韓國電影《海雲臺》的拍攝地，此外還有推測為極龍的足跡化石，以及復原海女捕撈海產的保存現場。從二妓臺入口步行到五六島前的區段，全程約需3.5～4小時，雖然不算太難走，但部分區段高低差稍大、左右較窄，樹林密集區域較為泥濘，且途中多有上下坡和樓梯，沒有賣飲食的商店和少有廁所，若要前往請務必攜帶足夠飲用水，並且注意安全。

1 釜山規畫的各條散步路，統稱為「海鷗路」，沿路會有方向指標 2 靠近二妓臺入口的區段多設有步道和吊橋，較為便利好走

遊賞去處

全透明的海上天空步道

五六島Sky Walk

오륙도 스카이워크

MAP 封底裡、P.229／C3
地鐵站出口
公車＋步行約23分鐘

DATA

(051)607-6395 09:00～18:00，最後入場17:50 免費 參考右頁二妓臺交通綜合說明 天氣不佳時暫停開放。參觀時請配合穿上鞋套、勿飲食

五六島位於釜山南邊的海面上，此處是韓國東海、南海的分界，也是船隻進入釜山港的必經之地，隨著潮汐的情況，小島的數目看起來會有5或6個不同。在五六島對面的「五六島Sky Walk」，是個建造在30公尺懸崖上、全長15公尺的U形透明玻璃步道，如同「行走在天空」的名稱含義，從岸邊向大海的方向延伸，透過玻璃地板，可以看到海浪拍打著岩壁，如此寬闊氣勢的景色，在視覺上有著強烈的刺激感，也彷彿可以更貼近大海。

1 往天空步道入口處 2 走步道旁的木樓梯可到海岸邊 3 4 除了必要的鋼梁欄杆，採全透明設計的天空步道 (圖4提供／土豪哥)

飽滿鮮蚵之美顏聖品

鄉土家鮮蚵湯飯

향토집 굴국밥 대연본점

MAP P.229/A2
慶星大・釜慶大站
5號出口，步行約10分鐘

DATA

✉부산시 남구 용소로64번길 3(대연동) ☎(051)627-9985 ⏲09:30～21:30 $湯飯類11,000～14,000₩，其他餐點10,000～53,000₩ ➜地鐵212慶星大・釜慶大站5號出口，往回順路右轉，再直走約10分鐘 ⁉可1人用餐

朝鮮時代的名醫——許浚，在其著作《東醫寶鑑》裡提到，吃「蚵」對美麗有益處，可以活化肌膚狀態，使人恢復漂亮的氣色，在釜山這個大海的城市裡，自然少不了如此的海鮮美味，從湯飯、炸物到人氣蔥煎餅，常常都可以看到鮮嫩肥美的「蚵」料理。「鄉土家」是釜山地區的鮮蚵湯飯專賣店，飽滿的鮮蚵讓人看了就會有好心情，搭配上喝起來清甜的海鮮湯頭，吃起來更是有滿滿的好滋味。

Menu

鄉土家鮮蚵湯飯菜單

- ☐ 鮮蚵湯飯／굴국밥
- ☐ 泡菜鮮蚵湯飯／김치굴국밥
- ☐ 很辣味鮮蚵湯飯／매운땡초굴국밥
- ☐ 海藻鮮蚵湯飯／매생이굴국밥
- ☐ 原味鮮蚵煎餅／순한맛굴전
- ☐ 辣味鮮蚵煎餅／매운맛굴전
- ☐ 炸鮮蚵／굴튀김
- ☐ 生鮮蚵／생굴회

|玩|家|筆|記|

二妓臺交通綜合說明

二妓臺和五六島Sky Walk，最近的地鐵站為「212慶星大・釜慶大」。

二妓臺海岸散步路

■**去程：**地鐵212慶星大・釜慶大站5號出口，往回順路右轉走約2分鐘的公車站牌，搭20、22、24、27、39或131號公車，約6分鐘在「이기대입구」(二妓臺入口)站下車，往回走到路口，過馬路到對面，往巷子裡直走約15分鐘，上斜坡後在公園附近左轉，再直走上斜坡約20分鐘，可連接二妓臺海岸散步路。

■**回程：**散步路尾端為住宅社區，在大樓前站牌搭27或131號公車，約18分鐘回到地鐵站，27號公車另可前往釜山火車站。

五六島Sky Walk

■**去程：**地鐵212慶星大・釜慶大站5號出口，往回順路右轉走約2分鐘的公車站牌，搭27、131號公車，約18分鐘在底站「오륙도SK뷰후문」(五六島SK社區後門)下車，直走到路口後右轉，往海邊斜坡走即可看到天空步道入口。

■**回程：**在去程下車處對面，搭27、131號公車，約18分鐘可回到地鐵站，27號公車另可前往釜山火車站 。

圖片提供／Joey Yao

圖片提供／Joey Yao

東海線：搭乘最方便的近郊電鐵，來趟精采的釜山之旅吧！

東海線

Line Donghae

遠離人潮的清新度假海灣

松亭站

송정역 (K121 / Songjeong)

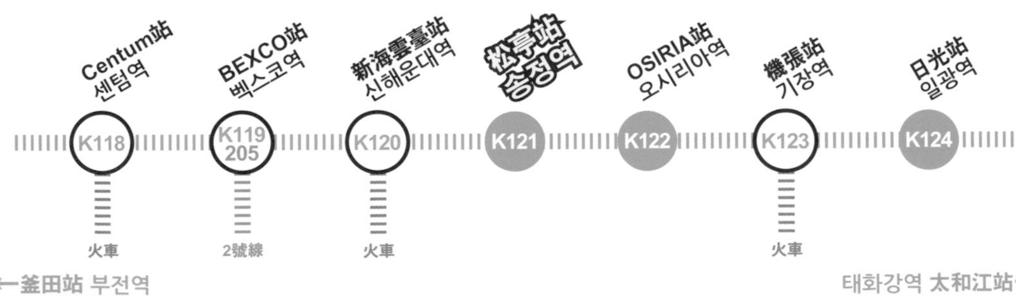

韓國各地有多個地方的名稱為「松亭」，相傳是在壬辰倭亂的時候，倭軍間傳言不能攻打朝鮮有「松」字❶地名的地區，否則會對戰事不利，知道有這個傳聞後，朝鮮各地紛紛把地名改叫松亭，用以避免被倭軍攻擊。如今釜山的松亭地區，雖然距離海雲臺不遠，在電鐵開通、交通更便利的情況下，也還是個相對來說人潮不太多的地方，擁有釜山的海洋氣息，但卻沒有吵雜喧鬧，很適合來趟清靜放鬆之旅。

❶ 在韓國，松樹象徵愛國心，因此推測當時倭軍擔心攻打有松字的地方，會激起強烈反抗，故避開這些區域。

遊賞去處

小清新的島國風情

松亭海水浴場

송정해수욕장

MAP P.235/A4

1號出口 步行約15分鐘

DATA

부산시 해운대구 송정동 712-2 (051)749- 5800 沙灘24小時，海水浴場每年7、8月開放 免費 參考右頁松亭交通綜合說明

韓國東部最南邊的海水浴場，水深較淺、浪濤平靜，是擁有清澈海水相伴的白沙灘，雖然海岸邊咖啡店林立，但整體來說是有著寧靜、放鬆且帶有島國風情的地方，有著與海雲臺截然不同的感覺。雖然交通稍有不便，但若想體驗海景旅館民宿，此處較為實惠的價格也是吸引人的重點，暑假旺季記得提早預訂，這清新的氣氛也是有不少的支持者呢！

|玩|家|筆|記|

舊松亭站

在松亭海水浴場旁的舊松亭站，是建造於1934年的火車站，之後配合東海南部線的截彎取直工程，松亭站搬遷到新址，成為東海線電鐵的車站。舊站目前保留登錄為文化財的站體建築和廢棄鐵軌，並增添裝置藝術作品，鐵軌沿線以散步路開放參觀，可步行來往於松亭、青沙浦、尾浦之間，成為釜山的新興休閒空間。

1因為水深較淺，也是適合親子同遊的沙灘 2此處適合學習衝浪，夏天都會有可現場報名上課的教學 3每年7、8月沙灘上會有戲水設備可租用 4松亭海邊高樓不多，保有較清新純樸的風格

1

2

3

4

風味海鮮石鍋飯

多鍋美食店

다솥맛집 송정직영점

MAP P.235／A4
1號出口
步行約17分鐘

DATA

⊠부산시 해운대구 송정광어골로 29(송정동)6층 ☎(051)702-3130 ⊙11:00～21:00，最後點餐20:00 $石鍋飯17,000～21,000₩，同餐點貴的價錢為加料升級 ➲參考本頁松亭交通綜合說明 ⓘ用餐尖峰點餐後，有可能需要等約20～30分鐘

拌飯是韓國的知名美食，將各種蔬菜和肉類均勻攪拌後享用，滿滿的韓式風味由此而生，但是來到釜山，我們來點不一樣的吧！「多鍋美食店」的石鍋拌飯，以鮑魚、章魚、鮮蝦等海洋元素為主角，搭配上口味清新的小菜，直接把松亭這裡的氣氛搬上餐桌，再加上可一邊享用美食，一邊透過落地窗欣賞美麗海景，味覺固然重要，但若能同時兼顧視覺，那享受可就很不一般囉！

Menu

多鍋美食店菜單

- □ 鮑魚松茸飯／전복송이밥
- □ 鮑魚鮮蝦章魚飯／전복새우문어밥
- □ 鮑魚營養飯／전복영양밥

1面海落地窗邊的座位很搶手 2 3以海鮮為主角的石鍋拌飯，盛出後倒入熱茶悶一下，就是清爽的鍋巴湯 4口味清新的配餐小菜

| 玩 | 家 | 筆 | 記 |

松亭交通綜合說明

搭電鐵東海線來往

電鐵東海線K121松亭站1號出口，右轉直走約7分鐘到「松亭三岔路口」，左轉過馬路直走約8分鐘到「海水浴場入口交叉路」小圓環，右轉即到海邊。

搭公車來往 (急行1001公車亦可，但公車站在外圍大馬路上)

■地鐵海雲臺站7號出口站牌，搭100、181、海雲臺09(해운대09)號公車，約20分鐘在松亭海水浴場站下車，往前直走約3～5分鐘的路口，右轉即到海邊。

■在去程下車的站牌，搭100、181、海雲臺09(해운대09)號公車，可往海東龍宮寺方向，車程約10分鐘。

■在去程下車對面的站牌，搭100、181、海雲臺09(해운대09)號公車，可往海雲臺的方向，車程約20分鐘。

往舊松亭火車站 (海雲臺藍線公園松亭站)

從「松亭三岔路口」左轉，過馬路直走約2分鐘的巷口右轉，再直走約5分鐘可到。

往多鍋美食店

■從「松亭三岔路口」往電鐵站對面反方向步行約10分鐘可到。

■從「海水浴場入口交叉路」沿海灘步行約12分鐘，穿過舊鐵軌後左轉走一下可到。

東海線

Line Donghae

熱門遊樂園和海景斜坡滑車

OSIRIA站

＊本站地圖和 K121 松亭站合併，請看 P.235。

오시리아역 (K122 / 奧西利亞)

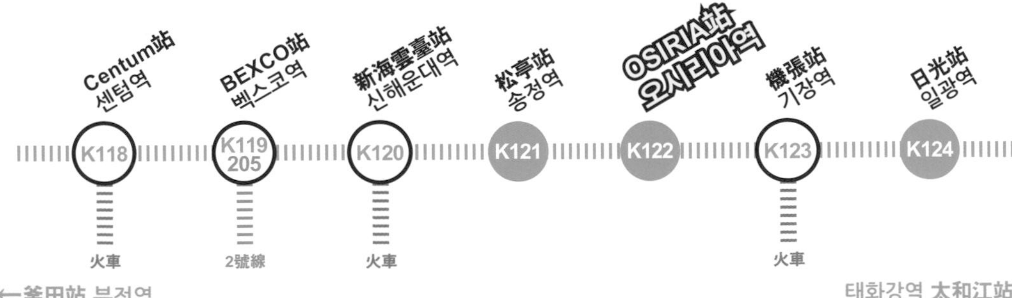

本站位於釜山的東北部，是東釜山觀光園區建設規畫的一部分。自古以來釜山機張地區的五郎臺(오랑대)、侍郎臺(시랑대)一帶風景優美，建造於海邊岩石上的海東龍宮寺，其景色更是一絕，因此結合地名和韓文中強調語氣的用法，形成這個感覺上帶有西方風味的站名。除了海岸美景，以地中海風格打造的樂天OUTLETS暢貨中心，也是來到釜山逛街血拼的新好選擇。

遊賞去處

海邊岩石上的美景寺廟

海東龍宮寺
해동용궁사

MAP P.235/D3

出電鐵站，轉搭計程車約12分鐘

DATA

www.yongkungsa.or.kr(多國語言) 부산시 기장군 기장읍 용궁길86 (051)722-7744 04:30～20:30 免費 參考P.243的OSIRIA站交通綜合說明

韓國的寺廟大多隱身山林之間，因此坐落於海岸岩石之上的海東龍宮寺，就顯現其特殊之處，翻湧的大海近在眼前，海浪波濤不斷拍打著岩石，雖然不是規律的節奏，但心靈上卻令人平靜。由高麗時期的懶翁大師創建，最初稱為普門寺，經過壬辰倭亂時損毀後又重建，後來到晸庵大師任主持時，於夢境裡看到白衣觀音在五色光環的簇擁之下乘龍升天的景象，所以將寺名改為海東龍宮寺。

從入口前的12生肖石像、得男佛到寺內的黃金豬，代表人生旅程充滿希望，歡喜的彌勒佛和原石雕刻的觀音像迎接著眾生的來到，前往祈福的信徒絡繹不絕，再搭配上遼闊海景，令人發出驚豔的讚歎聲，一旁的日出岩上，是信徒們喜歡來迎接元旦日出並且許願的地方，相傳於新年踏過寺前入口的108階梯，就可以邁向充滿希望和未來的康莊大道。

1 寺廟旁的祭龍壇，是許多信徒喜歡來膜拜的地方
2 建造於岩石之上，是海東龍宮寺的一大特點

韓國最大主題樂園

釜山樂天世界冒險樂園

롯데월드 어드벤처 부산

MAP P.235/C2
1號出口
步行約15分鐘

DATA

http adventurebusan.lotteworld.com ✉부산시 기장군 기장읍 동부산관광로 42 ☎1661-2000 ◷10:00～21:00 $現場購票大人62,000₩、午後4點入場50,000₩，青少年、小孩另有優惠價 ➲K122電鐵東海線OSIRIA站1號出口，走左前方天橋到對面，直走穿過停車場左轉，往遊樂園正門入場 ℗營業時間會依季節調整，戶外公演以午後到傍晚為主，建議出發前再做確認

位於東釜山觀光園區、2022年才熱烈開幕的「釜山樂天世界冒險樂園」，以搭救女主角Lorry的「童話王國」為主題，展開冒險闖關的各種遊戲。目前有六大區域、24樣遊樂設施，以及精靈跳舞花車等多樣遊行演出，總面積約15.8萬平方公尺，並且還計畫會陸續增加園區面積和設施，比首爾樂天世界大約3～4倍，整體內容更加豐富，建議先在官網看園區地圖，直接鎖定最想玩的遊樂設施。

其中最熱門、堪稱必玩的，是全球僅有8座的Giant Digger高空雲霄飛車，還有會讓你「濕身」尖叫的U形軌道水上飛車，記得玩之前在園區的商店裡買件輕便雨衣，加減護身。除了會讓人腎上腺素暴增的刺激遊樂設施，也有親子老少閒宜的碰碰車、旋轉木馬和遊園小火車等，還有多個可愛有趣好拍的打卡熱點。如果預計要玩一整天，園區裡也有豐富多樣的餐廳和點心小吃，價格比一般市面售價稍高一些，但還在可接受的範圍內。

1

2

3

4

1往樂天世界的正門方向(樓梯下有電梯) 2服務中心有園區外文地圖，入園後記得先來索取 3U形軌道水上雲霄飛車 4園區內也有親子老少閒宜、較為溫和的遊樂設施 5必玩遊樂設施之一的360度巨型鞦韆 6全球僅有8座的Giant Diger雲霄飛車

5

6

有海景襯托的斜坡滑車

Skyline Luge Busan

스카이라인 루지 부산

MAP P.235/C2
出電鐵站，轉搭計程車約6分鐘

DATA

www.skylineluge.kr/busan 부산시 기장군 기장읍 시랑리 산 60-1 (051)722-6002 10:00～19:00，週末假日到20:00，午休13:00～14:00 現場購買2回券27,000₩起，有2～5回券和年度券。列印照片10,000₩起，列印2張+無限量mail檔案25,000₩ 參考P.243的OSIRIA站交通綜合說明，位在海東龍宮寺石碑路口的斜對面 付費保管箱有中文介面，但只能刷卡使用。拍照攝影機第一個是在纜車登頂前，另一個是在車道中間

「Luge」原是指冬季運動裡的無舵雪橇，而後「Skyline Luge」被應用做為無雪之時，靠著斜坡和過彎加速的無動力遊樂設施，中文通常翻譯為天際線斜坡滑車，可使用車上操控桿自己控制前進、轉彎、車速，要刺激或慢速可隨意，但請務必注意安全。

東釜山觀光園區裡的Skyline Luge，距離釜山市區不遠、有海景襯托。搭乘纜車到頂點時，第一次玩要排右邊，出發前會有工作人員講解如何操作滑車，簡單易學、不用太擔心，會在遊客手背上蓋印章，第二次之後排左邊，上車後可直接出發。場地路線出發時分左右兩邊，坡道中間處另有岔路變成4車道，官網上有地圖可事先查看，或是現場隨意選擇。周邊另有熱門的樂天世界遊樂園，建議避開週末假日前往，以減少排隊等候的時間，或是因人數過多提早停止售票。

1先選戴一個尺寸合適的安全帽 2別把門票鎖在置物櫃裡，要記得隨身攜帶 3纜車可以每組人分別搭乘 4第一次要玩之前，會有基本教學(英文可) 5小孩可與大人共乘一車

| 玩 | 家 | 筆 | 記 |

搭乘注意事項重點整理

- ■懷孕、身高低於85公分以下者不能搭乘。
- ■身高85～110公分的兒童，須和19歲以上的成人一起搭乘。
- ■身高超過110公分者，亦有可能依工作人員判斷，無法獨自搭乘。
- ■全程要雙手緊握操控桿，往後拉是煞車，但請勿緊急煞車，並隨時留意周邊車況。

1

2

3

4

5

擁抱海灣美景的度假休養地

ANANTI COVE、希爾頓飯店

아난티코브、힐튼호텔

MAP P.235／D2
出電鐵站，轉搭計程車約8分鐘

DATA

http ananti.kr/ko/cove ✉希爾頓飯店：부산시 기장군.읍 기장해안로 268-32 ☎(051)509-1111 ⏲海岸散步路24小時開放 $免費 ➡參考右頁的OSIRIA站交通綜合說明，面對希爾頓飯店主建築，從右邊往下走，可到奧西利亞海岸散步路，以及書店、餐廳區的面海側 ⁉深夜不建議前往

位於機張海邊東釜山觀光園區、包含希爾頓飯店的「ANANTI COVE」度假村，一旁就是奧西利亞海岸散步路，這裡擁有絕佳的海岸美景，面海側的「Ananti Town」，有十多個知名設計生活類品牌：書店、咖啡店、家飾用品和名廚餐廳等進駐，商店街另有便利商店，無需高額預算入住飯店，就能享受微度假的舒適。

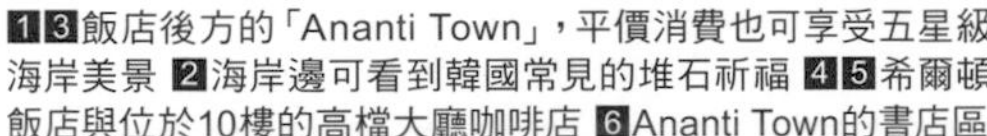

1 3 飯店後方的「Ananti Town」，平價消費也可享受五星級海岸美景 2 海岸邊可看到韓國常見的堆石祈福 4 5 希爾頓飯店與位於10樓的高檔大廳咖啡店 6 Ananti Town的書店區

血拼休閒合而爲一

樂天MALL、OUTLETS東釜山店

롯데몰、아울렛 동부산점

MAP P.235／C2
1號出口步行約10分鐘

DATA

http store.lotteshopping.com(多國語言) ✉부산시 기장군.읍 기장해안로 147 ☎(051)901-2500 ⏲週一～四10:30～20:30、週五～日10:30～21:00 ➡參考右頁的OSIRIA站交通綜合說明

韓國樂天集團在東釜山觀光園區打造的複合式商城，有暢貨中心、樂天超市、美食街、電影院等，多數品牌除了折扣下殺之外，滿3萬韓幣還能再退稅，除了購物選擇豐富，1樓還有小火車和旋轉木馬等遊樂器材，3樓打造成戶外空中花園，燈塔頂層可眺望周邊海景，還能寄送未來明信片(郵票自備)，是個結合購物與休閒的好去處。

| 玩 | 家 | 筆 | 記 |

OSIRIA站交通綜合說明

電鐵東海線OSIRIA站不靠大馬路，也較少計程車排班，若有需求，亦可參考P.33使用手機APP叫計程車。海東龍宮寺→樂天MALL因距離不遠，建議可步行約20分鐘前往。

樂天世界

■**搭電鐵：**電鐵東海線OSIRIA站，與樂天世界僅距離約708公尺，步行約10～15分鐘。

■**轉往Skyline Luge：**兩者分屬不同園區，從樂天世界建議搭計程車前往，車程約6分鐘(約1.6公里)、車費約4,800₩。

Skyline Luge

■**電鐵轉公車：**走出電鐵東海線OSIRIA站，左前方穿過停車場大馬路邊的公車站牌，搭139、急行1001號公車，車程約8分鐘，在Skyline Luge園區對面的公車站下車。

■**電鐵轉計程車：**電鐵東海線OSIRIA站前搭計程車，車程約7分鐘、車費約4,800₩。

■**搭公車：**參考右段的海東龍宮寺，Skyline Luge與海東龍宮寺同一公車站，就位在要上斜坡前的十字路口斜對面。

樂天MALL

■**搭電鐵：**在電鐵東海線OSIRIA站下車，與樂天MALL相距約600公尺，步行約10分鐘。

■**搭公車：**參考右段的海東龍宮寺，從海雲臺方向前往時，在龍宮寺前一站下車。

ANANTI COVE、希爾頓飯店

■**搭電鐵轉計程車：**從電鐵東海線OSIRIA站轉乘，車程約8分鐘、車費約5,300₩。

海東龍宮寺

從有海東龍宮寺石碑的路口斜坡走上去，經過停車場、餐廳和攤販，約15分鐘過12生肖石雕後，可看到龍宮寺入口。

■**搭電鐵轉計程車：**從電鐵東海線OSIRIA站轉計程車，7分鐘，車費約4,800₩，直達龍宮寺外的停車場，省下步行走斜坡的體力。

■**搭公車：1**.地鐵203海雲臺站7號出口旁的公車專用道，搭急行1001、100、181、海雲臺09(해운대09)號區域公車，約25分鐘在龍宮寺站下車，從石碑旁邊斜坡走上去往龍宮寺。/**2**.回程時，在去程下車處斜對面搭100、181號、海雲臺09(해운대09)號公車，約25分鐘回到地鐵203海雲臺站。/**3**.在去程下車的站牌(龍宮寺側)，可搭181號公車往機張市場(P.246)方向。

搭計程車串接

■龍宮寺⟷海雲臺：車程約20分鐘、車費約12,000₩。

■龍宮寺⟷機張市場：車程約16分鐘、車費約9,000₩。

東海線

Line Donghae

帝王蟹肥美好滋味

機張站

기장역 (K123 / Gijang)

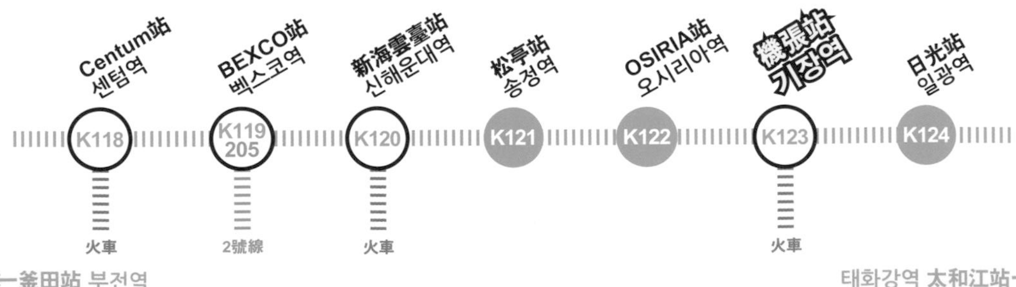

機張站周邊街道圖

K124
日光站
일광역
機張市場公車站
(181、1003號公車上車處)
(往龍宮寺、海雲臺、釜山市區)
機張市場公車站
(181、1003號公車下車處)
新鮮大蟹
싱싱대게
차성로
機張市場
기장시장
K123
機張站
기장역
大創
다이소
機張市場公車站
(往竹城聖堂)
기장대로
차성로 288 번길
機張長老教會
기장장로교회
往竹城聖堂
죽성성당 방향
往龍宮寺、海雲臺
용궁사、해운대 방향
K122
OSIRIA站
오시리아역
北

機張郡是釜山東北邊的行政區，位於韓國東海岸，與蔚山、梁山市相接，其餘和大海為鄰，是釜山知名的漁港所在地，各類海鮮中以帝王蟹、大蟹、鰻魚、鯷魚和刀魚等最有名，因為是產地和主要進口港，所以海產價格會比札嘎其等市區的海鮮市場更便宜，或是開桌小菜更為豐富。雖然距離主要市中心鬧區稍遠，但實惠新鮮的好口味不容錯過，此外，韓國的東海岸風景優美、景色宜人，可以避開熱門景點的嘈雜，感受另類的釜山風情。

遊賞去處

人氣戲劇拍攝場景

竹城聖堂
죽성성당

MAP P.245／D3

出電鐵站，轉搭公車約10分鐘

DATA

24小時 免費 參考P.249機張站(含周邊)交通綜合說明 斜對面有咖啡店、行動咖啡車，其餘為提供海鮮料理的小店

「竹城聖堂」的建築，位於釜山機張竹城里的韓國東海岸邊，原來只是為了戲劇而搭建的臨時場景，拍攝完畢後保留下來，經過韓國當地和國外的電視節目、連續劇曝光，加上周邊有著簡單清新風格的海景，吸引忙碌的都市人前來放鬆散步，因而成為熱門的休閒外拍景點，也吸引將要結婚的新人們到此拍攝婚紗照，無論是買杯咖啡坐在海邊，或是就單純走走看看，都是相當美好的簡單享受。

1

2

1 2 雖然不是真正的教堂，但依然吸引遊客前來拍照
3 機張海岸邊的清新海景

3

特色美食

螃蟹專門海鮮市場

機張市場
기장시장

MAP P.245／B2

1號出口步行約5分鐘

DATA

부산시 기장군 읍내로 104번길 16 (051)721-3963 各店家不同，約06:00～22:00，市場以白天為主，海鮮餐廳到晚餐之後 休 市場每月最後週二公休，海鮮餐廳通常都營業 參考P.249機張站(含周邊)交通綜合說明 購買海產建議先詢價比價

從古早雜亂的臨時攤販，到現在整齊的常設市場，機張市場以各類螃蟹為主要商品，還有海帶、鯷魚、鰻魚和刀魚等豐富海鮮，因為是帝王蟹、大蟹等的主要捕撈和進口港，相較於市區裡

1

2

3

店名就直接叫新鮮

新鮮大蟹
싱싱대게

P.245/B2
1號出口 步行約7分鐘

DATA

부산시 기장군 기장읍 차성동로 73번길 10 (051)724-4420 09:00～24:00，最後點餐23:00 海鮮時價，每人低消螃蟹1公斤，另每人加4,000₩人頭費。蟹膏炒飯3,000₩，蟹腿煮泡麵5,000₩/ 每份(基本兩份起) 參考P.249機張站(含周邊)交通綜合說明

機張市場裡的餐廳，多為提供清蒸螃蟹、龍蝦為主的專賣店(少有綜合海鮮)。為了保持新鮮度與活動力，使用低水溫的保存設備，建議實際用手去輕壓螃蟹和龍蝦，感覺一下是否飽滿。確定價格和重量後，不用過多處理就直接清蒸，店家會將螃蟹和龍蝦剪好後才端上桌，方便客人輕鬆食用，新鮮的蟹肉、蝦肉，彈性佳、不容易斷裂，蟹膏可另外加點做成炒飯，或是來碗加料蟹腿煮泡麵，就是要吃得豪邁、吃得爽！

新鮮大蟹菜單

- ☐ 帝王蟹／킹크랩
- ☐ 大蟹／대게
- ☐ 毛蟹／털게
- ☐ 龍蝦／랍스타
- ☐ 1人基本醬料／1인기본양념
- ☐ 炒飯／볶음밥
- ☐ 米飯／공기밥
- ☐ 泡麵／라면

1 3 這些都只是開桌小菜 2 推薦必加點蟹糕炒飯 4 螃蟹會剪好才上桌，方便客人食用

的市場，價格更為親民，例如：帝王蟹的價格，比札嘎其市場便宜約4～6成左右，或是開桌入座小菜更豐富，當地人和外地批發商都喜歡來購買，這裡的餐廳以販售清蒸螃蟹料理為主，或是市場裡也有攤販小吃和各種農產水果，海洋都市特有的新鮮活力，都在這裡真實呈現。

1 機張市場入口 2 挑選螃蟹時，建議親自按壓螃蟹身體，確認蟹肉是否飽滿 3 此處的餐廳，以提供清蒸螃蟹為主 4 蟹膏炒飯 5 市場裡也有販售醃漬小菜的攤販 6 7 清蒸螃蟹吃得到原味

榮獲世界級獎項的特色建築

Waveon Coffee

웨이브온 커피

MAP 封底裡
電鐵日光站轉搭計程車約5分鐘

DATA

www.waveoncoffee.com(韓) 부산시 기장군 장안읍 해맞이로 286 (051)727-1660 10:00～24:00，最後點餐23:00 各飲料點心6,000～8,500₩ 參考P.249機張站(含周邊)交通綜合說明

Waveon Coffee有著與海浪一起放鬆的含義，位於釜山林浪海水浴場旁的建築，由韓國知名建築師「곽희수」(譯：郭熙洙)所設計，該建築師近年另一個有名的作品，是替知名演員張東健、高素榮夫婦設計位於京畿道加平郡的私宅，兩棟建築都獲得世界建築獎的殊榮。外觀以「清水模」的現代主義建築設計，並運用大片落地窗，讓室內與海景可以無縫接軌，即使遠離釜山市區，但開幕後還是持續吸引大批人潮前來朝聖。

1咖啡甜點搭配海景最是享受 2獲得世界建築獎的現代主義風設計 3 4 5店內的靠海邊座位，常是座無虛席

| 玩 | 家 | 筆 | 記 |

機張站(含周邊)交通綜合說明

從西面、南浦前往機張市場周邊，路途較遠、有時會塞車，建議到「釜田站」換搭電鐵或火車前往。從海雲臺周邊前往時，可搭乘公車，或是先到電鐵、火車共用的「新海雲臺」站，再轉乘前往。

機張市場、新鮮大蟹

■**搭電鐵：**從電鐵K123的機張站1號出口出車站，直走一下到路口右轉，直走約3分鐘過馬路後右轉，再直走約2分鐘、中間經過機張市場公車站牌的巷口左轉，此處的周邊即為「機張市場」，再直走約1～2分鐘的右側巷口可到「新鮮大蟹」。

■**搭公車：**地鐵203海雲臺站7號出口站牌搭181號公車，約50分鐘在機張市場站下車，面對建築往右邊巷口走進去，約2分鐘的路口即到。(急行1003號公車亦可)

■**搭電鐵轉公車：**機張市場外公車站，搭機張06(기장06)號小公車(循環路線)，約8～10分鐘在豆湖(두호)站下車，從後面小巷往海邊步行約6分鐘可到，回程在下車同站位置搭乘同號公車，約20分鐘回到機張市場(對面)。此公車06:10～21:30約每20～60分鐘一班。

竹城聖堂

■**搭電鐵轉計程車：**從機張市場周邊搭計程車前往，車程約8～10分鐘、車費約6,300₩，回程竹城聖堂周邊較不易攔車，建議可請當地商家韓國人幫忙電話叫車，或參考P.33使用手機APP叫車。

Waveon Coffee

距離最近的為電鐵K124日光站。

■**搭計程車：**出站後轉搭計程車，車程約5分鐘、車費約4,800₩，可參考P.33使用手機APP叫車。

■**步行前往：**出站後右轉，往海邊方向走，步行約15分鐘(約951公尺)可到。

釜山旅館住宿

釜山的住宿選擇很多樣化，從飯店、旅館到民宿，可以符合各種不同需求，建議依照主要活動地區和預算、來往交通等來選擇，例如：喜歡逛街住在地鐵南浦站周邊最方便，想多看海景的人就住海雲臺或廣安里。此外，釜山的住宿價格會有平假日或淡旺季之分，通常7～8月、國際電影節、國際煙火節和聖誕節到跨年等是旺季價格，安排行程和預訂前建議先評估比較。

| 玩 | 家 | 筆 | 記 |

釜山住宿疫情後的變化

■平日和週末、特殊節假日，價差有比較大的趨勢。部分飯店旅館因人力精簡，櫃檯沒有24小時營運，或整體打掃可能無法達到以往的程度。原本有早餐的住宿，可能改為不提供、需另加價，或是內容與以前不同。若有很在意的部分，建議訂房之前要事先詢問。

■金海機場的西面／釜山站路線利木津機場巴士，自疫情後暫停營運，至本書送印前尚無恢復，需以計程車或地鐵＋電鐵來往，若攜帶大型行李，不建議搭乘一般市區公車。

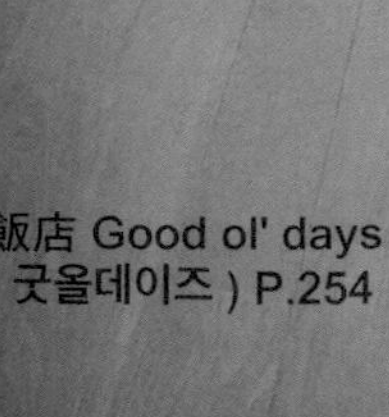

飯店 Good ol' days (굿올데이즈) P.254

釜山住宿現況

住宿費用、服務時間

飯店旅館以每晚、每間2人為主，民宿多人房為單人、每晚，服務費和稅金多為內含，部分店家刷卡付費需加訂手續費；櫃檯服務時間，飯店旅館24小時，民宿多在08:00～22:00之間。

無線網路、桌上電腦

釜山大部分的飯店、旅館、民宿，都會提供免費的無線網路，部分旅館房間會有桌上電腦，民宿則是通常在公共區域會有公共電腦可使用。

打掃清潔、室內拖鞋

為響應環保政策，若客人續住數日，多數飯店不會主動每天換床單枕套，而旅館民宿部分非每日打掃，各等級住宿以提供多次利用的室內拖鞋為主。

使用洗衣、乾衣機

部分飯店和商務旅館有洗衣、乾衣的服務，費用請洽詢櫃檯，一般旅館則是大多沒有，而民宿通常會有洗衣、乾衣機，部分不收費，其餘每次約3,000～6,000₩。

浴室樣式、沐浴用品

部分旅館衛浴是半透明隔間，或部分民宿為類似游泳池的淋浴浴室，雖然男女分開，但有可能會和其他房客在浴室裡相遇；大多不提供單包沐浴用品，而是以整罐的樣式為主。

早餐樣式、公用廚房

星級和商務飯店大多可另外加購早餐，類飯店的旅館以下則不一定有提供早餐；平價民宿多數提供吐司、果醬、穀片、果汁、牛奶等西式簡易早餐，並且通常有廚房可使用。

韓國各級住宿，目前以提供可多次使用的拖鞋為主

韓國民宿旅館的沐浴用品，通常是整罐整條的大包裝為主

民宿的簡易早餐，通常有吐司、果醬和果汁

在韓國找住宿

若有特殊情況要到了韓國再找住宿，除了可參考訂房網站的資訊，火車站、巴士站周邊多是旅館的聚集區，除非是有特殊活動，不然一般來說，通常都能找到住宿的地方。

哪裡有旅館？

韓國有些旅館的外觀，不一定會有英文，建議可對照招牌上的關鍵字來辨識；此外，部分旅館會以「HOTEL」為名，設備有可能較佳，但多半是飯店式經營的旅館。

MOTEL

호텔
HOTEL

好用訂房網站

訂房網站不定時會有優惠活動，有機會訂到比定價還便宜的房間。確認預訂前，除了住宿點本身的條件情況，也請留意更改行程的相關手續費和規定。

Agoda：www.agoda.com(多國語言)
Booking.com：www.booking.com(多國語言)

	地鐵113釜山站	地鐵112中央站
相關位置	緊鄰釜山火車站，方便轉乘高鐵、火車往其他城市，距離南浦洞光復路商圈亦不遠。	位在南浦洞商圈旁，距離釜山火車站也不遠，亦有機場巴士停靠站，逛街購物或交通移動皆便利。
分布區域	住宿點主要分布在2、4號出口範圍，以飯店和旅館為主，周邊亦有民宿可選擇，可往中央站延伸。	住宿點主要分布在1、3、5號出口往南浦洞延伸的範圍，飯店、旅館、民宿等各類型住宿選擇都有，往釜山站方向亦有飯店可選擇。
便利出口	地鐵釜山站6號出口已增設雙向手扶梯，另與釜山火車站的連通道也已完工，攜帶大件行李皆可方便進出。	若攜帶大件行李，建議從地鐵111南浦站7號出口走過去更佳。
來往機場	往機場方向，最近的機場巴士站牌，位於地鐵釜山站4號出口往前走約1分鐘處，車程約45分鐘、車費6,000₩；搭計程車來往機場，約車程30分鐘、車費21,000₩。	往機場方向，最近的機場巴士站牌，位於面對樂天百貨光復店，往左邊走約1～2分鐘的位置(可走地下道前往)，車程約45分鐘、車費6,000₩；搭計程車來往機場，約車程30分鐘、車費20,000₩。

地鐵113釜山站步行約4分鐘 MAP P.140／D3

雷得飯店

LeIDE:A Hotel Busan Station
이데아 호텔 부산역

DATA

http www.ideabusan.com ✉ 부산시 동구 중앙대로180번길 16-10(초량동) ☎ (051)441-0708 ⌚入住16:00、退房11:00 $ 雙人房60,000₩起 ➔ 地鐵113釜山站2號出口，直走一下的路口左轉，直走約2分鐘的巷口右轉，再直走約1分鐘可到

近釜山火車站、地鐵站，市內、外的來往交通便利，入住前、退房後可暫放行李。旅館型的飯店，範圍內可無線上網，基本型的房內空間就很寬敞，衛浴雖然沒有乾濕分離，但空間較大，房內提供礦泉水、小保險箱、毛巾、基本沐浴用品、吹風機等，無其他附加設施，也不提供早餐。雖然緊臨鐵道，但窗戶隔音還不錯，大致上不影響睡眠。

地鐵113釜山站步行約4分鐘 MAP P.140/D3

阿爾蒙德飯店

Almond Hotel Busan Station
아몬드 호텔 부산역

DATA

www.almondhotel.co.kr 부산시 동구 중앙대로196번길 12-5(초량동) (051)469-1918 入住15:00、退房12:00，早餐07:30～09:30 雙人房50,000₩起 地鐵113釜山站6號出口，直走一下的路口左轉，直走約2分鐘的巷口右轉，再直走約1分鐘可到

近釜山地鐵站、火車站，來往交通便利，入住前、退房後可暫放行李。旅館型的飯店，範圍內可無線上網，基本型的房內空間適中(床稍微硬些)，部分房型衛浴乾濕分離，但泡澡區的遮蔽可能略差，房內提供礦泉水、毛巾、基本沐浴用品、吹風機等，無其他附加設施，簡易早餐另外加價選購。雖然緊臨鐵道，但隔音還不錯，基本上不影響睡眠。

地鐵113釜山站步行約3分鐘 MAP P.140/D3

莫茲民宿

Mozzi Guest House
모찌 게스트하우스

DATA

www.mozzihostel.com 부산시 동구 중앙대로 196번길 16-12번지(초량동) 5층 0507-1446-8258 入住16:00、退房11:00，早餐08:00～11:00 多人房每人25,000₩起 地鐵113釜山站2號出口，直走一下的路口左轉，直走約2分鐘的巷口左轉，再直走一下即到，位在5樓 有養狗；不可煮食

近釜山火車站、地鐵站，來往交通方便，入住前、退房後可暫放行李。多人房為固定式床位，附拉簾、插座、床頭燈，房間內有可上鎖置物櫃(可放大行李箱)，浴室廁所在房間外，乾濕分離、空間適中，提供簡單早餐、毛巾、基本沐浴用品、吹風機、無線上網，可付費洗衣服，休息區面海空間適中。隔音佳，雖然緊臨鐵道，但不影響睡眠。

南浦洞、札嘎其：逛街購物養戰力

	地鐵111南浦站	地鐵110札嘎其站
相關位置	緊鄰釜山主要逛街購物的光復路商圈，方便放戰利品，稍作休息再出發。	緊鄰札嘎其市場、國際市場、BIFF廣場，和光復路商圈亦不遠，方便放戰利品，稍作休息再出發。
分布區域	住宿點主要分布在1、7號出口範圍，飯店、旅館、民宿各類型選擇豐富，可往札嘎其站、中央站延伸。	住宿點主要分布在7、10號出口範圍，飯店、旅館、民宿各類型住宿選擇豐富，可往南浦站延伸。
便利出口	攜帶大件行李可走7號出口手扶梯，或是5號出口後方電梯。	攜帶大件行李可走10號出口手扶梯，或是5號出口後方電梯。
來往機場	往機場方向，最近的機場巴士站牌，位於地鐵札嘎其站10號出口往前走約4分鐘處，車程約55分鐘、車費6,000₩；搭計程車來往機場，約車程35分鐘、車費18,500₩。	往機場方向，最近的機場巴士站牌，位於地鐵札嘎其站10號出口往前走約4分鐘處，車程約55分鐘、車費6,000₩；搭計程車來往機場，約車程35分鐘、車費18,500₩。

地鐵111南浦站步行約5分鐘 MAP P.113／G2

Good ol' days Hotel
굿올데이즈 호델

DATA

http www.instagram.com/goodoldays_hotel ✉부산시 중구 중앙대로 41번길 5(중앙동) ☎0507-1320-3278 ⏰入住15:00、退房11:00，早餐08:30(會放在房間門口) $雙人房15～25萬₩起，房價皆含早餐，贈送釜山特色禮物包，以及1樓咖啡店的美式咖啡(補差價可換飲品) ➜1.釜山地鐵111南浦站7號出口，右轉直走一下的路口左轉，再直走約4分鐘／2.雖然離地鐵中央站1號出口更近，但沒有電梯和手扶梯 ❗目前22:00～09:00櫃檯無營運，備有緊急電話，可中文聯絡。房間內無電視

位在釜山「原都心」中央洞的文青風格飯店，在舒適寬敞的房間裡，可以自己手沖咖啡，聆聽黑膠唱片，以豐富文具書寫明信片，希望藉此傳達享受慢活的概念。採用韓國知名好睡的Ace床墊，以及Dyson吹風機，提供泡澡沐浴球，並結合釜山在地品牌，免費提供魚糕、啤酒、起司魷魚等釜山特色美食。從早上飯店內甜點師現烤、香氣四溢的司康開始，在1樓的咖啡店裡，選購多樣釜山特色明信片，不出門也能體驗釜山的美好。

地鐵110札嘎其站步行約3分鐘 MAP P.112／D4

南浦森林飯店

Hotel Forêt Nampo
호텔 포레 남포

DATA

http www.hotelforet.com ✉부산시 중구 구덕로 54-1(남포동) ☎(051)242-2200 ⏲入住15:00、退房11:00，早餐07:00～10:00 $雙人房70,000₩起 ➜地鐵110札嘎其站7號出口直走約3分鐘

近地鐵札嘎其站，與南浦站亦不遠，就在去程機場巴士站旁下車就到，旁邊就是BIFF廣場和南浦洞商圈，來往交通相當便利，入住前、退房後可暫放行李。大廳櫃檯在4樓，房客可使用按摩椅等附加設施，飯店範圍內可免費無線上網，基本房型空間適中，浴室廁所為乾濕分離樣式，提供各種備品，疫情後早餐改為3樓個人套餐，有鮑魚粥和炒豬肉蓋飯可選擇。

地鐵110札嘎其站步行約3分鐘 MAP P.112／D4

釜山史丹福飯店

Stanford Inn Busan
스탠포드인 부산

DATA

http www.stanfordbusan.com ✉부산시 중구 구덕로 53(남포동) ☎(051)795-7700 ⏲入住15:00、退房11:00，早餐07:00～10:00 $雙人房60,000₩起 ➜地鐵110札嘎其站10號出口直走約3分鐘

靠近地鐵札嘎其站，和南浦站也不會太遠，回程機場巴士站就在飯店前，並且過馬路對面就是BIFF廣場和南浦洞商圈，來往交通很是便利，入住前、退房後可暫放行李。飯店內無其他附加設施，基本房型的空間較小，範圍內可免費無線上網，房內提供礦泉水、小保險箱、毛巾、基本沐浴用品、吹風機等，早餐為另外加價選購，內容還算豐富多樣。

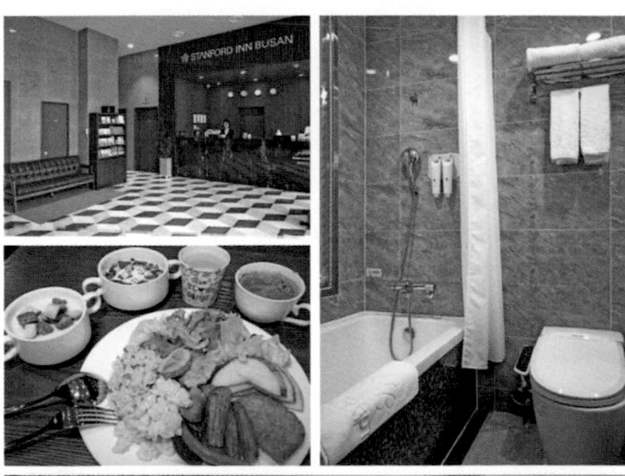

地鐵111南浦站步行約2分鐘 MAP P.113/G3

CONNECT Ocean Hotel

커넥트 부산 호텔

DATA

www.connectbusan.com 부산시 중구 대교로 115-1 (중앙동) (051)464-3000 入住15:00、退房11:00，目前早餐無營運 雙人房50,000₩起 1.地鐵111南浦站10號出口(樓梯)，直走約5分鐘。亦可走6號出口手扶梯，再直走過馬路。或4號出口搭電梯，再直走約7分鐘(445公尺)/2.地鐵1號線中央站2號出口(樓梯)，直走步行約4分鐘。或可走8號出口電梯，直走約8分鐘(500公尺) 櫃檯營運時間08:00～22:00

雖然是近地鐵中央站，往南浦光復路商圈、札嘎其市場等要多走一下，但因為公車專用道啟用後，該路段有紅綠燈路口可直接過馬路，不用再走地下道爬樓梯，加上近金海機場巴士站牌(僅約100公尺)，且海景房的價位相對親切，因此也是交通方便的選擇，入住前、退房後可暫放行李。面海為釜山港周邊，有自助式洗衣乾衣，範圍內可免費無線上網，基本房型空間適中，提供各種備品，目前飯店內餐廳無營運。

地鐵111南浦站步行約5分鐘 MAP P.112/D4

布羅西斯飯店

Brosis Hotel

브로시스 호텔

DATA

www.brosishotel.co.kr 부산시 중구 구덕로 48번길 4 (남포동) (051)256-5818 入住15:00、退房12:00，早餐08:00～10:00 單人雅房約30,000₩起、雙人房約45,000₩起 地鐵111南浦站1號出口，直走約5分鐘的路口右轉，再走一下的右邊 櫃檯深夜無營運。早餐加購7,000₩，前一天晚上10點前要預訂，於1樓咖啡店用餐

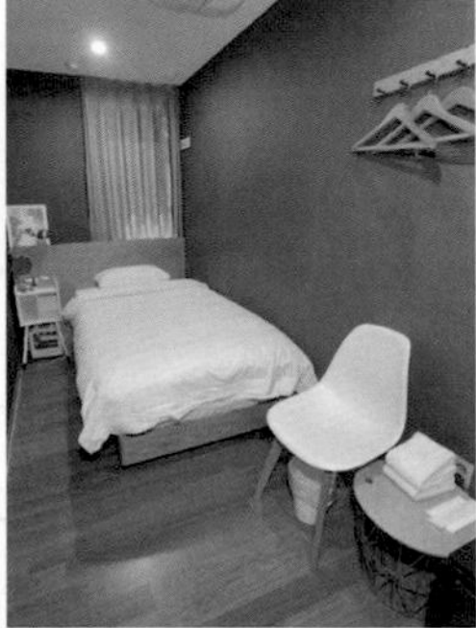

在地鐵南浦、札嘎其兩站的中間位置，近光復路、BIFF廣場商圈，方便逛街購物，入住前、退房後可暫放行李。使用房卡感應管制，才能進入樓層範圍和住宿的房間，皆需換穿室內拖鞋，5樓為類民宿的雅房樓層，可節省旅費並兼顧個人隱私和住宿品質，浴室雖為共用，但可單獨一間洗澡，不用擔心和陌生人坦誠相見的尷尬。公共區域活動空間適中，有頂樓戶外天臺，提供無線上網，以及毛巾、礦泉水、吹風機和基本備品。

地鐵110札嘎其站步行約3分鐘 MAP P.112／D4

南浦Urbanstay

Urbanstay Boutique Nampo
어반스테이 부티크 남포

DATA

http urbanstay.co.kr/boutiquenampo ✉부산 중구 구덕로 52-1(남포동5가 5-1) ☎0507-1325-9416 ⏲入住16:00、退房11:00 $雙人房約50,000₩左右起 ℹ自助入住，現場無服務櫃檯。入住前、退房後可寄放行李

韓國近年興起的連鎖住宿「Urbanstay」，主打自助入住、包含簡易廚房和洗衣機的套房，雖然為了安全因素，部分分店不開放使用電磁爐，但通常都能在房間裡使用洗衣機，以及公共區域可使用微波爐。南浦分店位在地鐵南浦、札嘎其兩站的中間，近光復路、BIFF廣場商圈，方便逛街購物，入住前、退房後可暫放行李。入住前透過e-mail聯絡，取得房間、行李保管室的密碼，入住提供無線上網，以及毛巾、礦泉水、吹風機和基本衛浴備品。

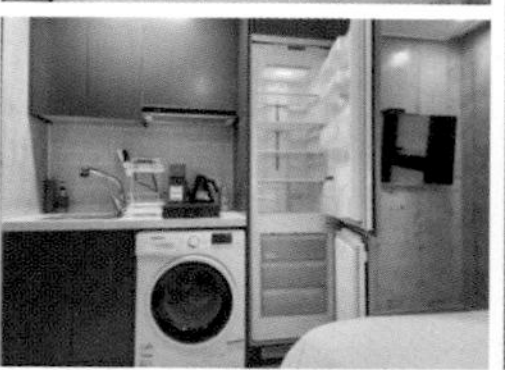

地鐵111南浦站步行約1分鐘 MAP P.113／E4

K民宿 南浦1號店

K-GUESTHOUSE Nampo 1
K-게스트하우스 남포 1호점

DATA

http nampo1.k-guesthouse.co.kr ✉부산시 중구 남포길 40-2번지(남포동)10층 ☎070-8848-3650 ⏲入住15:00、退房11:00，早餐08:00～10:00 $雙人房55,000₩起 ➜地鐵111南浦站1號出口直走約1分鐘，櫃檯在10樓

近光復路商圈、地鐵南浦站，方便小資族逛街購物，入住前、退房後可暫放行李。公共區域活動空間適中，面海景觀視野佳，民宿範圍內可無線上網，皆為獨立房間、無多人房床位，基本雙人房空間偏小，房間內有獨立浴室廁所，提供毛巾、基本沐浴用品、吹風機等，可使用廚具煮食，以及免費使用洗衣機，各樓層都有飲水機，提供簡單早餐。

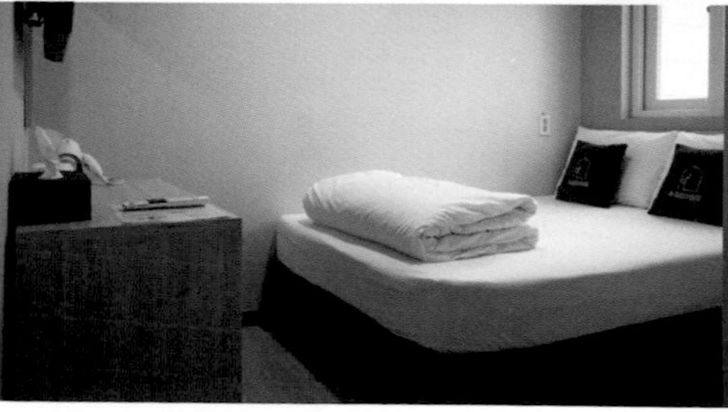

西面站、沙上站：來往機場最方便

	地鐵119/219西面站	地鐵227、電鐵沙上站
相關位置	釜山市中心距離機場最近的住宿區域，位於地鐵1、2線交會，緊鄰可逛街、用餐的西面商圈，方便搭地鐵來往各方向景點。	非主要觀光區，但卻是釜山距離機場最近的住宿區域，緊鄰西部市外巴士站，若要搭早班飛機，或是來往其他城市旅遊，如春季鎮海賞櫻，可在此區住宿。
分布區域	住宿點主要分布在7號出口範圍，以飯店和旅館為主，民宿數量較少，可往凡內谷站延伸。	住宿點分布在地鐵站、巴士站周邊，都是飯店和旅館。
便利出口	攜帶大件行李可走7號出口旁電梯、5號出口手扶梯。電梯地下的位置，在5號出口旁的商場裡，較為隱密。	攜帶大件行李可走5號出口手扶梯，3、4號出口旁有電梯，電鐵沙上站1、2號出口手扶梯和電梯。
來往機場	往機場方向，最近的機場巴士站牌，位於西面樂天飯店對面，車程約30分鐘、車費6,000₩；搭計程車來往機場，約車程26分鐘、車費18,000₩。	來往機場，搭電鐵車程約6分鐘；搭計程車約車程16分鐘、車費11,500₩。

地鐵119/219西面站步行約6分鐘 MAP P.154/D4

阿班飯店

Arban Hotel
아르반 호텔

DATA

http www.arbanhotel.com ✉부산시 부산진구 중앙대로691번길 32(부전동) 13층 ☎(051)805-9901 ⏰入住15:00、退房11:00，早餐07:00～10:00 $ 雙人房80,000₩起 ➡地鐵119/219西面站7號出口直走約5分鐘的十字路口，右轉過馬路直走一下即到，櫃檯在13樓 ⓘ和地鐵蓮山站的Arban City為不同分店

位於釜山市中心區域，地鐵1、2線交會的西面站商圈，各式餐廳密集、生活機能佳，方便搭乘機場巴士、計程車來往機場，入住前、退房後可暫放行李。大廳櫃檯在13樓，備有大型行李秤，飯店範圍內可免費無線上網，基本房型空間適中，浴室廁所為乾濕分離，提供各種備品和台式扁平插座，早餐為另外加購，在13樓的飯店餐廳使用。

地鐵119／219西面站步行約6分鐘 MAP P.154／C4

利昂飯店

Lion Hotel
라이온 호텔

DATA

부산시 부산진구 중앙대로691번가길 14-7(부전동) (051)808-3593 入住15:00、退房12:00，早餐07:00～10:00(週末假日供應) 雙人房55,000₩起 地鐵119／219西面站7號出口，直走約2～3分鐘到路口右轉過馬路後，左邊巷口進去，直走一下到巷口左轉，再直走約1～2分鐘右轉，再直走約1分鐘右邊

近樂天百貨西面店，位於地鐵1、2線交會的西面站鬧區，來往釜山各區交通便利，周邊商家以各類餐廳為主，入住前、退房後可暫放行李。飯店內無其他附加設施，1樓有微波爐，基本房型的空間適中，範圍內可免費無線上網，房內除提供礦泉水、毛巾、沐浴用品、吹風機等基本備品，另有電髮夾可使用，早餐為週末假日才有提供(加購)。

地鐵119／219西面站步行約6分鐘 MAP P.154／D4

想像庭院 釜山Stay

KT&G Busan Stay
상상마당 부산스테이

DATA

www.sangsangmadang.com/main/BS 부산시 부산진구 서면로 39(부전동) 7층 070-8893-0910 入住15:00、退房11:00，早餐為另外加購 單人房定價40,000₩起、雙人房60,000₩起，訂房網站價格有優惠 地鐵119／219西面站7號出口直走約5分鐘的十字路口左斜對面，想像庭院7樓 早餐需至對面的阿班飯店13樓用餐。附自助洗衣乾衣，入住前後可保管行李

位在西面「想像庭院」7樓，結合藝術文創的背景，以及母公司的商品，都讓「想像Stay」有著不同於其他旅宿的多元風格。公共空間多有色彩豐富的裝飾，結合釜山在地元素，還有海鷗、魚糕湯等特殊布置的房間。類民宿的個人雅房，可兼顧個人隱私和住宿品質，浴室雖為共用，但可單獨一間洗澡，不用擔心和陌生人坦誠相見的尷尬。取代礦泉水的是人蔘品牌正官庄的紅蔘水，另有毛巾和沐浴用品(牙膏牙刷需自備)。

地鐵119／219西面站步行約8分鐘 MAP P.154／C4

Uniqstay民宿

Uniqstay
유니크스테이

DATA

http www.uniqstay.co.kr ✉부산시 부산진구 부전로 59(부전동) ☎0507-1423-5583 ⏰入住15:00、退房11:00，早餐07:00～09:30 $雙人房65,000₩起 ➔地鐵119／219西面站7號出口，直走約2～3分鐘到路口右轉過馬路後，左邊巷口進去，直走約4分鐘過馬路左轉，再走一下的巷口

位於西面樂天飯店後方，和地鐵西面站相距亦不會太遠，來往交通還算便利，入住前、退房後可暫放行李。公共區域活動空間寬敞，民宿範圍內可無線上網，皆為獨立房間、有三人房，基本雙人房空間適中，有獨立浴室廁所，房內提供礦泉水、毛巾、基本沐浴用品、吹風機等，地下室有自助洗衣機，無提供使用廚具，早餐內容相對來說豐富有變化。

地鐵227沙上站步行約4分鐘 MAP P.45

天堂飯店 沙上

Sasang To heaven Hotel
투헤븐 호텔 사상

DATA

✉부산시 사상구 사상로211번길 52(괘법동) ☎(051)313-9133 ⏰入住19:00、退房12:00 $雙人房約45,000₩起 ➔地鐵227沙上站5號出口前巷口左轉，直走約4分鐘的右側 ⓘ可入住時間較晚，本區的多數飯店旅館會如此

類旅館式的飯店，近釜山西部市外巴士站、地鐵沙上站，位在離金海機場最近的住宿密集區，便於來往機場或其他城市，入住前、退房後可暫放行李。飯店無其他附加設施，範圍內可免費無線上網，1樓有微波爐、礦泉水和飲料可使用，基本房型的空間適中偏大，房內不禁菸(有的菸灰缸)，提供毛巾、基本沐浴用品、吹風機等，無提供早餐。

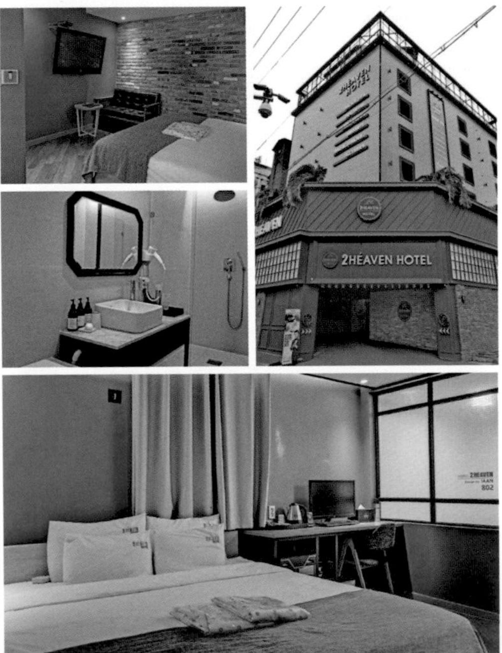

海雲臺、廣安里：美麗海景最前線

	地鐵203海雲臺站	地鐵209廣安站、210金蓮山站
相關位置	緊鄰海雲臺商圈、海水浴場，雖然距離機場較遠，但很適合喜歡海邊景點的人，只要預留好往機場的交通時間即可。	廣安里海灘範圍以這兩站為主，雖然距離機場較遠，但很適合喜歡海景的人。
分布區域	住宿點主要分布在3、5號出口與海灘中間，飯店、旅館、民宿各類型選擇豐富，可往冬柏站延伸。	住宿點主要分布在海灘的對面區域，和地鐵站稍有距離，以飯店、旅館為主，亦有民宿可以選擇。
便利出口	攜帶大件行李可走5、7號出口中間電梯。	攜帶大件行李可走廣安站5號出口、金蓮山站3號出口電梯。
來往機場	來往機場，機場巴士多停靠於各飯店前，約車程60分鐘、車費7,000₩；搭計程車來往機場，約車程50分鐘、車費30,000₩。	往機場方向，最近的機場巴士站牌，位於廣安站2、4號出口中間，和金蓮山站6號出口前方，約車程40分鐘、車費7,000₩；搭計程車來往機場，約車程44分鐘、車費25,500₩。

地鐵203海雲臺站步行約1分鐘 MAP P.196／B2

華美達安可飯店

Ramada Encore Haeundae
라마다 앙코르

DATA

www.ramadaencorehaeundae.com 부산시 해운대구 구남로 9번지(우동) 3층 (051)610-3000 入住15:00、退房11:00，早餐07:00～10:00 雙人房85,000₩起 地鐵203海雲臺站3號出口，直走一下的巷口左轉可到大門，大廳櫃檯在L層(3樓)

緊鄰地鐵海雲臺站出口，和海雲臺海灘亦不遠，可輕鬆步行前往，且就在地鐵站旁邊的位置，是相對來說交通便利、價位實惠的選擇，入住前、退房後可暫放行李。大廳櫃檯在3樓，房客可使用附加設施，飯店範圍內可無線上網，基本房型的空間偏小，浴室廁所為乾濕分離樣式，提供各種備品，早餐為可加購，在飯店3樓的自助式餐廳使用。

地鐵203海雲臺站步行約8分鐘 MAP P.196/C3

海雲飯店公寓

Haeundae Seacloud Hotel Residence
해운대 씨클라우드 호텔 레지던스

DATA

http www.seacloudceo.com ✉부산시 해운대구 해운대해변로 287(우동) 6층 ☎(051)933-6000 ⓒ入住15:00、退房12:00，早餐06:30～09:30 $雙人房75,000₩起 ➲地鐵203海雲台站3號出口，直走約7分鐘可到側門，再直走一下路口左轉可到正門。櫃檯在6樓，需先搭電梯到4樓，再換高樓層電梯 ⓘ4樓為其他飯店的櫃檯

近海雲臺海灘，和地鐵海雲臺站亦不遠，雖然與沙灘有馬路相隔，但是房價更實惠，部分海景房也能無遮蔽欣賞海景，是相對較為經濟的選擇，入住前、退房後可暫放行李。大廳櫃檯在6樓，房客可使用附加設施，飯店範圍內可無線上網，房內空間寬敞，浴室廁所為乾濕分離樣式，提供各種備品，若有加購早餐，是在2樓的自助式餐廳使用。

地鐵202中洞站搭計程車約6分鐘 MAP P.187/B3

Hotel Hyggelig

호텔 휘겔리

DATA

http www.instagram.com/hotelhyggeligg ✉부산시 해운대구 달맞이길 62 번가길 37(중동) ☎(051)746-9468 ⓒ入住15:00、退房11:00，無早餐服務，提供3樓咖啡店折扣券 $雙人房50,000₩起 ➲1.地鐵202中洞站7號出口外搭計程車，車程約6分鐘、車費約3,800₩/2.參考P.191迎月嶺周邊交通綜合說明，位於藍線公園尾浦站旁，但要從尾浦石碑旁的路口轉進去 ⓘ入口為停車場，櫃檯在4樓

以前是有上下舖多人房的民宿，現在改為類旅館的飯店，雖然和地鐵站有段距離，但是就在海雲臺藍線公園的尾浦站旁，和BUSAN X the SKY展望台也很近，步行往海雲臺市場周邊約1公里，入住前、退房後可以暫放行李。櫃檯在4樓，若要前往頂樓的休憩空間，要搭3樓咖啡店裡的電梯。基本房型空間適中偏大，衛浴為乾濕分離，提供毛巾、備品包和沐浴用品，連續入住不會主動打掃房間和更換毛巾，若有需要可以告知櫃檯。

地鐵203海雲臺站步行約2分鐘 MAP P.196／B2

宜康米民宿旅館

Ekonomy Haeundae Guesthouse
이코노미 해운대 게스트하우스

DATA

ekonomyhaeundae.modoo.at 부산시 해운대구 구남로12번길11(우동) 3、4층 (051)746-0006 入住15:00、退房11:00，早餐08:00～10:00 單人房35,000₩起、雙人房45,000₩起 地鐵203海雲臺站5號出口直走約1分鐘右轉，再直走一下的左邊3、4樓 23:00～翌日08:00電梯暫停使用

類民宿型的小巧旅館，近地鐵海雲臺站，入住前、退房後可暫放行李。公共區域活動空間尚可，旅館範圍內可無線上網，全部皆為獨立房間和衛浴，房內空間和浴室稍小，但還足夠使用，提供簡單早餐、礦泉水、毛巾、基本沐浴用品、吹風機，可使用廚具煮食，雖然整體來說空間偏小，但以其地點和價位來說，也算是還不錯的經濟型選擇。

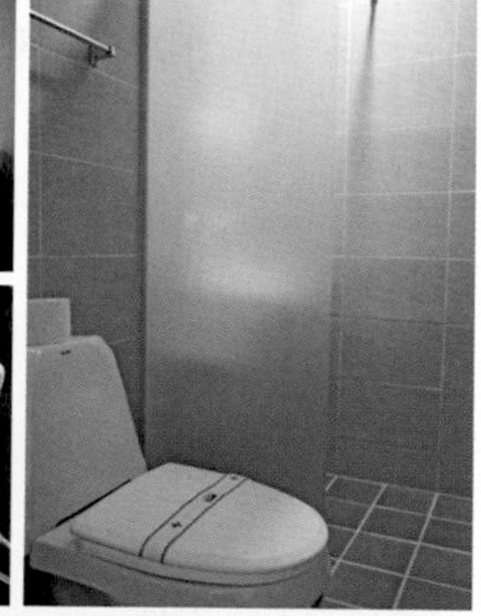

地鐵209廣安站步行約14分鐘 MAP P.219／B2

廣安里飯店1

Gwanganli Hotel 1
광안리 호텔1

DATA

www.hotel1.me 부산시 수영구 광안해변로 203(광안동) (051)759-1011 入住16:00、退房11:00，早餐07:30～10:00 雙人房70,000₩起、多人房每人30,000₩起 地鐵209廣安站5號出口，往回走到路口右轉，直走約10分鐘到海邊路口右轉，再直走約4分鐘(亦可由金蓮山站前往) 星星床咖啡可參考P.221。全館皆為脫鞋後再入內使用

廣安里海景第一排，可使用頂樓露天座位和星星床咖啡(另付費)，入住前、退房後可暫放行李。飯店內可無線上網，3～5樓為膠囊床位、公共衛浴，6～9樓為獨立房間含衛浴，提供不織布毛巾、拖鞋、吹風機。膠囊床位附拉簾、插座、床頭燈、小保險箱，房間外設有個人置物櫃(偏大)。雖然離地鐵站稍遠、空間偏小，但為欣賞海景的經濟選擇。

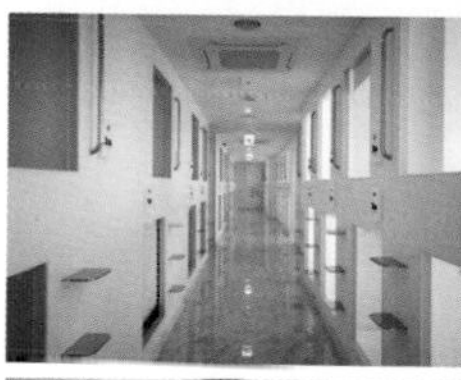

搭地鐵玩遍
釜山

Busan

釜山順遊之旅

釜山是韓國南部最重要的交通樞紐，除了密集來往的國際航班之外，韓國國內串連的部分，無論是搭乘巴士、火車或飛機，都能方便地順遊周邊其他城市，對於行程規畫來說，更為多元有彈性，無論是朝鮮半島千年古都「慶州」的歷史風味，韓國最有名櫻花城市「鎮海」的浪漫情懷，以及酒鄉「馬山」的濃醇香，只要單趟約1小時起的車程，就能讓你的釜山之旅更加豐富唷！

景點：慶州。月池、雁鴨池

慶州

경주・Gyeongju

被稱爲露天博物館的千年歷史古都

曾是朝鮮半島新羅時期(西元前57年～西元935年)的首都，各處有眾多被暱稱為「大饅頭」的古墳❶坐落其中，現代居民的陽宅和古代王族的陵墓比鄰而居，雖說如此，也沒有絲毫陰森的感覺，就像綠地公園般融入居民的生活之中，為保持歷史的氛圍，市中心有限制建築物高度，沒有現代化的高樓大廈。慶州歷經千年歲月，累積豐富的珍貴文物，處處都記錄著古新羅的歷史軌跡，就像是一座沒有圍牆的博物館。

❶ 所謂「墳墓」，依墓主人的身分而有不同名稱。「陵」：帝王或統治者的墳墓，如善德女王陵。「墓」：墓主人身分明確，如金庾信將軍墓。「墳」：不知墓主人身分，如路西里古墳群。「塚」：有遺物出土但不確定墓主人身分，如天馬塚。

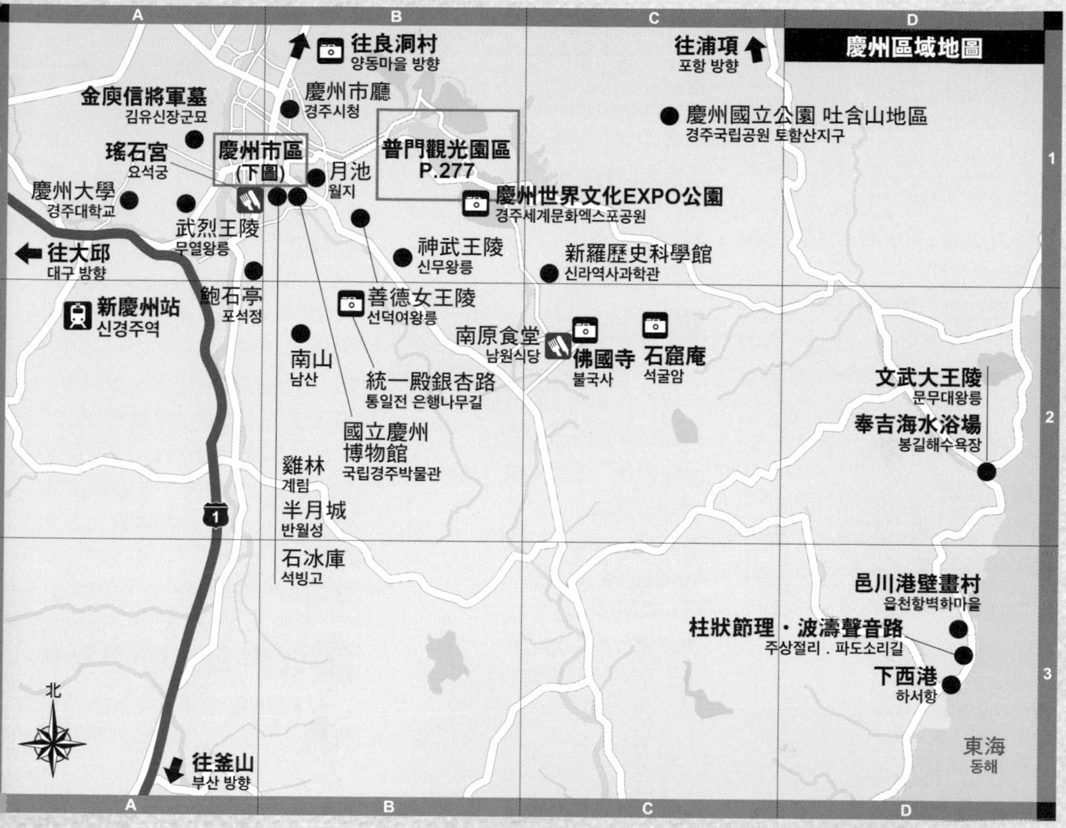

慶州區域地圖

A B C D
1 2 3

往良洞村
양동마을 방향
往浦項
포항 방향
金庾信將軍墓
김유신장군묘
慶州市廳
경주시청
慶州國立公園 吐含山地區
경주국립공원 토함산지구
瑤石宮
요석궁
慶州市區
(下圖)
普門觀光園區
P.277
月池
월지
慶州大學
경주대학교
慶州世界文化EXPO公園
경주세계문화엑스포공원
武烈王陵
무열왕릉
神武王陵
신무왕릉
新羅歷史科學館
신라역사과학관
往大邱
대구 방향
鮑石亭
포석정
善德女王陵
선덕여왕릉
新慶州站
신경주역
南原食堂
남원식당
佛國寺
불국사
石窟庵
석굴암
南山
남산
統一殿銀杏路
통일전 은행나무길
文武大王陵
문무대왕릉
奉吉海水浴場
봉길해수욕장
國立慶州
博物館
국립경주박물관
雞林
계림
半月城
반월성
石冰庫
석빙고
邑川港壁畫村
읍천항벽화마을
柱狀節理・波濤聲音路
주상절리 . 파도소리길
下西港
하서항
北
東海
동해
往釜山
부산 방향

慶州旅遊黃頁簿

從釜山來往慶州，有很密集的巴士車班，相關交通資訊、查詢班次的方法，可參考本書P.29的說明。

鐵路方面，因應韓國鐵道公社路線調整，原慶州火車站、佛國寺火車站已廢站，若要從韓國各地搭高鐵火車來往慶州，需在新慶州站、西慶州站上下車。

慶州市官網

www.gyeongju.go.kr

慶州文化觀光

www.gyeongju.go.kr/tour/chn/index.do

巴士站觀光案內所

(054)772-9289

09:00～18:00

高速巴士站和市外巴士站之間的轉角處

佛國寺觀光案內所

(054)746-4747

09:00～18:00

佛國寺山下停車場旁

新慶州站觀光案內所

(054)771-1336

09:00～18:00

車站大廳內

巴士

慶州的兩個巴士站，分別在路口轉角的兩側，中間有觀光案內所，周邊是旅館密集區，近主要觀光區域，或是方便搭公車往佛國寺等景點。

慶州市外巴士站
경주시외버스터미널

MAP P.267下／A2

慶州高速巴士站
경주고속버스터미널

MAP P.267下／A2

火車／高鐵

■新慶州站(신경주역)

目前慶州主要的高鐵、火車站，距離市區和主要觀光區較遠，可搭70或700號公車、計程車往巴士站附近，車程約20～30分鐘，計程車車費約13,000₩。搭700號公車、計程車往佛國寺，車程約40～60分鐘，計程車車費約35,000₩。每天另有4班203號公車09:00、10:15、15:15、16:35往良洞村，車程約1小時，詳細班次建議再向車站大廳內的觀光案內所確認。

MAP P.267上／A2

公車、腳踏車、計程車

在慶州搭公車，可以使用韓國兩大交通卡(見P.94)，單程車

慶州高速巴士站

慶州市外巴士站

(舊)慶州站

新慶州火車／高鐵站

費：一般公車投現1,300₩、刷卡1,250₩；座席公車投現1,700₩、刷卡1,650₩，若要使用換乘優惠，除了上車時刷卡，下車時也要在後門刷卡。慶州的10、11號公車可到大部分景點，是遊客最常使用的路線，搭乘位置和路線可參考下頁地圖和路線圖。

慶州市區可騎腳踏車參觀，建議以大陵苑周邊到慶州博物館之間為主，普門湖可到景點附近再租車，租金每天約10,000₩。

慶州計程車費基本4,000₩，部分景點、人多同遊或趕時間，可考慮搭計程車。

景點交通說明

■慶州各車站→佛國寺

搭公車到佛國寺(公車)站下車，往停車場後方山上步行約10分鐘可到。

巴士站出發：搭10、11號公車，車程約30分鐘。

新慶州站出發：搭700號公車，車程約60分鐘。

■佛國寺→石窟庵

Step1：在佛國寺觀光案內所右斜對面的站牌，或佛國寺大門對面往山上路邊的站牌，搭12號公車(班次時刻表請見下頁)，約10分鐘可到石窟庵的停車場。

Step2：下公車後往停車場後方上階梯直走，可到售票處和入口處，進去後再步行約20分鐘可到石窟庵。

Step3：回程時，在去程下車處搭12號公車，約10分鐘可回到佛國寺山下。

■慶州市區→良洞村

1.在慶州市區搭203號公車(班次時刻表請見下頁)，約30分鐘在良洞村口下車即到，回程時在同一個站牌搭車即可。

2.從慶州巴士站附近搭計程車前往良洞村，車程約25～30分鐘、車費約25,000₩，回程可請售票處、觀光案內所工作人員協助叫車。

住宿

慶州可住宿的區域和選擇很多，民宿大多在巴士站周邊，若要住一般旅館(巴士站旁為主)，到當地再找住宿即可，若要住韓屋或特定的地方，則建議事先預訂為佳，普門湖周邊的住宿，以星級觀光飯店和度假村為主。

慶州塔

統一殿銀杏路

旅遊行程規畫

建議在慶州住宿1～2晚，若時間較緊湊，亦可住在釜山、大邱，安排慶州一日旅遊。佛國寺、石窟庵安排在前後，夏季日落較晚，若體力夠亦可加歷史遺跡區。良洞村較遠、公車少，建議預留半天時間。春季普門湖櫻花路可預留半天慢慢散步，秋季統一殿銀杏路可先去拍照，接著再往佛國寺參觀。

12號公車時刻表

班次	佛國寺出發	石窟庵出發
1	08:40	09:00
2	09:40	10:00
3	10:40	11:00
4	11:40	12:00
5	12:50	13:05
6	13:40	14:00
7	14:40	15:00
8	15:40	16:00
9	16:40	17:00
10	17:20	18:20

＊實際情況以當日現場為準，夏、冬季的末班車時間會有差異。
＊製表：Helena(海蓮娜)

203號公車時刻表 (起→訖)

班次	慶州巴士站→良洞村	良洞村→新慶州站
1	06:15	07:25
2	07:15	08:40
3	09:15	10:35
4	10:30	11:55
5	12:10	13:35
6	13:30	14:55
7	15:30	16:55
8	16:50	18:25
9	18:30	19:55
10	19:50	-

註1：標底色班次的起或訖站為「市外巴士站」，未行經新慶州站。
註2：以上資訊若有異動，依當地最新公布為準，前往時請務必再次確認。
＊製表：Helena(海蓮娜)

慶州市區公車站位置圖

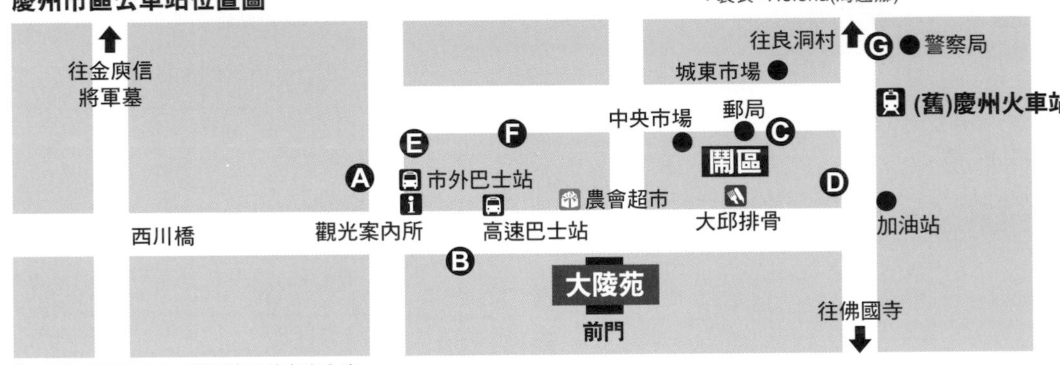

註：簡圖只標示方向，距離遠近請參考內文。
公車站說明(A～G)：＊A/B/C/D：可前往國立慶州博物館、佛國寺、石窟庵等景點。
＊E/F/C/G：可前往良洞村。　＊舊慶州火車站步行至C約2分鐘，至G約2分鐘。

慶州10、11、12號公車路線說明

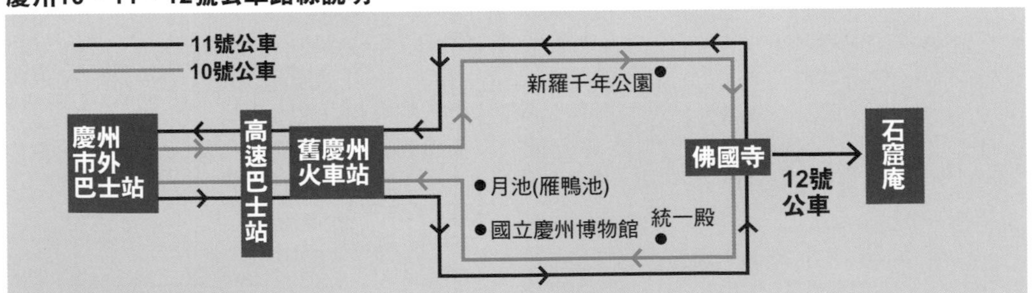

註1：從巴士站出發，經過舊慶州火車站，10、11號公車會在月池附近開始走不同的路線，各繞一圈後，最後再回到月池附近會合，因此雖然都有到同一個景點，但是前後順序會不太一樣。
註2：佛國寺山下停車場公車站，10號公車停靠在停車場側，11號公車停靠對向。

秋高氣爽賞漂亮銀杏

統一殿銀杏路

통일전 은행나무길

MAP P.267上／B2

出巴士站轉搭公車約15分鐘

DATA

경주시 칠불암길 6(남산동) (054)748-1850 統一殿3～10月09:00～18:00，11～2月09:00～17:00；銀杏約10月底開始變黃，到11月初掉落 統一殿內外都免費參觀 搭公車在統一殿站下車即到；**1**.從巴士站出發：搭11號公車，車程約15分鐘；**2**.從佛國寺出發：搭10號公車，車程約15分鐘 銀杏路在統一殿外

統一殿建造於1977年韓國朴正熙總統當政時，供奉古新羅時代對朝鮮半島統一有功的武烈王金春秋、文武王金法敏和金庾信將軍的畫像，並期望南、北韓統一。殿外筆直的道路上，種植了一整排銀杏樹，經過數十年成長壯大，當每年10月底到11月初銀杏葉變黃之時，成為慶州賞秋景拍照的熱門景點，如果體力許可，建議買門票進到統一殿裡、爬到最高處，俯瞰整排黃澄澄的銀杏樹，也是不錯的景色呢！

1 3 統一殿前的銀杏路，每到10月底就成為攝影愛好者的熱門取景地
2 公車通過黃澄澄的銀杏樹下，也是充滿意境

感受最道地的傳統韓風

城東市場

성동시장

MAP P.267下／C1

出火車站步行約3分鐘

DATA

경주시 원화로281번길 11(성동동) (054)772-4226 各店家不一，約07:00～20:00，日落前最熱鬧 休 常設市場，中秋、元旦較多店家會休息 舊慶州火車站前面對馬路，右邊對面直走一下即到

現在所說的「韓風」，多半是指流行的服飾、戲劇、音樂等類別，但「傳統」是國家的起源，而要感受體驗這樣的氛圍，市場就是最適合的好地方。慶州火車站對面、已有近50年歷史的城東市場，從最初的定期開市，之後轉變成常設每天營業，雖然相較於其他市場，這裡的營業規模不是太大，但是平價實惠的山菜拌飯、韓食吃到飽，各種韓式小吃、豐富水果，還有傳統口味的炸雞，來到慶州不無聊，去市場吃吃喝喝也是一種樂趣唷！

1 4 城東市場雖然規模不大，但也因此商品更集中好逛
2 3 各類韓國小吃和水果都能在這裡找到

老屋重生的全新感受

皇理團路

황리단길

MAP P.272／B2

出巴士站
步行約10分鐘

DATA

⊙各店家不同，麵包店、早午餐店、韓服店約從09:30開始，咖啡店、其他餐廳約從11:00開始，多數店家營業到晚餐左右，亦有酒吧到24:00。部分餐廳15:00～17:00會午休 休 各店家不同，多數店家會在平日1～2天公休 ➲入口位於大陵苑後門側旁邊；**1**.慶州高速巴士站對面左轉，直走約9分鐘的路口右轉即到／**2**.舊慶州火車站前左轉，步行約6分鐘的路口右轉過馬路，再直走約11分鐘的路口左轉即到

慶州是韓國最早有世界文化遺產的城市之一，已有千餘年的發展，為了保有歷史風味，主要市區限制建築物高度，是個很有特色的地方，但如此的光環容易讓人以為，慶州就是個看古蹟寺廟的地方，

1在皇理團路和附近的大陵苑、校村韓屋村，可租借韓服體驗 2 10皇南酒宅韓屋酒吧 3 5咖啡Ohi 4 8皇理團路有幾家販售設計商品的特色小店 6 7趕快趕快書店 9seasoning韓屋義大利麵 11皇南PLACE早午餐

似乎沒什麼新鮮感，來去匆匆的旅遊行程裡，總覺得缺少了些什麼。

與其他古城有相同問題，慶州一些有歷史的住宅群，面臨因歲月流逝而逐漸老舊斑駁，市區裡的平房古宅該如何走出自己的新生命，是這千年古都的必經歷程。「大陵苑」是慶州最知名的古墳公園，四周聚集許多新舊韓屋矮房，為了活化老街道的發展，將此區打造成有著各式餐廳、咖啡店、酒吧、特色商店、韓服體驗的「皇理團路」，名稱由來自首爾的經理團路，賦予韓屋新的豐富面貌。

皇理團路的範圍還在逐漸擴大，無論是追尋知名的韓屋西餐廳和咖啡店，或是無意間發現的有機冰淇淋店，晚上再到特色酒吧來瓶清涼啤酒，顛覆大家對於古都的刻板印象，結合周邊的校村韓屋村，週末限定的自由市場鳳凰市集等，慶州只玩一天好可惜，至少待1～2個晚上，好好體驗不一樣的韓式風情。

5

6

7

8

9

10

11

遊賞去處

沒有圍牆的博物館、世界文化遺產

慶州歷史遺跡區

경주역사유적지구

MAP P.267下

出巴士站步行約12～48分鐘

DATA

🕑瞻星台09:00～22:00、大陵苑&天馬塚、雁鴨池09:00～22:00，最後入場21:30 $大陵苑&天馬塚、雁鴨池：大人3,000₩，青少年2,000₩，小孩1,000₩ ➲請參考右邊巴士站周邊景點的建議步行路線，從巴士站、舊火車站，步行約12～48分鐘範圍

慶州巴士站周邊，包含大陵苑、雁鴨池和南山等的範圍區域，因為有著豐富的新羅時期遺跡和文物，2000年時被列為世界文化遺產，也讓慶州成為「沒有圍牆的博物館」。

大陵苑、天馬塚(대릉원、천마총)：

大陵苑是新羅王族陵墓聚集的古墳公園，沒有陰森的感覺，白天、夜晚都是散步好去處，每年4月初櫻花盛開時，石牆旁的櫻花路尤其受歡迎。大陵苑內的天馬塚，是慶州唯一有挖掘、可參觀內部的古墳，出土遺物除了有金、玉製作的飾品，還有一件以馬為主題的畫作，所以取名天馬塚，內部復原完整，真實呈現新羅時代堆石木墩棺槨的構造。

1

2

3

必遊景點

巴士站周邊景點

從巴士站附近的大陵苑到慶州博物館為止，中途會行經瞻星台、雞林、半月城、石冰庫和月池等景點，每個景點之間的距離大約步行3～10分鐘即可到達。

建議步行路線

大陵苑後門(天馬塚)

↓

大陵苑前門

↓ 過馬路到對面直走約5分鐘

瞻星台

↓ 對面直走約3分鐘

雞林

↓ 右轉上斜坡後左轉

半月城

↓ 直走約1分鐘

石冰庫

↓ 往前直走過馬路，右轉直走約5分鐘

月池

↓ 出大門後左轉直走約10分鐘的對面

國立慶州博物館

1 2 大陵苑旁的石牆櫻花路 3 大陵苑裡的天馬塚 4 瞻星台 5 石冰庫 6 月池旁的蓮花池 7 月池的美麗夜景

瞻星台(첨성대)：

朝鮮半島最古老的天文台，善德女王(西元632～647年在位)時建造於新羅王宮月城的北邊，可讓百姓自行觀測天候和星象變化，有利於農業發展。花崗岩磚塊的數量和設計，代表一年天數、12個月和24節氣，歷經千年大致保存完整，1962年被指定為國寶第31號。

4

雞林(계림)、半月城(반월성)、石冰庫(석빙고)：

「雞林」傳說是新羅金姓始祖的出生地，也是新羅最早的國號，而「月城」是古新羅王宮所在地遺址，地形像上弦月，又稱為新月城或半月城，現在遺址內留有朝鮮英祖14年(西元1733年)建造的石冰庫，顧名思義就是用石頭做成的冰箱，特殊構造加上稻草隔熱，可以有效保存冰塊不融化。

5

月池、雁鴨池(월지、안압지)：

原為新羅時期的臨海殿，是王位繼承人居住的東宮，建造多座用來當作設宴場所的殿閣和庭院，旁邊還有一個蓮花池。這裡最早稱為月池，朝鮮時期因為聚集了很多的大雁和鴨子，而改名為雁鴨池，後又改回原稱月池，是慶州有名的夜晚賞遊景點。

6

7

依山而建的歷史村落

良洞村

양동마을

MAP P.267上／B1

出巴士站轉搭公車約30分鐘

DATA

yangdong.invil.org 경주시 강동면 양동리 (054)762-2633 4～10月09:00～19:00、11～3月09:00～18:00，售票時間至參觀截止前1小時 大人4,000₩，青少年2,000₩，小孩1,500₩ 請參考P.269交通說明，穿過村口博物館，或從警衛室旁直走可往售票處 實際有人居住，參觀時請降低音量、勿亂丟垃圾

在慶州北邊的雪倉山旁、依山而建，是韓國規模最大、歷史最悠久的兩班貴族[1]聚居村落，也是朝鮮時期具代表性的同姓村，在月城孫氏和驪江李氏家族的發展下，此處成為政治人才和學者倍出的寶地。良洞村裡保留著韓國傳統建築，貴族住宅是地勢較高的瓦房，而百姓家屋則是地勢較低的草屋，村內還有數量豐富、保存良好的相關文物資料，1984年被指定為韓國重要民俗資料第189號，2010年以「歷史的村落」之名被指定為世界文化遺產。

[1] 朝鮮時代的統治階層稱為「兩班」，其中又分為文班和武班，類似中國的文臣和武將。

13可參觀大門全開的建築，若是半掩或有拉繩阻擋，還請不要隨意進入喔 2村裡的某處小徑，也充滿傳統氛圍 4在家門前乘涼聊天的長輩 5依山而建、呈「勿」字型的良洞村 67正在製作傳統手工年糕的村民

櫻花盛開的湖畔好風光

普門湖櫻花路

보문호벚꽃길

DATA

경주시 보문관광단지 24小時，櫻花約每年4月初綻放 免費
搭公車在慶州世界樂園(경주월드)下車，往希爾頓飯店(힐튼호텔)方向過橋，步行約7分鐘，從星巴克附近開始沿湖賞櫻；離開時往大馬路方向走，搭乘公車即可；**1**.從巴士站出發：搭10、700號公車，車程約20分鐘；**2**.從佛國寺出發：搭11、700號公車，車程約10分鐘，下車後過馬路到對面

普門湖是慶州東側的人工湖，以湖為中心，規畫為複合式的觀光園區，有多家觀光飯店和各種娛樂設施，沿著湖邊也有完備的散步路和自行車道，此外普門湖周邊是慶州櫻花樹的密集區，也是韓國東南部知名的賞櫻景點，湖光美景搭配粉嫩櫻花，再加上楊柳點綴，別有一番值得細細品味的特殊風情，每當4月初櫻花綻放，總是吸引各地遊客的目光，推薦從希爾頓飯店附近的湖邊區段開始，享受初春微風、繁櫻盛開的美好時節。

1 **4** 普門湖旁美麗的櫻花路 **2** 櫻花、垂柳、小橋與湖水，構築成一幅美麗的景色 **3** 下小雨撐傘賞櫻，別有一番不同的感受

遊賞去處

世界文化遺產的千年古蹟

佛國寺

불국사

MAP P.267上/C2

出火車站，公車+步行約40分鐘

DATA

http www.bulguksa.or.kr 경주시 불국로 385(진현동) (054)746-9913 佛國寺、石窟庵平日09:00～17:00，假日08:00開始 $ 佛國寺、石窟庵免費入場 請參考P.269交通說明 此處資訊網址、地址、電話為佛國寺資料

佛國寺於1995年成為世界文化遺產，根據史書記載，是於新羅時期、西元774年完工，為宰相金大城紀念父母所興建，於壬辰倭亂時木造建築全被燒毀，目前的建築物是朝鮮時代整修而成，石造部分則是最原始的千年古蹟。寺內的紫霞門和安養門，分別通往大雄殿和極樂殿，紫霞門前的青雲橋和白雲橋，上下分別代表佛祖和一般眾生的世界，而安養門前的七寶橋和蓮花橋則是代表往極樂世界的路，但為保護文化遺產，大雄殿、極樂殿前的門和橋都禁止通行，要從側邊的路進去。

|玩|家|筆|記|

石窟庵(석굴암)

位於佛國寺附近，是一座人工花崗岩石窟寺院，根據史書記載，是新羅時期宰相金大城為紀念前世父母所興建。石窟庵主室屋頂呈半月形，上有蓮花紋的圓盤為蓋，供奉著釋迦如來佛像，和佛國寺一起被列入世界文化遺產，為保護歷史遺跡，主室內只能隔著玻璃參觀並禁止拍照。(參考P.269交通說明)

石窟庵佛像複製品，攝於慶州塔內

1多寶塔前的福金豬 2佛國寺內的多寶塔，是10₩銅板上的建築 3 4寺院外的櫻花樹林 5佛國寺主殿 6寺院內的楓紅景致

特色美食

高CP值的美味享受

慶州千年韓牛

경주천년한우

MAP P.277

出巴士站，公車＋步行約17分鐘

DATA

경주시 보문로 545-9(천군동) (054)741-8006 餐廳11:30～21:50，最後點餐21:00，下午15:00～16:30休息。肉品販賣處10:00～21:00 休 每月第二個週一 $ 烤肉可自選，另加基本費每人6,000₩(大人)，基本費最少須2人起。2人以上，每人均消約35,000～40,000₩起。其他單點10,000～30,000₩ 搭公車到「慶州樂園」站下車，從遊樂園正門對面的巷子進去，直走約1～2分鐘，左轉穿過停車場走進去即到；**1**.從慶州市區出發，搭10號公車，車程約15分鐘；**2**.從佛國寺周邊出發，搭11號公車，車程約15分鐘 小菜、沾醬和生菜為自助式。可1人用餐

「韓牛」與一般肉牛不同，並非在韓國生產的都是韓牛，必須經過特殊飼養流程，有等級評鑑的牛肉，才能稱為韓牛，真正新鮮有好品質的韓牛肉量少價高，在一般餐廳的價格還真是不太便宜。慶州的「千年韓牛」由農會直接經營，減少盤商的進貨成本，可用相對實惠的價格，品嘗到韓牛的鮮嫩美味，一般吃烤肉是直接點部位，但這裡是要先到旁邊販賣場買肉，直接看到肉品的色澤和油花分布，再自己挑選想買哪盤肉。

韓牛分為4個等級，「1++」雖然是最好的，但油脂分布較多，建議依照個人口味，搭配不同等級部位的肉，此外這裡也有一些豬肉或蔬菜菇類，三五好友一起來用餐，不必擔心不吃牛、不吃豬的問題，建議先買基本適量，吃不夠再來加買就好，買好肉之後到旁邊餐廳，只需要付基本人頭費，就能享受真木炭火烤韓牛的美味，記得牛肉別烤過熟，5～7分最能吃出鮮嫩好口感，另外中午時段也能點使用大塊牛腱肉製作的韓牛湯，或是生牛肉拌飯、生拌韓牛等美味喔！

1 餐廳外觀，右邊是肉品販賣處 **2** 用牛腱肉製作的韓牛湯 **3** 可以自己選要吃哪盤肉再購買 **4** 韓牛記得別烤過熟，太硬可是會影響口感

Menu

慶州千年韓牛菜單

- ☐ 千年韓牛湯 / 천년한우탕
- ☐ 生牛肉拌飯 / 육회비빔밥
- ☐ 生拌韓牛 / 한우물회
- ☐ 生拌牛肉 / 특미육회
- ☐ 米飯 / 공기밥
- ☐ 大醬湯 / 된장찌개
- ☐ 麵線 / 소면
- ☐ 水冷麵 / 물냉면
- ☐ 辣拌冷麵 / 비빔냉면
- ☐ 可樂、汽水 / 콜라、사이다
- ☐ 馬格利 / 막걸리
- ☐ 燒酒 / 소주
- ☐ 啤酒 / 맥주

特色美食

豐富新鮮蔬菜、吃飽也吃健康

MAP P.267下/D2
從大陵苑正門步行約4分鐘

李豐女 口路菜飯
이풍녀 구로쌈밥

DATA

경주시 첨성로 155번지(황남동) (054)749-0600 09:00～20:30，最後點餐19:30 休春節、中秋 $菜包飯套餐(쌈밥)每人15,000₩ 大陵苑正門出來直走到路邊左轉，過馬路直走約3～4分鐘 不可1人用餐

「菜包飯」是慶州傳統料理，用新鮮蔬菜包著飯和小菜一起吃，大陵苑附近是菜包飯店家聚集的地方，因而稱為菜包飯街。雖然名稱叫菜包飯，但可別以為內容會很單調，相反地，受到韓國傳統韓定食的影響，除了新鮮蔬菜和白飯，也有很多樣的小菜和烤肉、烤魚、湯鍋。「李豐女」女士1995年由韓國傳統文化保存會指定為傳統飲食名人，她所經營的菜包飯餐廳，提供內容豐富好吃的菜包飯韓定食，包飯的蔬菜和一般小菜都可以吃完再續，視覺和味覺都能讓人滿足呢！

1店家外的招牌 2用蔬菜包著米飯和小菜一起吃 3視覺、味覺都極度令人滿足的菜包飯韓定食套餐

特色美食

低調韓屋裡的家常好味

MAP P.267下/C2
出火車站步行約12分鐘

淑英食堂
숙영식당

DATA

경주시 계림로 60(황남동) (054)772-3369 11:00～20:00，最後點餐19:00 休每月第2、4個週二 $大麥飯定食(찰보리밥정식)單人11,000₩、兩人以上每人10,000₩，煎餅(파전)10,000₩ **1.**舊慶州火車站前左轉，步行約6分鐘的路口右轉過馬路，再直走約6分鐘左轉，再走一下的左邊；**2.**慶州高速巴士站對面左轉，直走約15分鐘右轉，再走一下的左邊 客人較多時，可能無法1人用餐，建議先電話詢問

位於韓屋裡的知名傳統韓食餐廳，在大陵苑石牆路旁不起眼的位置，餐點選項也不多，但料理的口味卻是清爽好吃。這裡的主要餐點是大麥飯定食，將口感滑順的大麥飯加到有多種新鮮蔬菜的碗裡，像拌飯一樣攪拌均勻後食用，為了要烹煮好吃的大麥飯，製作時也加入了各種穀類，此外隨餐提供的大醬湯鍋和煎魚也是輕口味、不油膩，是很受到當地人喜愛的家常美味。

1店家外觀 2口感滑順的大麥飯 3選項簡單、但口味卻不馬虎的家常好味料理

該店家易主經營，仍為提供類似韓式餐點的餐廳。

佛國寺附近的飽餐好選擇

南原食堂

남원식당

MAP P.267上／C2

出巴士站轉搭公車約30分鐘

DATA

경주시 불국사 숙박촌 상가내 (054)746-8296 07:00～18:00，最後點餐17:00，全年無休 各項餐點約8,000～15,000₩ 搭10、11或700號公車在佛國寺(公車)站下車，往公車站與觀光案內所中間對面的路直走，靠右側第2排的第3家店面 可1人用餐(部分餐點)

「南原食堂」是在佛國寺山下停車場對面，餐廳群裡的一家小店，進到店裡都還沒點餐，老闆娘就開始忙了起來，別覺得疑惑，這是要準備可比擬正餐的餐前菜(例：海鮮煎餅或涼拌橡實凍)喔！佛國寺是很多到訪慶州的人都會安排的景點，但是周邊可用餐的地方不多，如果要接著去附近或普門湖周邊的景點，不妨先來這裡吃個石鍋拌飯或熱湯鍋，然後再繼續接下來的行程吧！

1 店家外觀 2 餐前的蔥煎餅已是如此豐富 3 5 無論什麼餐點，都有提供豐富多樣的小菜 4 香菇鍋

Menu

南原食堂菜單

- □ 烤肉鍋／불고기
- □ 香菇鍋／버섯전골
- □ 山菜定食／산채정식
- □ 蔥煎餅／파전
- □ 涼拌橡實凍／도토리묵
- □ 大醬湯鍋／뚝배기된장
- □ 排骨湯／갈비탕
- □ 石鍋拌飯／돌솥비빔밥
- □ 烤排骨定食／떡갈비정식
- □ 嫩豆腐定食／순두부정식

南原食堂位置圖

南原食堂

11號 公車站牌

12號 公車站牌

10、700號 公車站牌

觀光案內所

往佛國寺

1

2

3

4

5

特色美食

在韓屋裡品味韓式茶點

光之圈

빛꾸리

MAP P.272/B1

出巴士站步行約15分鐘

DATA

경상북도 경주시 손효자길16-1 (054)777-4421 11:00～20:00 各式飲料茶點9,000～15,0000₩ 從靠近大陵苑後門的皇理團路入口步行約4～5分鐘，請參考P.272地圖 每人低消點一樣，點餐時付款。為了維護安靜的氣氛，婉拒13歲以下孩童入場

「光之圈」是位在慶州大陵苑旁，皇理團路小巷弄裡的韓屋傳統茶店，名稱有創造新夢想的含義，雖然位置較為隱祕，但相對來說氣氛也更寧靜，倚靠著落地窗發呆放空，原來自助旅行也可以如此漫遊。店裡最熱門的主打餐點，是很吸睛的六色烤年糕，分別是南瓜、艾草、黑米、仙人掌、紫色地瓜、白米等口味，記得要趁熱沾蜂蜜吃最佳，搭配傳統酸口味的五味子茶(오미자차)和梅實茶(매실차)，或是推薦韓國麵茶(미숫가루)、柚子茶(유자차)也都不錯唷！

1 2 3 將韓屋打造成茶屋，更是有傳統的氣氛 4 這裡招牌的六色烤年糕(색동 인절미구이)

| 玩 | 家 | 筆 | 記 |

慶州的老牌伴手禮～皇南麵包(황남빵)

「紅豆」是韓國常見的冰品點心配料，來到慶州成為伴手禮主角，薄麵皮包著滿滿紅豆沙的圓形點心，用原產地皇南洞命名，慶州街上隨處可見「皇南麵包」的招牌，但一般公認最老店、口味最好的店家，位於大陵苑後門附近，常可看到當地人一買好幾盒。對平常不太吃甜食的人來說，皇南麵包口味偏甜，比較適合搭配無糖或少糖的飲料一起享用，需要留意的是，皇南麵包最老店的商品保存期限，常溫僅3～7天，低溫冷凍最多也只能放1個月喔！

1 3 皇南麵包單個800₩，另有20、30個盒裝
2 店家外觀

旅館住宿

交通便利的韓屋飯店

皇南館

황남관

MAP P.267下/B2
出巴士站轉搭計程車約3分鐘

DATA

www.hanokvillage.co.kr 경주시 포석로1038(황남동) (054)620-5000 入住15:00、退房11:00，早餐分08:00、08:30兩個時段 雙人房平日80,000₩起，早餐每份10,000₩，韓服試穿免費(1小時)，無洗衣機 從巴士站前往，計程車車程約3分鐘、車費約4,000₩，步行約20分鐘

位在慶州歷史遺跡區的韓屋村飯店，和巴士站、火車站相距亦不遠，雖然一般雙人房內、衛浴設備的空間稍小，但對於想體驗韓屋住宿，卻擔心使用屋外衛浴不方便的人來說，會是個不錯的選擇，並且戶外活動空間大，還可以免費試穿韓服，飯店範圍內可免費無線上網，也可加價享用韓式早餐，提高一些預算，但有更好的住宿品質，也是一個不錯的選擇。

旅館住宿

新式傳統韓屋好便利

幸福韓屋村

행복한옥마을 셔블

MAP P.272/B1
出巴士站，步行約15～20分鐘

DATA

www.facebook.com/syeobul 경주시 포석로1092번길 26-1(황남동) 0507-1410-8609 入住15:00、退房11:00，早餐08:00～10:00 雙人房平日70,000₩起、週末90,000₩起 參考P.272皇理團路，從入口沿大陵苑圍牆步行約5分鐘

就在大陵苑圍牆邊的位置，位於皇理團路區域內，雖然緊鄰古墳公園，但是沒有陰森不舒服的感覺，全新建造的傳統韓屋，雙人房都是睡地板，三人房部分可睡床鋪，雖然室內空間稍微小一些，但是每個房間裡都有獨立衛浴設備，想要體驗韓屋住宿的人，不用擔心屋外共用衛浴的不方便，室外有寬敞庭院活動空間，可付費租借韓服外出拍照，民宿範圍內可免費無線上網，提供簡易早餐水果。

昌原(含馬山、鎮海)

창원・Changwon

首爾
全州/井邑
大邱
慶州
昌原
河東
釜山

韓國最有名的櫻花城市

說起昌原市，可能很多外國旅人不是太熟悉，但是提到鎮海，特別在每年4月初的櫻花季節慶之時，那可就是國際知名、很多旅客都要指定來朝聖的知名賞櫻景點了。「昌原」位於韓國東南部，為慶尚南道首府的所在地和行政中心，是個來往交通便利的海港城市，距離釜山的金海機場也不遠，2010年馬山市、鎮海市合併至昌原市後，除了原有的各產業基地外，更增添了酒鄉「馬山[1]」、櫻花城市「鎮海」的文化美景滋潤，替這個韓國最早的規畫型工業城市，注入更吸引人的無限魅力。

1 酒鄉馬山的介紹請看P.86。

「鎮海」意指「鎮守海洋」，自古就是軍事要地，日本殖民時在此大量種植櫻花樹，光復後原本要移除，但因「鎮海櫻花樹是來自濟州島原生種」的論點才保存下來，後來又增加到約35萬棵，充滿大街小巷，造就現在每年4月初韓國著名的櫻花慶典。此外市區裡還有日殖時期的特色建築，以日本海軍軍旗為概念建設的圓環路、放射狀街道，筆直的餘佐川則象徵旗桿，還有百年前建造的韓國商業銀行(現為友利銀行)，以及俄羅斯風格的鎮海郵局舊址等。

鎮海平常幾乎沒有外訪的遊客，但當櫻花滿城綻放之時，以中原圓環為中心的慶典主會場區，以及慶和站、餘佐川等知名景點，都會充滿來賞櫻的尋花遊客喔！

| 玩 | 家 | 筆 | 記 |

鎮海軍港節 (진해군항제)

昌原市鎮海區的慶典，最初是為了紀念朝鮮護國英雄李舜臣將軍，之後規模逐漸擴大，並結合櫻花季，於每年4月1日～10日舉辦，在中原圓環一帶展開熱鬧活動，平常禁止外人進入的海軍士官學校和海軍基地司令部，也會開放給大眾前往賞花。

昌原市位置圖

A B C D

1 2 3

馬山站(高鐵、火車)
마산역 (KTX、기차)
馬山市外巴士站
마산시외버스터미널
昌原綜合巴士站
창원종합버스터미널
新昌原站
신창원역
昌原市廳
창원시청
馬山棒球場
마산야구장
馬山高速巴士站
마산고속버스터미널
GOODDAY MUSEUM
굿데이 뮤지엄
馬山港
마산항
安民櫻花路
안민벚꽃길
慶和火車站
경화역
鎮海站(已停用)
진해역
帝皇山公園
제황산공원
鎮海市外巴士站
진해시외버스정류장
鎮海港
진해항
北

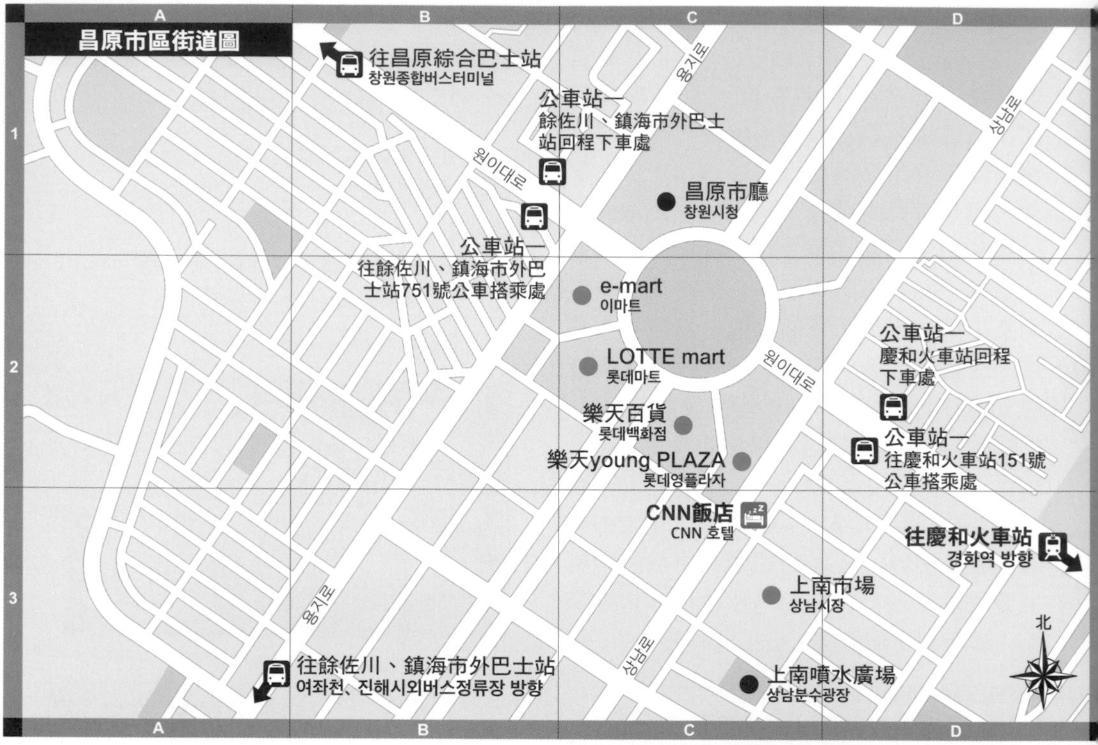
昌原市區街道圖
A
B
C
D
1
2
3
往昌原綜合巴士站
창원종합버스터미널
公車站—
餘佐川、鎮海市外巴士
站回程下車處
원이대로
용지로
상남로
昌原市廳
창원시청
公車站—
往餘佐川、鎮海市外巴
士站751號公車搭乘處
e-mart
이마트
LOTTE mart
롯데마트
원이대로
公車站—
慶和火車站回程
下車處
樂天百貨
롯데백화점
公車站—
往慶和火車站151號
公車搭乘處
樂天young PLAZA
롯데영플라자
CNN飯店
CNN 호텔
往慶和火車站
경화역 방향
上南市場
상남시장
용지로
상남로
北
往餘佐川、鎮海市外巴士站
여좌천、진해시외버스정류장 방향
上南噴水廣場
상남분수광장

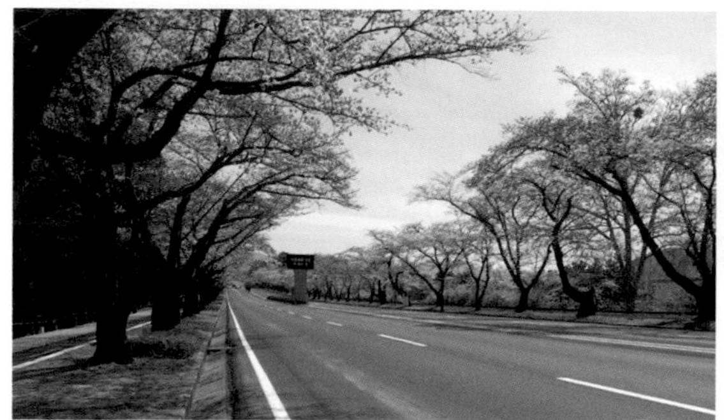

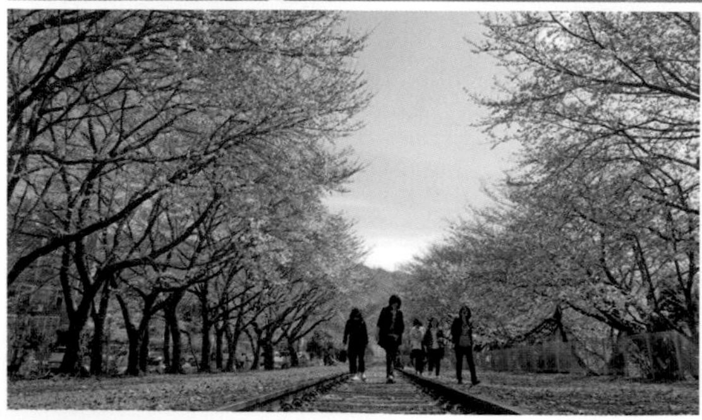

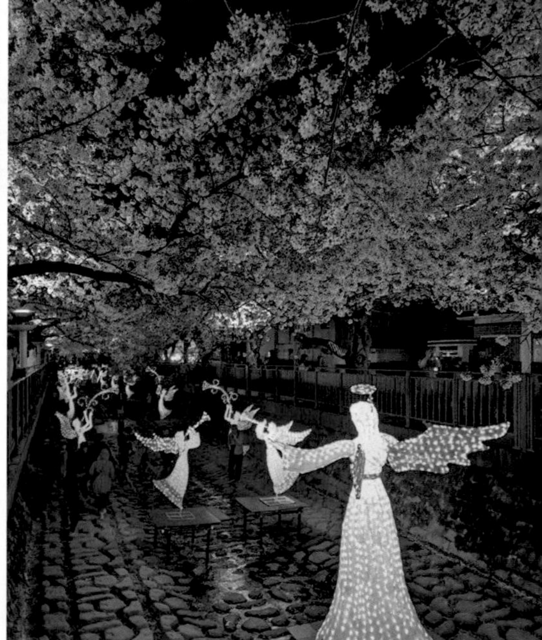

馬山市區街道圖
3.15 대로
公車站一
往棒球場、酒博物館搭乘處
馬山市外巴士站
마산시외버스터미널
馬山站(高鐵、火車)
마산역(KTX、기차)
公車站一
往鎮海760號公車搭乘處
公車站一
往棒球場、酒博物館搭乘處
公車站一
往鎮海760號公車搭乘處
Home plus
大賣場
公車站一
往鎮海760號公車搭乘處
합포로
LOTTE Mart
大賣場
NC棒球場(新)
NC야구장
公車站一
棒球場，下車
馬山高速巴士站
마산고속버스터미널
馬山棕點飯店
브라운도트호텔
봉양로
馬山棒球場(舊)
마산야구장
公車站一
往火車站搭乘處
新世界百貨
신세계백화점
公車站一
往慶和站164號公車搭乘處
公車站一
往火車站搭乘處
公車站一
酒博物館，下車
往 鎮海
진해 방향
GOODDAY MUSEUM
굿데이 뮤지엄
北

鎮海區域地圖
長福山公園
장복산공원
往昌原
창원 방향
往馬山
마산 방향
安民櫻花路
안민벚꽃길
內水面環境生態公園
내수면환경생태공원
慶和火車站
경화역
진해대로
餘佐川
여좌천
LOTTE Mart
롯데마트 진해점
海軍基地司令部
해군기지사령부
鎮海火車站
진해역
統海火車站
통해역
충장로
OASIS蒸氣房
오아시스 찜질방
Home plus
홈플러스
帝皇山公園
제황산공원
鎮海樓
진해루
往釜山
부산 방향
北
海軍士官學校
해군사관학교
鎮海市外巴士站
진해시외버스정류장
鎮海港
진해항
鎮海舊市區街道圖
羅曼史橋
로망스다리
往海軍基地司令部
해군기지사령부
餘佐川
여좌천
往 慶和火車站
경화역 방향
安民櫻花路
안민벚꽃길
北原圓環
북원로터리
鎮海火車站
진해역
挪夫部隊鍋
놀부 부대찌개
橋村炸雞
교촌치킨
友利銀行
우리은행
纜車搭乘處
中原圓環
중원로터리
鎮海塔 / 鎮海博物館
진해탑 / 진해박물관
舊鎮海郵局
구진해우체국
鎮海製菓
진해제과
帝皇山公園
제황산공원
帝皇山公園
제황산공원
南原圓環
남원로터리
307號公車站牌
(往慶和火車站)
307號公車下車站牌
往海軍士官學校
해군사관학교 방향
鎮海市外巴士站
진해시외버스정류장
公車總站
鎮海港
진해항

昌原旅遊黃頁簿

如果是要去鎮海賞櫻花，建議從釜山沙上搭巴士出發，若想早上在大批遊客湧入鎮海之前就到達，也可以前一天先住在沙上或昌原，隔天一大早再搭乘巴士或公車往鎮海。此外，亦可由東大邱搭巴士前往，從其他城市(如：首爾)出發時，可以搭高鐵到馬山火車站，再轉公車往鎮海。

昌原市

http www.changwon.go.kr(多國語言)

昌原文化觀光

http culture.changwon.go.kr(多國語言)

巴士、火車&高鐵

從釜山要前往鎮海賞櫻花，來往交通最便利的，是從西部市外巴士站(沙上)出發，往「鎮海市外巴士站」、「昌原綜合巴士站」，前者適合當天來回，後者則是建議在昌原住宿1～2晚。軍港節期間，除釜山沙上之外，其他往鎮海的巴士路線班車，建議提早購票為佳。

■鎮海市外巴士站 (진해시외버스정류장)

主要來往釜山西部市外巴士站(沙上)、綜合巴士站(老圃)、東大邱綜合換乘中心、首爾南部巴士站，站體較小、沒有物品保管箱。軍港節期間，鎮海市區部分路段交通管制、公車改道，建議可從鎮海火車站附近步行約20分鐘前往，傍晚之後回程人潮眾多，建議白天到達後就預先購買回程票，晚上就可以直接去排候車隊伍。

釜山→鎮海：市外巴士路線會經過地鐵102下端站旁停靠站，但不是起站可能沒有座位(不對號、有站位)，因此建議從沙上出發，軍港節期間巴士會增班機動發車。

鎮海→釜山：若後續行程是在地鐵1號線上，則建議可提早在地鐵102下端站下車，之後再轉搭地鐵，不用搭回沙上(地鐵2號線)，減少交通來往的時間。

MAP P.288上／B3

■昌原綜合巴士站 (창원종합버스터미널)

昌原的高速、市外巴士集中於此，面對站內櫃檯，售票窗口右邊是高速巴士、左邊是市外巴士，站體大小中等。從釜山的金海機場，有機場巴士可來往，或是沙上、海雲臺、老圃等有車班，但是以釜山沙上的班次最多，此外慶州的市外巴士站亦有少數班次，賞櫻季節期間，建議有要在昌原過夜的人，可經由本站轉往鎮海。

MAP P.285／C1

■馬山市外巴士站 (마산시외버스터미널)

站體大小中等，周邊為鬧區商圈，從釜山的沙上和老圃，都有市外巴士來往本站，其中沙上的班次較為密集便利，但一般外國遊客較少利用，若是有行程安排的需要，亦可從本站前往鎮海和馬山的景點。走出巴士站後，左轉直走約5～8分鐘的站牌，搭760號公車，附近有兩個站牌，請確認公車號碼，到鎮海車程約30分鐘。

MAP P.287／B1

■馬山高速巴士站 (마산고속버스터미널)

站體不是太大，若是從東大邱出發要往鎮海，或想順便去馬山的棒球場、GOODDAY世界酒博

鎮海市外巴士站

昌原綜合巴士站

馬山市外巴士站

馬山高速巴士站

物館，則可考慮到本站後再換車前往或是在周邊住宿。巴士站大門外，左斜對面的站牌，搭760號公車，到鎮海車程約15分鐘。

MAP P.287／C5

■馬山站(高鐵、火車)

高鐵、火車在馬山的共用站。鎮海的火車站均已無定期車班行駛，昌原的火車站離市區稍遠，或是沒有來往釜山、大邱的路線，前往鎮海建議搭乘巴士較為便利，但若是從首爾南下，則可搭高鐵到馬山站，再於車站前廣場搭760號公車，到鎮海車程約30分鐘，頭、末班車05:34～23:20，每17分鐘一班。

MAP P.287／A2

查詢各地往昌原(含馬山、鎮海)交通車班

- **■高鐵火車：**參考本書P.31，於韓國鐵路公社網站查詢。
- **■長途巴士：**參考本書P.28，有分高速／市外巴士。
- **■釜山沙上來回：**市外巴士，可查鎮海、昌原、馬山。沙上來往鎮海，巴士為現場排隊搭車，不對號入座。另金海機場有來往昌原綜合巴士站的車班。
- **■東大邱來回：**高速巴士，可查鎮海、馬山，班次略少，櫻花旺季建議提早於窗口購票。

公車、計程車

在昌原搭乘公車，可以使用T-money和cash bee交通卡，一般公車單程投現1,500₩、刷卡1,450₩，座席公車(座位較多或路線較長)單程投現1,800₩、刷卡1,750₩。軍港節期間，鎮海部分公車會因交通管制而改道，除較遠的慶和站、安民櫻花路之外，主會場區域內建議步行為佳。計程車起跳價為4,000₩(慶典期間會有喊價共乘的情況)，部分景點如：慶和站、安民櫻花路，或多人一起旅遊、時間較趕等，也可選擇搭計程車來往。

大邱來往鎮海

從東大邱綜合換乘中心(地鐵135東大邱站旁)出發，每天06:20～21:05有9班巴士來往鎮海市外巴士站，車程約2小時，票價14,100₩，若有需要亦可住在大邱，安排鎮海一日旅行，大邱旅遊資訊可參考另一著作《搭地鐵玩遍大邱》。(去、回程資訊差不多)(此為高速巴士路線，可參考P.28查詢班次)

賞櫻住宿

櫻花季時不易在鎮海找到合意的旅館住宿，或是費用可能會翻多倍漲價，建議可住在：釜山地鐵沙上站、昌原市廳的周邊，早上再轉搭市外巴士或公車前往鎮海，既可有高CP值的選擇，也能在大批觀光客湧入鎮海之前，搶先欣賞櫻花美景，但若是行李太多，就不必刻意換住宿，減少搬行李移動的體力和時間。

旅遊行程規畫

櫻花季鎮海遊客眾多，建議早上7～8點到鎮海，9點前先參觀最熱門的慶和站、餘佐川，之後往海軍士官學校、海軍基地司令部，最後回到餘佐川欣賞夜櫻，若是安排鎮海一日遊，如此市區內就很足夠櫻花看到飽囉！

景點交通說明

製表：Helena(海蓮娜)

景點	交通說明
慶和站櫻花路	■在鎮海市區搭307號公車，從鎮海火車站對面出發，車程約12分鐘，在慶和站下車，過馬路對面即到。搭計程車來往，車程約10分鐘、車費約6,300₩。 ■從昌原市廳附近鬧區「은아아파트(맞은편)」(銀牙公寓對面)站，搭乘151號公車，車程約20分鐘，在慶和站前下車即到。
餘佐川	■鎮海火車站旁的巷口，直走穿過地下道就可看見餘佐川。 ■從鎮海市區搭305、317號公車，在「여좌동주민센터」(餘佐洞住民中心)站下車，可從餘佐川中段開始賞櫻。
海軍士官學校、海軍基地司令部	軍港節期間有交通專車，士官學校乘車處在南原圓環、學校門口附近，司令部在北原圓環，一日票價2,000₩。搭專車可在司令部內下車步行參觀，之後再搭車離開，亦可直接步行或搭計程車前往，但計程車只能在司令部繞一圈，不能下車參觀。
安民櫻花路	■去程：從軍港節主會場區搭計程車往安民路崗，車程約15分鐘、車費約10,000₩。 ■回程：沿安民櫻花路的登山步道往下走約4公里，約需1.5～2小時，下山後可搭309號公車回軍港節主會場區，或到對向搭309號公車往慶和站。
GOODDAY MUSEUM 世界酒博物館	搭公車在「봉암동(롯데제과)」鳳岩洞(樂天製菓)站下車，往原車行方向直走約3、4分鐘，到有「MUHAK」(舞鶴)字樣的巷口右轉，直走約1分鐘再右轉可到。 ■馬山市外巴士站：對向站牌，搭162號公車，車程約14分鐘。 ■馬山高速巴士站：與博物館距離只有約1.3公里，建議直接搭計程車前往，車程約4分鐘，車費約4,000₩。 ■馬山站：穿過站前廣場到馬路邊左轉，直走約3分鐘的站牌，搭162號公車，車程約13分鐘。 ■計程車：從馬山市外巴士站、馬山站出發，車程約10分鐘，車費約5,500₩。
馬山棒球場	■馬山市外巴士站：對向站牌，搭乘100號公車，車程約10分鐘，在棒球場站下車即到。 ■馬山高速巴士站：與棒球場距離相近，請參考P.287地圖，步行約15分鐘可到。 ■馬山站：穿過站前廣場到馬路邊左轉，直走約3分鐘的站牌，搭乘100號公車，車程約10分鐘，在棒球場站下車即到。 ■計程車：從馬山市外巴士站、馬山站出發，車程約6分鐘，車費約4,700₩。

鎮海櫻花季建議

軍港節會場用餐：主會場區、熱門景點周邊都會有臨時營業的攤販，建議以賞花行程為主，走到哪裡就隨意找東西吃，不一定要特地去哪家餐廳，較為節省時間精力。

慶典以外時間可以去鎮海嗎？：鎮海軍港節每年固定日期，若是櫻花提早或延後開，除了海軍士官學校和海軍基地司令部之外，其他景點不受限制，都可以前往賞花。

搭計程車教戰守則：軍港節慶典期間，鎮海人潮眾多，尤其晚上特別難攔到計程車，若有幸截住車輛，建議先直接坐上車，再跟駕駛說要去哪裡，減少被拒載或車子被搶走的機率。

遊賞去處

浪漫人氣櫻花列車

慶和站櫻花路

경화역 벚꽃길

MAP P.288上／D2

出巴士站，公車＋步行約30分鐘

DATA

창원시 진해구 경화동1200-1 24小時 免費 請參考P.291「慶和站櫻花路」交通說明

每年4月初的慶和站，有著無敵浪漫的粉嫩景致，雖然已於2000年廢站，但沿著鐵軌約800公尺、美麗壯觀的櫻花隧道，依然是鎮海賞櫻的超級熱點，每年都吸引大批遊客來訪，也有許多電影、電視劇在這裡拍攝。以往配合慶典活動的運輸需求，有期間限定的櫻花列車，但考量到火車來往的安全問題，2016年開始直接將火車停靠在慶和站的軌道上，讓大家都能盡情地賞櫻拍照。

1 3 櫻花隧道搭配廢線火車鐵軌，有著吸引人氣的迷人魅力 2 軍港節期間會將火車直接停在鐵軌上讓大家拍照

遊賞去處

從高處視角賞櫻花、品清新

安民櫻花路

안민벚꽃길

MAP P.288下／D1

出巴士站，轉搭計程車約15分鐘

DATA

24小時 免費 請參考P.291「安民櫻花路」交通說明

不建議夜間前往，建議自備飲水和糧食

位於長福山山腰的安民路，兩側多有櫻花樹的蹤影，加上此處空氣清新，每當櫻花滿開之時，就會成為令人舒適嚮往的散步路，沿途大部分區段設有木頭步道，方便好走、適合健行，於制高點的展望台涼亭，可以欣賞到比鎮海塔上更寬闊的景色。此處地勢較高，開花時間比平地略晚，建議可搭計程車到最高處，之後一邊賞櫻、一邊散步下山。

| 玩 | 家 | 筆 | 記 |

實用韓文

■從這裡到安民路崗的車費是多少錢呢？
여기에서 안민고개까지 얼마예요?

■請到安民路崗最高處的涼亭。
안민고개 앞 가장 높은 전망대 쉼터 가주세요.

1 安民路沿線多有木頭步道、方便好走
2 可眺望周邊市區景色

遊賞去處

體驗前進軍營賞櫻花

海軍士官學校、海軍基地司令部

해군사관학교、해군기지사령부

MAP P.288下/A1、A3

出巴士站
步行約24分鐘

DATA

www.navy.ac.kr(韓、英) 軍港節期間平日08:30～16:30、假日08:30～17:00，最後入場時間為截止前30分鐘 免費參觀。專車1日自由券2,000₩、往返一回1,000₩ 請參考P.291「海軍士官學校、海軍基地司令部」交通說明 部分區域為管制區不可進入

管制森嚴、平常禁止一般人進入的軍事單位，在櫻花盛開的鎮海軍港節期間，開放給大眾前往參觀，比起搭車匆匆繞行一圈，還不如親自走一段，軍營裡的櫻花大道上，或是學校的海邊櫻花，各有著不同的氛圍，此外學校裡的海港邊，還有仿古製造的李舜臣將軍戰艦「烏龜船」和大型軍艦可參觀，以及展示朝鮮時代的武官軍服和現代海軍學校制服，再加上各式演出活動，展現出不同的熱情活力。

1司令部的櫻花大道 2仿古製造的朝鮮時代海軍烏龜船
3士官學校的海邊櫻花樹

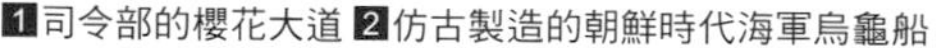

遊賞去處

搭纜車輕鬆俯視壯觀櫻花

帝皇山公園

제황산공원

MAP P.288下/C2

出巴士站
步行約12分鐘

DATA

monorail.cwsisul.or.kr(韓) 창원시 진해구 제황산동 산28-6 (055)712-0442 公園24小時，軍港節期間纜車營運時間09:00～22:00 每週一 公園免費，纜車票價來回3,000₩、單程2,000₩ 請參考地圖P.288，到中原圓環，往帝皇山方向走到山邊可到纜車搭乘處

帝皇山依其形狀，又稱為貓頭鷹山或頭岩峰，是日帝時期的海軍通信基地，公園裡矗立著韓國海軍的象徵──鎮海塔，塔內的鎮海博物館，展示在鎮海發掘的各種文史遺物，可以登山前往，或是搭乘纜車到公園後再前往塔頂，俯視鎮海的新舊市區和周邊港灣海景，每當櫻花盛開時節，也能從不同的角度，欣賞鎮海壯觀的櫻花美景。

1山上人潮較少，有更好的賞櫻花環境
2搭纜車可以輕鬆到達山上

遊賞去處

小橋流水更添意境

餘佐川
여좌천

MAP P.288下/B1

出巴士站
步行約20分鐘

DATA

창원시 진해구 여좌동 24小時 免費 請參考P.291「餘佐川」交通說明

2002年的韓劇《羅曼史》，男女主角在櫻花盛開的餘佐川第一次相遇，從此川上的小木橋，就被暱稱為羅曼史橋，成為鎮海賞櫻的必訪景點。沿著筆直的餘佐川，每年都會設置不同的點綴裝飾，若再遇上櫻花、油菜花同時盛開，浪漫氣氛更不同一般。除了白天日景，餘佐川的夜櫻景致更是令人心醉，可別急著離開，記得要來好好微醺一番啊！

1 2 4 布置每年樣式不同，搭配上油菜花更是有豐富色彩
3 別急著離開鎮海，夜櫻更是有浪漫氣氛

遊賞去處

韓國最大世界酒博物館

GOODDAY MUSEUM
굿데이뮤지엄

DATA

www.gooddaymuseum.co.kr(韓) 창원시 마산회원구 봉암공단2길 22(봉암동) 070-7576-2017 10:00～17:00自由參觀，另有三個導覽行程(工廠內部參觀)，須事先預約 週末和年節假日 免費 請參考P.291「GOODDAY MUSEUM」交通說明

由馬山在地企業、知名燒酒品牌「好日子」的製造公司「舞鶴」(P.86)所成立，從製作酒的原料開始，館內分為亞洲、歐洲、非洲、大洋洲、美洲等區，展示從世界各國收集而來的各種酒類，此外因為1970年左右是舞鶴公司迅速成長的年代，所以在酒博物館裡，打造了1970年代的馬山街道，可以體驗復古的氛圍，參觀結束後還能在休息區試喝「好日子」的產品喔！

1 從左到右：碳酸氣泡酒、原味燒酒、低濃度燒酒 2 博物館外造景 3 仿1970年代的馬山街道場景 4 展示從五大洋、世界各國收集而來的各種酒類

近昌原市廳周邊鬧區

CNN飯店

CNN 호텔

MAP P.286/C3
出巴士站，轉搭計程車約15分鐘

DATA

창원시 성산구 상남로 118(상남동) CNN타워 (055)284-9100 入住16:00、退房12:00，早餐07:00～09:00 雙人房約50,000₩起 先搭巴士到昌原綜合巴士站，之後轉乘公車或計程車前往；**1**.搭計程車：車程約15分鐘、車費約8,500₩；**2**.搭公車：昌原綜合巴士站對向，搭103號公車，車程約20分鐘，在「은아아파트(맞은편)」(銀牙公寓對面)站下車，往回走到路口左轉，再直走約3分鐘，櫃檯在7樓，房間位於7樓以上

昌原上南市場商圈鬧區旁的類旅館型飯店，搭151號公車約20分鐘，即可到鎮海賞櫻景點－慶和站，入住前、退房後可暫放行李。飯店內無其他附加設施，7樓有飲水機、咖啡機、微波爐可使用，基本房型的空間寬敞，範圍內可免費無線上網，房內提供各式基本備品，住宿即提供豐富的自助式早餐，附近又有可逛街的商圈，是鎮海賞櫻的高CP值選擇。

近馬山高速巴士站

馬山棕點飯店

브라운도트호텔 Brown-Dot Hotel

MAP P.287/C5
出巴士站步行約2分鐘

DATA

창원시 마산회원구 합포로 278(양덕동) (055)295-6603 入住18:00、退房12:00 雙人房約50,000₩起 從馬山高速巴士站出來，左轉直走約2分鐘即到，若是從市外巴士站前往，可參考P.291「馬山棒球場」交通說明，兩者相距步行約13分鐘

近馬山高速巴士站、馬山棒球場的類旅館型飯店，在對向搭760號公車可往鎮海站、鎮海市外巴士站，在附近新世界百貨對面，搭164號公車可到慶和站，車程各約20～25分鐘，入住前、退房後可暫放行李。飯店內無其他附加設施，1樓有咖啡機、微波爐，基本房型空間偏小，房內提供各式基本備品、可無線上網，附近有兩家大型超市賣場，住宿生活機能佳。

全州

전주・Jeonju

朝鮮國王的故鄉、韓國最大韓屋村

朝鮮半島的大面積平地，多集中在西南邊的全羅道，也相對少有嚴冬酷寒的日子，這樣的地理環境利於農業耕作、飼養牲畜，因此全羅道地區物產富庶，是朝鮮半島的糧倉，自古就有「魚米之鄉」的稱號。而位於全羅北道的全州市，更因為是朝鮮國王們的故鄉，所以全州美食以故鄉佳餚的名義，成為進貢給國王的御膳，其中「全州拌飯」最有名，與「平壤冷麵」、「開城湯飯」，並列為朝鮮三大飲食。

而全州最大的觀光亮點，就是有著「韓國最大韓屋村」稱號，由700多間韓屋組成、實際有人居住的「全州韓屋村」，沒有過多高樓參雜其中，更能保存傳統古城的歷史風韻，猶如搭乘時光機回到過去，可以穿著韓服來場個人變裝秀，遊逛殿洞聖堂、慶基殿、全州鄉校等古蹟，都是拍照打卡的大熱點，亦有介紹韓紙藝術的展示館，或是待在韓屋咖啡店裡放空休息也不錯呢！

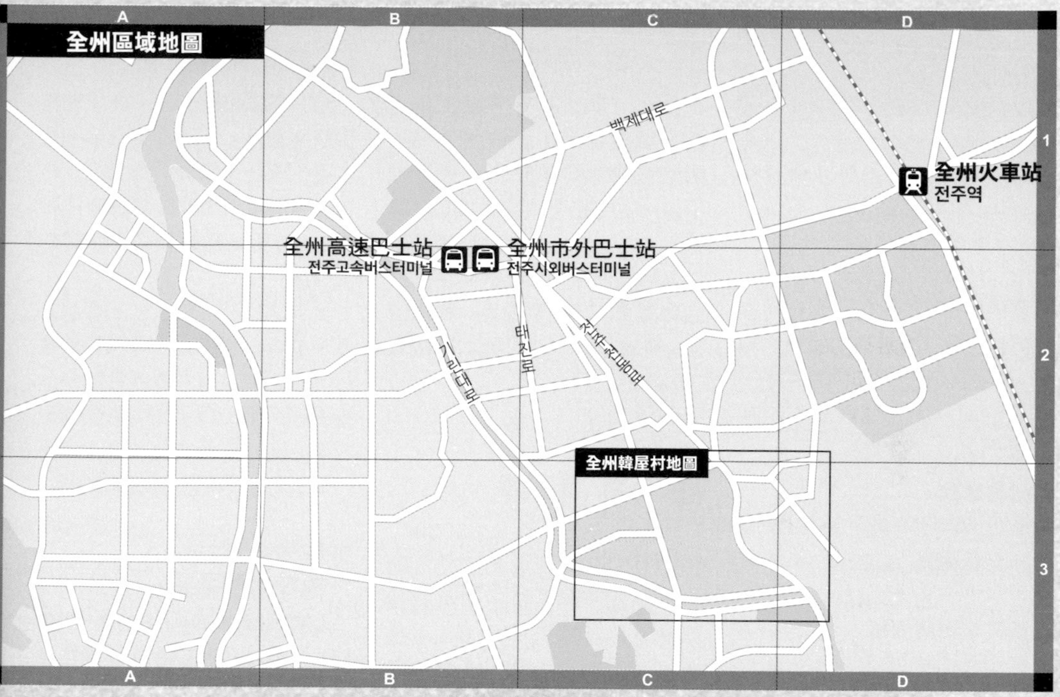
全州區域地圖
백제대로
全州火車站
전주역
全州高速巴士站
전주고속버스터미널
全州市外巴士站
전주시외버스터미널
기린대로
태진로
全州韓屋村地圖

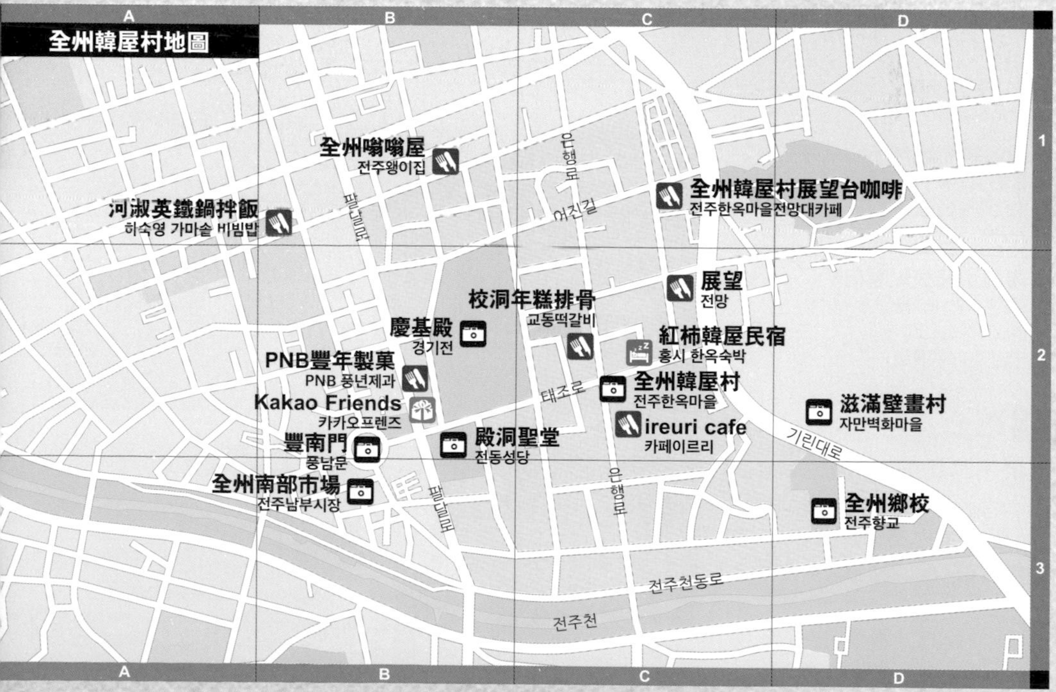
全州韓屋村地圖
全州嘛嘛屋
전주왱이집
河淑英鐵鍋拌飯
하숙영 가마솥 비빔밥
全州韓屋村展望台咖啡
전주한옥마을전망대카페
은행로
어진길
팔달로
展望
전망
校洞年糕排骨
교동떡갈비
慶基殿
경기전
紅柿韓屋民宿
홍시 한옥숙박
PNB豐年製菓
PNB 풍년제과
全州韓屋村
전주한옥마을
태조로
Kakao Friends
카카오프렌즈
滋滿壁畫村
자만벽화마을
ireuri cafe
카페이르리
豐南門
풍남문
殿洞聖堂
전동성당
기린대로
全州南部市場
전주남부시장
全州鄉校
전주향교
전주천동로
전주천

全州旅遊黃頁簿

全州主要的聯外車站都在市區，和主要景點全州韓屋村都不遠，如果是搭高鐵KTX來往，從釜山、大邱亦能當天來回遊覽，但旅遊時間足夠的話，建議可在韓屋村住宿，體驗不同的韓式氛圍。若是秋天11月初安排前往，亦可搭配井邑市的內藏山賞楓行程。

全州市官網
http www.jeonju.go.kr

全州文化觀光
http tour.jeonju.go.kr

慶基殿觀光案內所
(063)287-1330
09:00～18:00
韓屋村內慶基殿前

全州韓屋村觀光案內所
(063)282-1330
09:00～18:00
全州韓屋村內

全州站觀光案內所
(063)241-6949
09:00～20:00
全州火車站內

高速巴士站觀光案內所
(063)255-6949
09:00～18:00
巴士站外小廣場

巴士

全州的長途巴士站，有分高速巴士、市外巴士，兩站位置相近，距離僅約286公尺，步行約5分鐘可到，從韓國各地要前往全州，建議以出發地住宿交通方便的巴士站即可。長途巴士的班次資訊，可參考本書P.28查詢。
MAP P.297上／B2

火車／高鐵

全州火車站為高速鐵路和一般火車在全州市區的停靠站，距離主要旅遊景點全州韓屋村不遠。從韓國東南邊釜山、大邱等地前往全州，建議搭乘高鐵較為節省時間，只要中間在五松站轉乘即可，相關介紹、查詢班次、預購車票，可參考本書P.14、P.31。
MAP P.297上／D1

公車、計程車

全州計程車費基本4,300₩，主要景點全州韓屋村距離各聯外車站都不遠，建議可搭計程車前往。回程若有需要，可參考本書P.33，使用手機APP叫計程車。在全州搭公車，可以使用韓國兩大交通卡(見P.94)，單程車費投現1,500₩、刷交通卡1,450₩。

景點交通說明

全州的高鐵／火車、長途巴士站都在市區，距離韓屋村都不是太遠，建議可搭計程車來往，較為節省時間和體力。若要來往韓屋村，可用慶基殿或住宿點當定位目標。

全州兩個長途巴士站周邊有多個公車站牌路線，分別可來往韓屋村範圍各處，要留意部分公車去、回程路線不同，若要搭乘公車，建議參考本書P.33，使用韓國的電子地圖查詢公車路線。

全州火車站←→韓屋村慶基殿

計程車的車程約15分鐘，車費約7,800₩，火車站前有排班計程車。公車車程約30～40分鐘，全州火車站前廣場右邊可搭79號公車往韓屋村；韓屋村返回時在去程對向搭車。

全州高速巴士站

全州火車站

全州市外巴士站

全州公車

■全州的長途巴士站⟷韓屋村慶基殿

計程車的車程約12分鐘，車費約5,900₩，巴士站正門外有排班計程車。公車車程約20分鐘，79號公車從火車站開出後，會經過兩個長途巴士站左前的公車站牌，再開往韓屋村；韓屋村返回時在去程對向搭車。

住宿

全州韓屋村裡有很多韓屋民宿，且多已改成房間裡有現代衛浴設備，推薦可以住1～2晚體驗，但通常沒有暖氣，而是地板會發熱的電暖炕，若是秋末、冬天、初春前往，容易腐壞或融化的食物，切忌直接放在地上，例如：全州很知名的PNB巧克力派。若有其他需求，韓屋村裡也有西式飯店，或是兩個長途巴士站周邊，亦有許多旅館可選擇。

美食

來到全州旅遊，大多數人都會覺得要吃「全州拌飯」，的確是當地最知名的美食之一，但全州也不是只有拌飯，韓屋村裡和周邊，有多樣韓國美食、小吃可以選擇，不用擔心餓肚子，通常只會怕胃容量不夠啊！

旅遊行程規畫

全州韓屋村內的店家攤販，約上午10點後會陸續開始營業到晚上6點，夏天旺季可能會前後延長。餐廳營業時間以上午11點開始為主，一直到晚餐結束後，部分會有午休時間。

■當天來回

從釜山、大邱搭高鐵來回，加全州當地以計程車接駁，早上7點出發，上午11點前可到韓屋村，晚上7點離開，深夜11點前可返回住處，在韓屋村裡可以有約7～8小時的參觀時間。

■兩天一夜

下午入住韓屋村裡的住宿後，即可開始輕鬆遊覽，時間上較寬裕、不用太匆忙。若為秋天銀杏轉黃之時，拍照的人潮可能較多，全州鄉校建議隔天一早再前往為佳。

■三天兩夜

搭配前述兩天一夜的行程，秋天11月初還可再加1天井邑內藏山賞楓。從全州往井邑，市外巴士單程約1小時，到達井邑等公車＋車程，約1小時可到內藏山入口。井邑相關介紹請參考本書P.306。

全州PNB巧克力派

河淑英鐵鍋拌飯(P.302)

若住韓屋有開地熱，PNB巧克力派記得要放高

從新改裝過的韓屋房間裡，大多會有現代化衛浴設備

| 玩 | 家 | 筆 | 記 |

全州在地的傳統酒「母酒」

有別於韓國傳統、一般常見的馬格利濁米酒，全州在地的「母酒」(모주)，是母親因擔心兒子喝太多酒，影響身體健康，而特別以多種韓藥材，如：生薑、大棗、桂皮、水梨等，調配製作出幾乎沒有酒精的飲料，濃度僅約1%。全州當地有多個品牌，很多餐廳店家也會有自製的手工母酒，推薦可以嘗試看看。

韓國規模最大的韓屋村

全州韓屋村

전주한옥마을

MAP P.297下/C2
火車站前搭計程車約15分鐘

DATA

http hanok.jeonju.go.kr ✉전북 전주시 완산구 기린대로99(남노송동) ☎(063)282-1330 ⏰各店家營業時間不同，約11:00～18:00最熱鬧，夏天旺季可能會前後延長 $免費入場 ➜參考P.298全州景點交通說明

位於西南部全羅北道的全州市，是韓國現有規模最大、實際有人居住的傳統韓屋村，韓屋屋脊的四角往天空微翹，從高處眺望時，彷彿700多間的韓屋相連在一起，形成甚為壯觀的景象。

全州韓屋村近年觀光發展日趨成熟，除了有各種傳統文化相關的博物館和展示空間，以及選擇多樣的餐廳美食、路邊小吃，此外經過改裝、房間裡有現代衛浴設備的韓屋民宿，讓旅客既能體驗傳統住宿的氛圍，又可以免去還要外出梳洗的不便，在維持傳統與現代化生活之間取得相對的平衡。

| 玩 | 家 | 筆 | 記 |

全州韓屋村內推薦焦點

全州鄉校 (전주향교)

鄉校是朝鮮時代設立在各地方的國立學校，全州鄉校原在慶基殿附近，1603年遷移至現址，被指定為史蹟第379號，傳統建築保存完好，是韓劇《成均館緋聞》拍攝地。

慶基殿 (경기전)

供俸朝鮮國王、太祖李成桂御真(王的畫像)的地方，建於太宗10年(西元1410年)，雖然入場費要3,000₩，但因為人潮較少，如果想要租韓服拍照，此處會是不錯的選擇。

殿洞聖堂 (전동성당)

韓國西南部地區最早的羅馬式建築，為紀念朝鮮時代的天主教殉教者，20世紀初法國神父購地興建教堂外觀，後由設計首爾明洞

聖堂的神父接手，完成教堂的內部工程，共耗時約23年才興建完成。

穿韓服漫遊韓屋村

全州韓屋村裡有很多韓服出租店，各家價位不一，約從10,000～15,000₩/每套起，含簡單調整髮式，其他配飾可能需要另外加價，每家衣服品質有差異，建議多看幾家再選擇。

全州知名伴手禮：PNB巧克力派

全州在地老牌、始於1951年的「豐年製菓」(PNB)麵包店，最有人氣的產品是有多種口味的巧克力派，若怕太甜膩，可搭配無糖的熱茶或美式咖啡。韓屋村有多個販售點，可就近購買。

韓屋村裡最大的咖啡店「이르리」

全州韓屋村裡有很多咖啡店，其中「이르리」(ireuri_cafe)以韓國傳統風格為主，庭院裡有製作泡菜的醬缸和雙層涼亭，點綴網美風的打卡熱點布置，是目前村裡規模最大的咖啡店。

登高眺望韓屋村全景

以往若想眺望韓屋村，需要爬到高處的梧木臺、梨木臺上，但現在只要輕鬆步行到咖啡店就可以達成，村裡有兩家店名都包含「전망」(展望)的咖啡店，都能從高處欣賞韓屋村景色。

在地數十年來的扎實美味

河淑英鐵鍋拌飯

하숙영 가마솥 비빔밥

MAP P.297下／B1
韓屋村慶基殿步行約10分鐘

DATA

전주시 완산구 전라감영5길19-3(중앙동) (063)285-4288 11:00～15:30、17:30～20:30，週末中午不休息，週日到20:00，最後點餐為各時段打烊前半小時 休 每週三 $ 各餐點13,000～17,000₩、生拌牛肉35,000₩、手工母酒每杯3,000₩ 面對慶基殿往左直走過馬路，約4分鐘在豐南門處右轉，再直走約6～7分鐘的左手邊巷內 請每人點一份餐。舉例：兩人可點拌飯套餐、海鮮煎餅各一，不用每個人都點飯

雖然要走出韓屋村，但卻是在地知名的美味老字號。「河淑英鐵鍋拌飯」原名中央會館，在全州當地經營許久，使用會呼吸的傳統陶缸，費時製作需要三年以上熟成的美味醬料，此外小菜豐富、分量豪華，還會端上兩個鍋碗，一個是鐵鍋，另一個是黃銅碗，先將鐵鍋裡的米飯盛到黃銅碗裡，和蔬菜一起攪拌均勻，再把熱水倒入鐵鍋裡，趁著品嘗美味拌飯的同時，鐵鍋裡就會變成味道清爽的鍋巴湯唷！

1 海鮮蔥煎餅 2 拌飯好吃的祕訣就是要攪拌均勻再吃 3 一人份的鐵鍋拌飯套餐(煎餅另外單點)

Menu

河淑英鐵鍋拌飯菜單

- □ 古早味鐵鍋生牛肉拌飯／옛날가마솥육회비빔밥
- □ 古早味鐵鍋韓式拌飯／옛날가마솥비빔밥
- □ 海鮮煎餅／해물파전
- □ 生拌牛肉／육회
- □ 涼拌黃涼粉／황포묵무침
- □ 韓方蔘雞湯（冬季限定）／한방삼계탕
- □ 手工母酒／수제모주

｜玩｜家｜筆｜記｜

無可取代的美味：全州拌飯

拌飯是把各種蔬菜、肉類和調味料放在米飯上，攪拌均勻後食用的料理，原指非石鍋的碗裝拌飯，可以同時攝取多種養分，是營養滿點的國民料理。

韓國各地有多種拌飯，以糧倉全羅道的全州拌飯最為有名。全州拌飯的製作方式，先用牛肉牛骨熬煮的高湯來煮白飯，再把稍微炒過或汆燙的切絲時令蔬菜放在米飯上，如：蕨菜、香菇、菠菜、茼蒿、水芹菜、紅蘿蔔等，以及雞蛋皮和黃涼粉，加料版還會再放上牛肉絲。雖然拌飯的蔬菜顏色豐富吸睛，但好吃的要點更在於米飯，要使用含水量較少、粒粒分明的米飯，這樣放上各種配菜，淋上芝麻油、加入拌飯醬，攪拌時才能使味道均勻沾附在每顆米粒上，讓拌飯更加美味。

特色美食

可以1個人吃的韓式套餐

校洞年糕排骨

교동떡갈비

MAP P.297下/C2

韓屋村慶基殿步行約5分鐘

DATA

전북 전주시 완산구 은행로 52(풍남동) (063)288-2232 11:00～20:30，最後點餐19:30 年糕排骨1人套餐18,000₩起，母酒單杯5,000₩ 面對慶基殿往右直走，約4分鐘的路口左轉，再直走約1分鐘的左手邊

「年糕排骨」是韓國西南部全羅南道的代表美食，以牛排骨肉帶出香味，並混合豬排骨肉的油脂增添口感，做成四方或圓形的無骨肉餅，烤熟或煎熟後食用，這道料理外型類似漢堡肉，但材料和製作方法不同，兩者味道和口感都相異。漢堡肉是鹹味、口感較軟散，但「年糕排骨」是帶甜味、口感有嚼勁，就像吃年糕那樣要咀嚼，所以用「떡」(年糕)來形容，加上是用排骨肉製作，因此稱為年糕排骨。

位在全州韓屋村裡的校洞年糕排骨，結合韓國有名的兩種米飯，推出年糕排骨分別搭配竹筒飯、山薊菜飯的個人套餐，並附上多樣韓式小菜，可以單吃、配米飯吃，也可以像吃烤肉那樣，用生菜包著年糕排骨和小菜一起吃，此外也有拌飯、生牛肉、生章魚等料理，再來杯全州傳統、酒精濃度僅約1%的母酒，雖然全州拌飯很好吃，但是以年糕排骨為主角的韓式套餐，也是不能錯過的美味。

Menu

校洞年糕排骨菜單

- ☐ 年糕排骨＋竹筒飯／떡갈비＋대통밥
- ☐ 年糕排骨＋山薊菜飯／떡갈비＋곤드레밥
- ☐ 生牛肉拌飯／육회 비빔밥
- ☐ 全州拌飯／전주 비빔밥
- ☐ 生牛肉／육회
- ☐ 生牛肉＋活章魚／육회＋산낙지
- ☐ 母酒／모주

1店外觀 2山薊菜飯 3也可以用生菜包著年糕排骨吃 4一人份套餐(母酒為另外加點) 5全州傳統的母酒，可以點1瓶或1杯

特色美食

唯一專賣黃豆芽湯飯

全州嗡嗡屋

전주왱이집

MAP P.297下/B1

韓屋村慶基殿步行約10分鐘

DATA

전북 전주시 완산구 동문길 88(경원동) (063)287-6980 07:00～21:00，最後點餐20:30 黃豆芽湯飯8,000₩、加章魚3,000₩、大片烤紫菜1,000₩、母酒每杯2,000₩ 面對慶基殿往右直走，約1～2分鐘左轉，再直走約7～8分鐘左轉，再直走約1～2分鐘的右手邊 旁邊分館只有週末假日才開。若要多加章魚塊，一開始點餐時就要告知

Menu

全州嗡嗡屋菜單

- ☐ 黃豆芽湯飯／콩나물국밥
- ☐ 小朋友湯飯／어린이국밥
- ☐ 大片烤紫菜／돌김
- ☐ 加章魚／오징어사리
- ☐ 母酒／모주

黃豆芽富含營養素，熱量低、水分和膳食纖維高，對於清熱消腫有功效，特別是韓國人覺得還能解酒，因此黃豆芽湯飯成為韓國常見的湯飯種類之一，無論是酒後或恢復體力，都是很不錯的選擇。

嗡嗡屋是在地老牌的黃豆芽湯飯專賣店，進到店裡基本不用點菜，只要報人數，因為只賣一種主餐。豐富黃豆芽加上口味清爽、點綴章魚塊的鮮味湯底，全州式吃法還要搭配紫菜和半熟蛋。夏天用餐尖峰也常要排隊，更不用說寒冷的冬天清晨，一大早剛開業沒多久就快要滿座，吃上一碗熱呼呼的黃豆芽湯飯，頓時有種卜派吃了菠菜、活力十足的感覺！

1 把紫菜撕碎加到半熟蛋裡，再加點湯一起吃 2 店外觀 3 用紫蘇籽油烤的大片紫菜，可散購 4 店家自製的全州傳統母酒 5 只提供單一口味黃豆芽湯飯 6 湯飯裡有滿滿黃豆芽+章魚塊

1

2

3

4

5

6

新式傳統韓屋好便利

紅柿韓屋民宿

홍시 한옥숙박

MAP P.297下/C2
韓屋村慶基殿
步行約5分鐘

DATA

www.hongsihanok.kr 전북 전주시 완산구 은행로 51-11(풍남동) 010-9995-6150 入住15:00、退房10:30，早餐08:30 雙人房約48,000₩起 面對慶基殿往右直走，約4分鐘的路口左轉，再直走約1分鐘的巷口右轉，位於韓服出租店右後方 若要吃早餐，請至少前一天告知屋主，早上會做準備

就在全州韓屋村裡，步行距離與村口的慶基殿不遠，計程車亦可開到巷口，但位置稍微有點隱蔽，會被小巷口的韓服出租店擋住。雖然整體規模、房內空間不是太大，但環境清潔、幽靜雅緻，房間裡都有現代化的衛浴(淋浴)設備，以及夏天有冷氣空調，冬天會開地板電暖炕，房內有無線上網、吹風機、毛巾和基本沐浴用品，早上提供精緻早餐，入住前後可暫放行李。但屋主有時可能不在，會在房門外留紙條，需自助式入住。

1「紅柿」位在一家韓服出租店之後 2屋主親自手作的豐富早餐 3韓屋地板房要自己鋪床 4房間裡都有現代化衛浴 5 6雖然整體規模不大，但相當有傳統氣氛

井邑

정읍・Jeongeup

首爾
五松站
全州／井邑
大邱
慶州
昌原
河東
釜山

朝鮮半島有名的楓葉隧道

位於全羅北道的井邑市，南邊與全羅南道相鄰，土壤肥沃、有廣闊的大面積平地，不僅是韓國重要的農業區，畜牧養殖業也頗有規模，亦有配合農畜產業的輕工業發展。但無論是對於韓國、外國的遊客來說，到訪井邑最重要的目的地，幾乎都是前往湖南(西南)地區五大名山之一的「內藏山」朝聖，特別是秋天楓葉逐漸轉紅的時節，內藏山國立公園裡的楓葉隧道，從早到晚都有從各地來訪的遊客。內藏山的名稱，「藏」是收藏的藏，意指山內的所藏寶物無窮無盡。

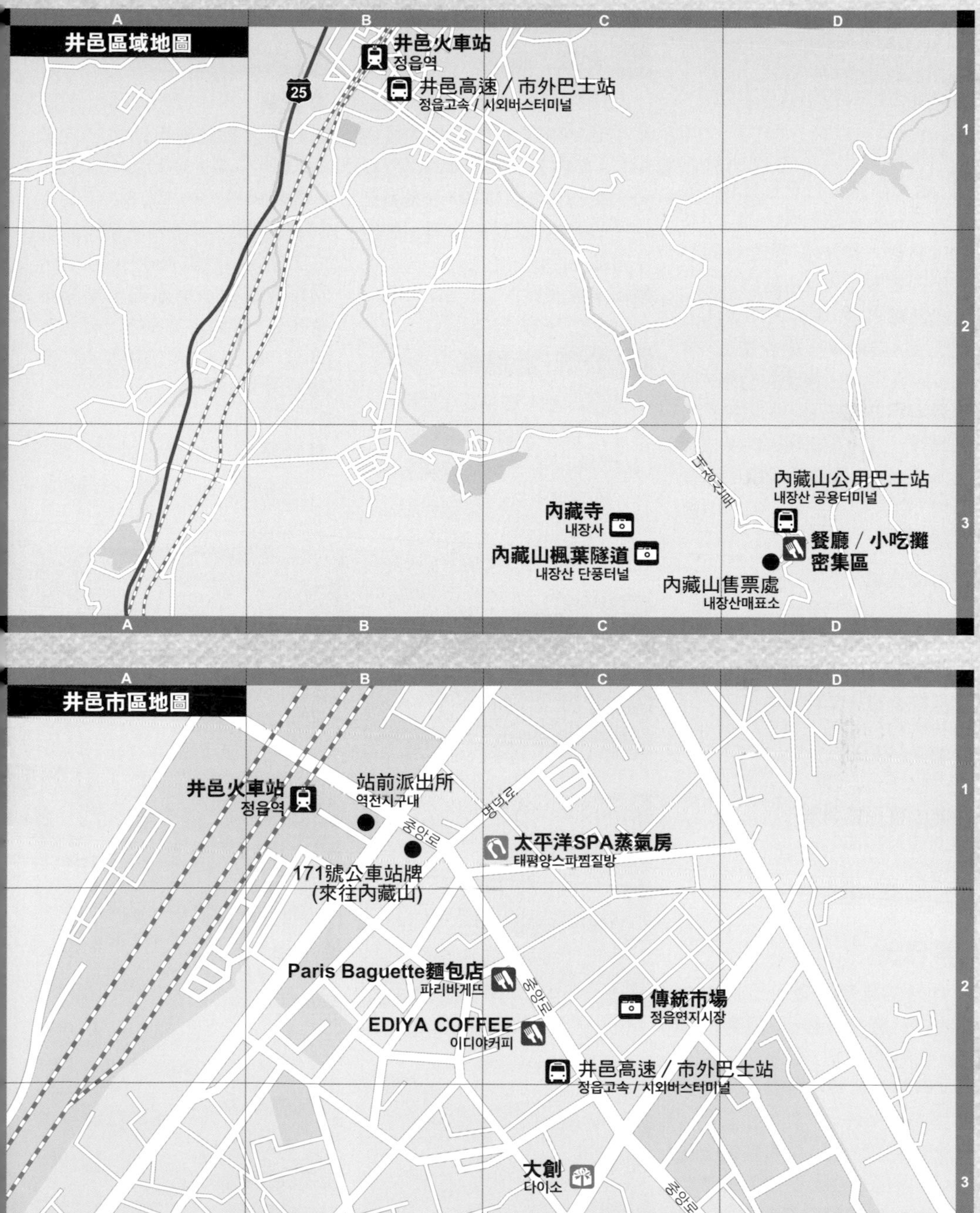
井邑區域地圖
井邑火車站
정읍역
25
井邑高速／市外巴士站
정읍고속 / 시외버스터미널
內藏山公用巴士站
내장산 공용터미널
內藏寺
내장사
內藏山楓葉隧道
내장산 단풍터널
餐廳／小吃攤密集區
內藏山售票處
내장산매표소
井邑市區地圖
井邑火車站
정읍역
站前派出所
역전지구대
명덕로
중앙로
太平洋SPA蒸氣房
태평양스파찜질방
171號公車站牌
(來往內藏山)
Paris Baguette麵包店
파리바게뜨
EDIYA COFFEE
이디야커피
傳統市場
정읍연지시장
井邑高速／市外巴士站
정읍고속 / 시외버스터미널
大創
다이소
往 內藏山國立公園
내장산국립공원 방향

井邑
旅遊黃頁簿

對於短期到訪的外國遊客來說，若不想拖著行李換住宿，要當天來往井邑的內藏山旅遊，以往大多數人會覺得，只能從同在西部的首爾和光州搭高鐵來回，這樣比較方便，其他城市要搭長途巴士，交通車程耗費過長，會減少可在內藏山停留的時間。但只要善用韓國高鐵，中間在五松站轉乘一次，從東南部的釜山、大邱出發，也能從容地自由安排時間，當天來回參觀內藏山的楓葉隧道。

井邑市官網

http www.jeongeup.go.kr

井邑文化觀光

http www.jeongeup.go.kr/culture

井邑綜合觀光案內中心

1544-7788

09:00～20:00

井邑火車站內2樓

內藏山觀光案內所

(063)537-1330

09:00～18:00

內藏山售票處旁

巴士

井邑的兩個長途巴士站左右相鄰，站體規模較小，沒有置物櫃。面對巴士站，左邊是高速巴士，目前僅有來往首爾的路線，右邊是市外巴士，以來往全州、光州的路線為主，還有其他周邊小站。井邑來往全州的車班非常多，大部分的情況下，兩地都可以直接前往購票搭車。

MAP P.307下／C2

火車／高鐵

井邑站是高鐵和一般火車的共用站，2樓設有綜合觀光案內中心，站內有少數餐廳店家，以及少量的行李置物櫃，若是賞楓旺季的週末假日前往，有可能無法寄放。

MAP P.307上／B1

公車、計程車

井邑計程車費基本4,300₩，公車可以使用韓國兩大交通卡(見P.94)，單程車費投現1,000₩、刷交通卡950₩。

內藏山交通說明

■公車

井邑火車站附近出發往內藏山入口，公車從早上06:18開始，約每20～60分一班車，到晚上20:28末班，可於公車站牌確認班次時刻，車程約30～40分鐘，回程在去程下車處同一地點等車即可。從公車終點站、經過餐廳街，步行到內藏山售票入口處約需15～20分鐘。

■計程車

若要搭計程車前往內藏山，

井邑的長途巴士站

井邑火車站

在內藏山終點站的171號公車

穿過井邑火車站前廣場往左，派出所前右轉過馬路直走一下

在內藏山終點站下公車後，往旁邊餐廳街方向走，可到內藏山國立公園入口

就可以看到往內藏山的171號公車站牌

火車站和巴士站前都有排班車輛，車程約25分鐘，車費約15,000₩，但賞楓旺季的午後，內藏山入口周邊通常都會塞車，因此僅建議中午前。回程非常難叫車，且同樣會有塞車問題，建議搭公車返回市區。

住宿

井邑的火車站、長途巴士站周邊有多家一般旅館，但比較少能在國際訂房網預訂。賞楓旺季平日雙人房每晚約6～8萬₩起，到當地後再問住宿，通常都還是會有房間，或是內藏山入口也有旅館可選擇。但賞楓旺季的週末假日，通常住宿價格都會提高，或是當天沒有空房，建議提早預訂為佳。(井邑火車站附近另有可過夜的蒸氣房，可參考地圖P.307下／C1)

用餐

從井邑火車站，到兩個長途巴士站，大約7分鐘的路程之間，有飯捲天國輕食店，以及麵包店、咖啡店等，再往後一點的住宅社區，一樓也有幾家餐廳，但鄉下地方大多沒有外語菜單，有用餐需求請事先準備。(飯捲天國菜單可參考P.149，或P.33的線上翻譯軟體介紹。)

旅遊行程規畫

相關交通車班、車程票價查詢，高鐵可參考P.31，長途巴士可參考P.28。若為當天來回，都建議搭高鐵且盡早出發，回程時間建議抓寬裕些，若提早結束行程要離開，可於井邑火車站現場換票。

■釜山當天來回

釜山火車站出發，中間在五松站轉車，高鐵車程約2小時50分(含轉車)，建議買鐵路通票KR PASS較為優惠(參考P.14、P.31)。

■大邱當天來回

東大邱火車站出發，中間在五松站轉車，高鐵車程約2小時(含轉車)，若有搭配其他城市間長途移動，亦可考慮買鐵路通票KR PASS(參考P.14、P.31)。

■兩天一夜

建議第一天午後或傍晚抵達井邑住宿，第二天一大早往內藏山賞楓，大約中午即可結束行程，如此能避開擁擠的車潮人潮，下午再轉全州或其他城市。

井邑長途巴士站後的W motel

輕食店「飯捲天國」

內藏山入口⟷內藏寺外接駁巴士候車處

韓國最知名的楓葉隧道

內藏山國立公園

내장산국립공원

MAP P.307上／C3

火車站周邊 搭公車約30分鐘

DATA

naejang.knps.or.kr 전라북도 정읍시 내장호반로328(내장동150) (063) 538-7875 限制夜間登山，時間為日落後至日出前2小時，部分區域有些時節不開放 免費入場，接駁車單程1,000₩，纜車來回大人10,000₩、小孩6,000₩，纜車單程大人6,000₩、小孩4,000₩ **1.**參考P.308火車／高鐵、內藏山交通說明／**2.**接駁車的候車位置，在進售票處入口往前走可看到，以及內藏寺斜坡下，票價為單程／**3.**從售票處入口，到纜車站約2.5公里，到內藏寺約3公里，步行單程至少約1小時 可去、回搭配步行和接駁車。每個人步行速度不同，且需考量要拍照，建議行程時間抓寬鬆些

內藏山國立公園，是韓國湖南(西南)地區的五大名山之一，雖然從為數眾多的餐廳攤販不難看得出來，這裡的春、夏、冬亦有不少遊客到訪，是韓國有名的登山休閒地，但從數百年前開始，內藏山就已經成為朝鮮半島的楓葉名勝，1971年被指定為國立公園，是韓國非常有名的賞楓景點。秋天賞楓之時的遊客數量，預估佔整年度的一半，特別是旺季之時人潮非常多，無論是纜車或接駁車，都有很可觀的排隊人潮，建議早上前往為佳。

| 玩 | 家 | 筆 | 記 |

內藏山吃什麼

從公車的終點站開始，一直到內藏山的售票入口處，中間有數十家韓式料理餐廳，大多數有外文菜單且內容類似，以各種定食、拌飯、海鮮煎餅等為主，觀光區的價位有稍高一點，但還在能接受的範圍。此外，周邊亦有為數眾多的各式小吃攤，一路走走逛逛，也是可以滿載而歸呢！

剛起鍋、小心燙口的糖餅

炸人蔘和各式炸物

烤栗子和銀杏果

有著滿滿紅豆內餡的菊花麵包

釜山熱搜
新景點大集合

新興熱門賞櫻景點！

透過前面P.44賞櫻花專題的介紹，可以知道釜山真的是一個，有很多櫻花美景的地方，懶得跑遠也沒關係，在城市裡、有地鐵可到的地方，就能方便享受到如此的初春氣息。

釜山近來新興的熱門打卡賞櫻景點：開琴櫻花路、周禮櫻花路，雖然位在一般住宅區，櫻花樹規模不若其他景點龐大，但相對來說櫻花旺季時，也不會有過多擁擠的人潮，如果想更放鬆的散步走走，不妨來這裡看看吧！

平凡社區裡的賞櫻祕境

開琴櫻花路

개금벚꽃길

MAP P.312/D4
冷井站1號出口
步行約15分鐘

DATA

➲地鐵224冷井站1號或3號出口(有電梯)出站，步行約10～15分鐘(斜坡往上)。韓國網路地圖定位導航路徑，建議使用起點雜貨店的電話「051-893-8996」⓬開琴、周禮櫻花路之間步行來往，單程約需10分鐘

住宅區裡居民散步遛狗的木棧道上，平時不太起眼的路樹，可都是吸睛的櫻花樹呢！「開琴櫻花路」近年成為韓國網路上的熱門打卡景點，初春櫻花的開花時節，吸引喜歡拍照的大家到訪，如果不追求知名大景點，只想好好拍照的話，這裡會是交通方便的好選擇。

IG熱門打卡櫻花咖啡店

周禮櫻花路

주례벚꽃길

DATA

MAP P.312／A1

地鐵站出口旁路口轉彎即到

➡地鐵224冷井站3、5號出口迴轉轉彎，往慶南情報大學、東西大學的方向，約500公尺的上坡路。韓國網路地圖定位導航路徑，建議使用熱門打卡點咖啡店「CAFE ITTI」的電話「0507-1390-0110」⁉開琴、周禮櫻花路之間步行來往，單程約需10分鐘

初春櫻花綻放的時節，從地鐵冷井站3、5號出口出來，路口轉彎就能看到櫻花路樹，沿著斜坡往上走，經過慶南情報大學，一直延伸到東西大學，而其中成為網路最IN的打卡熱點，就是位於這條路上，在3樓露台可用美麗櫻花當背景拍照的「CAFE ITTI」咖啡店，記得入店先每人至少點1杯飲料，再上樓好好拍照唷！

看海景泡湯的星級享受

HILL SPA 蒸氣房

힐스파 찜질방

MAP P.187/B3

海雲臺周邊轉搭
計程車約5~8分鐘

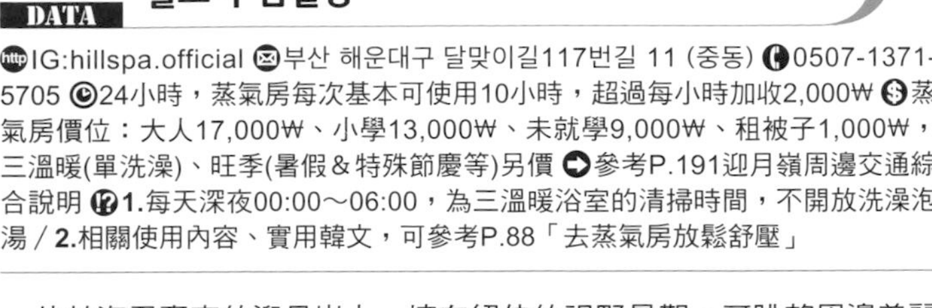

DATA

http IG:hillspa.official 부산 해운대구 달맞이길117번길 11 (중동) 0507-1371-5705 24小時，蒸氣房每次基本可使用10小時，超過每小時加收2,000₩ $ 蒸氣房價位：大人17,000₩、小學13,000₩、未就學9,000₩、租被子1,000₩，三溫暖(單洗澡)、旺季(暑假＆特殊節慶等)另價 參考P.191迎月嶺周邊交通綜合說明 **1.**每天深夜00:00～06:00，為三溫暖浴室的清掃時間，不開放洗澡泡湯／**2.**相關使用內容、實用韓文，可參考P.88「去蒸氣房放鬆舒壓」

位於海雲臺旁的迎月嶺上，擁有絕佳的視野景觀，可眺望周邊美麗海景，是釜山地區知名老牌的蒸氣房，疫情後重新裝潢開業，仍然保有一定的品質。入口位於建築物後方背海，1樓是入口和鞋櫃區，2樓女生三溫暖、3樓蒸氣房烤箱和便利商店(無餐廳)、4樓男生三溫暖，5樓另有休息空間和戶外泡腳區。

面海側採用大片的落地窗，可以一邊享受泡湯、一邊欣賞海雲臺美景，也有能更親近戶外的露天泡湯，就連在共用大廳裡，用餐、吃點心和休息時，都能隨時把握美麗的海景。另外有提供個人／女性專用的睡眠山洞、睡眠室，以及枕頭、墊子、毯子，夏天也可以睡在5樓的戶外露台，更是涼爽舒適唷！

1 Hill SPA所在的迎月嶺，也是釜山有名的賞櫻景點 2 入場購票、出場結算改為機器刷卡收費，可請櫃檯服務人員協助操作 3 3樓休息大廳裡的便利商店 4 高溫汗蒸幕烤箱 5 5樓的休息空間和戶外泡腳區 6 面海側皆使用大片落地窗，可欣賞美麗海景 7 可以眺望欣賞海雲臺周邊的美景

水上樂園裡的海邊蒸氣房SPA

CLUB D OASIS

클럽디오아시스 스파&워터파크

P.187/A2

從周邊的地鐵站搭計程車約6分鐘

IG:clubdoasis 부산 해운대구 달맞이길 30 (중동) 1566-8007 SPA泡湯洗澡10:00～24:00，蒸氣房休息大廳11:00～24:00，水上樂園11:00～18:00 此為官網大人定價，小孩、預售或其他方案另有不等優惠。SPA蒸氣房(5小時)30,000₩、水上樂園(6小時)69,000₩、綜合券(7小時)79,000₩，超時10,000₩／每小時 **1.**地鐵202中洞站：步行約12分鐘，搭計程車約5分鐘／**2.**地鐵203海雲臺站：步行約19分鐘，搭計程車約5分鐘 與「BUSAN X the SKY」等景點建築群共用統一地址，但CLUB D OASIS的入口，位在地址「부산 해운대구 달맞이길50번길 10」對面

「CLUB D OASIS」結合室、內外水上樂園和蒸氣房SPA，位於釜山海雲臺海邊、尾浦附近，高411.6公尺的LCT Land Mark Tower大樓群裡，同一區還有五星級飯店和「BUSAN X the SKY」展望台，與釜山的熱門景點「海雲臺藍線公園」，海岸列車、天空膠囊列車的尾浦站亦很相近。

從1樓進入大樓後，要先往5樓購票入場，在男、女浴室裡可兌換衣服和毛巾。於5樓的區域，有置物櫃、海景浴室和SPA泡湯池，需著蒸氣服或泳裝使用的「청수당」(青水湯)戶外足浴區，以及來往水上樂園(4樓)和蒸氣房休息大廳(6樓)的連通道。

6樓是主要蒸氣房休息、用餐的男女共用區域，除了有多樣的蒸氣房烤箱、睡眠區，大廳裡亦有按摩椅、懶骨頭沙發，也有提供地墊和枕頭，戶外區域另有可欣賞海景的足浴泡湯。販賣部飲料零食，以及餐廳等的場內消費，皆使用手環感應記帳，於離場前在5樓的機器感應付款，之後再拿鞋子離場。

1 2 5樓「청수당」(青水湯)有戶外躺椅和足浴區 3 浴室裡有提供沐浴乳、洗髮精、潤髮乳、吹風機、棉花棒、身體乳液等沐浴用品，現場亦可自購其他基本美妝用品 4 6樓男女共用的蒸氣房，有多個蒸氣烤箱和休息區設備 5 6樓戶外的足湯區 6 4樓的水上樂園，有室內、外兩個區域

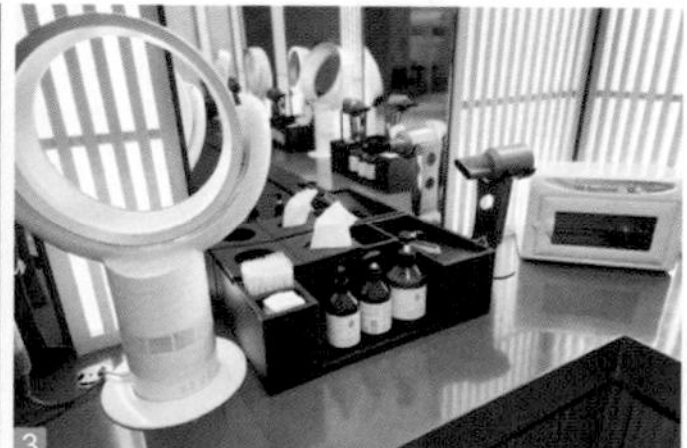

HEY!

地鐵站新款置物櫃上線，旅行更便利！

地鐵站置物櫃系統「OTP LOCKER」

手機APP，確認置物櫃位置、剩餘數量＆線上刷卡付費。

釜山的地鐵各站，陸續增加新的置物櫃系統「OTP LOCKER」，只要透過手機APP，就可以線上即時查找置物櫃的位置，以及哪裡有空的置物櫃能使用，並且也可以使用國外的信用卡線上付費！有這個APP的好處是，可以提醒你，寄物的置物櫃在哪個地方，尤其對西面那種好多出口的大站非常方便，可以避免寄放之後，找不到自己的置物櫃在哪裡的窘況。(＊目前釜山地鐵的大站裡，可能同時有新款OTP、舊款的置物櫃)

手機APP下載「OTP LOCKER」

Android

reurl.cc/eLObY7

iOS

reurl.cc/g4Mbdp

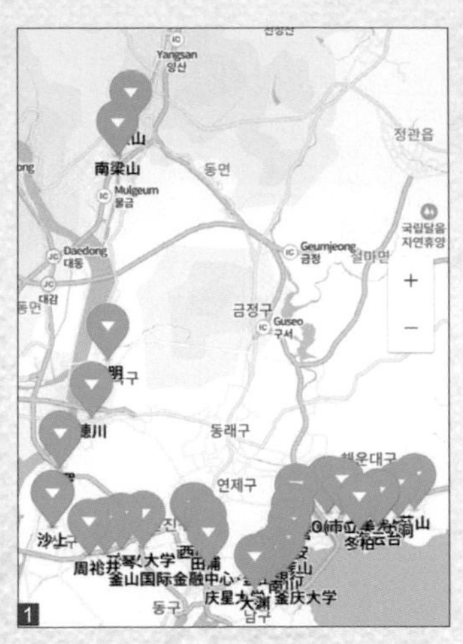

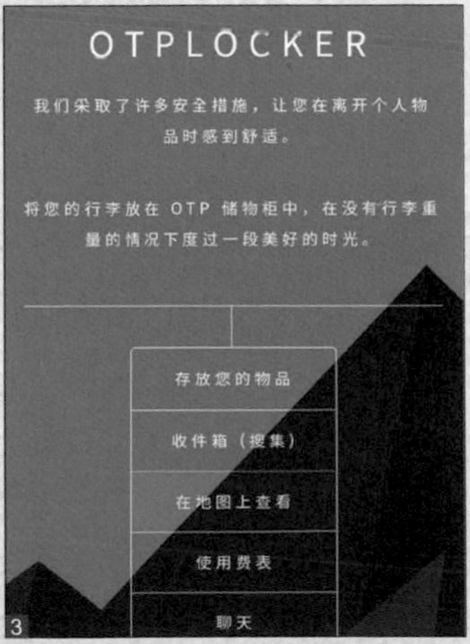

1 使用專屬APP，可以查到置物櫃的所在位置 2 把APP裡的畫面放大，可以看到各地鐵站的置物櫃位置 3 置物櫃專屬APP首頁，雖然中文翻譯部分有些奇怪，但大致上都可以了解意思

置物櫃專屬APP操作步驟 Step by Step

STEP 1 前往置物櫃區

點選想要前往的置物櫃區，線上即時確認空櫃的大小和數量。(畫面往下滑)

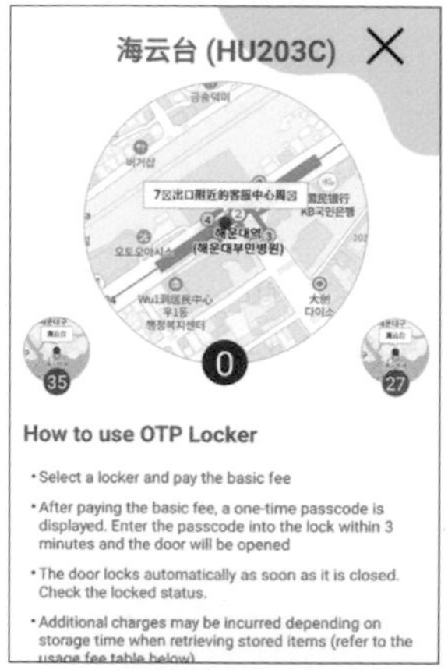

STEP 2 選擇置物櫃

選擇想要使用的置物櫃，藍色代表空櫃。特大型可放標準規格的28吋行李箱。

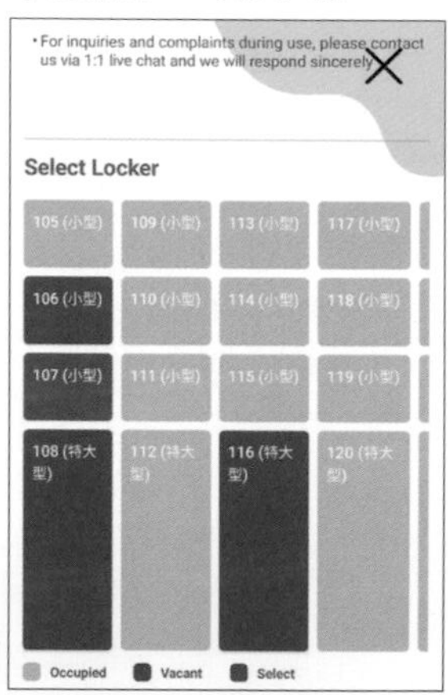

STEP 3 付費

勾選「Credit card」信用卡付款、「Check all. I agree」同意，按最下方的「Pay」。

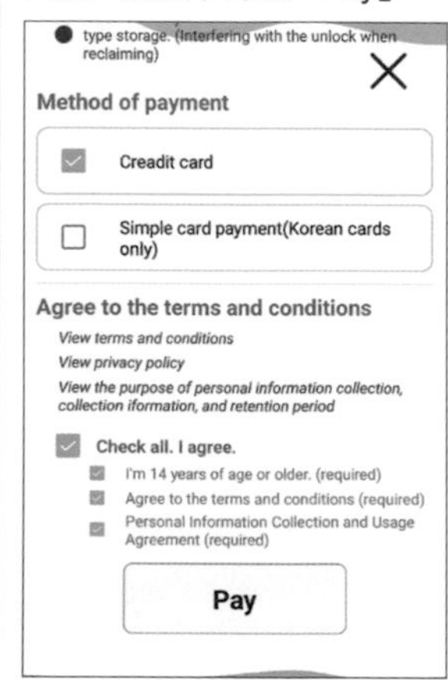

STEP 4 刷卡

進入線上刷卡，有全中文介面，點選「全部同意服務使用條款」、按「下一步」後，在選擇信用卡步驟時，點「其他」的下拉選單、滑到最下面，就可以看到信用卡別選項，依照一般刷卡流程，輸入手機簡訊或e-mail通知的認證碼，即可完成付款。

STEP 5 寄物

付款完成後，APP上會顯示置物櫃的密碼，按密碼即可打開置物櫃。物品都放好之前，要記得要先把門擋好，門開、關僅限一次。每次基本費用可寄物4小時，通過APP可隨時確認，該次置物櫃的已使用時間。

STEP 6 取回物品

點APP首頁的「收件箱」，再點選「YES, END THE SERVICE」，確認是否有需要支付超時的追加費用，沒有追加費用或付款完成後，APP會再次顯示開櫃密碼，按密碼即可打開置物櫃，取回所寄放的物品。

常用短句			
你好嗎？	**안녕하세요 ?**	在哪裡？	**어디에 있어요 ?**
謝謝。	**감사합니다.**	怎麼去？	**어떻게 가요 ?**
對不起。	**미안합니다.**	什麼時候？	**언제예요 ?**
沒關係。	**괜찮아요.**	請給我這個。	**이거 주세요.**
請稍等一下。	**잠깐만 기다려 주세요.**	請幫助我。	**도와 주세요.**
請問有會說中文的人嗎？		**중국어 할 수 있는 분 있어요 ?**	
請問有中文菜單嗎？		**중국어 메뉴판이 있어요 ?**	

詢問			
附近的觀光案內所在哪裡？		**이 근처에 관광안내소가 어디에 있어요 ?**	
有中文旅遊資料嗎？		**중국어 여행 자료가 있어요 ?**	
可以拿走這個東西嗎？		**이거 가져가도 돼요 ?**	
廁所在哪裡？	**화장실이 어디에 있어요 ?**	請問匯率是多少？	**환율이 얼마예요 ?**
有寄物櫃嗎？	**보관함이 있어요 ?**	可以照相嗎？	**사진을 찍어도 돼요 ?**

用餐			
可以只點___人份的嗎？		**___인분만 주문해도 돼요 ?**	
最好吃(最好喝)的是哪個？		**뭐가 가장 맛있어요 ?**	
請多給我一點(追加)		**더 많이 주세요.**	
請問有小圍兜嗎？(防衣服弄髒)		**앞치마가 있어요 ?**	
請問有大塑膠袋嗎？(防外套包包沾到味道)		**큰 봉지가 있어요 ?**	
請幫我換烤盤。(烤肉店使用)		**불판 좀 갈아주세요.**	
請給我一樣的。	**같은 것으로 주세요.**	請幫我加湯。	**국물 좀 더 주세요.**
我是素食者。	**저는 채식주의자예요.**	請幫我打包。	**포장해 주세요.**

口味			
什麼食物是不___的？ **어떤 음식이 ___지 않아요 ?**		辣	**맵다**
		酸	**시다**
___一點。	**___게 해 주세요.**	甜	**달다**
一點___。	**조금 만 ___게 주세요.**	苦	**쓰다**
不要辣。	**맵지 않게 주세요.**	鹹	**짜다**
請幫忙去掉______。	**_______빼고 주세요.**	蔥／蒜／洋蔥	**파／마늘／양파**

交通	
請給我(數量)張到(地點)的票。	**(地點)까지 (數量)장 주세요.**
請問下班車到達的時間？	**다음 차 언제 와요？**
往______的車要在哪裡搭？	**______에 가는 차 어디서 타면 돼요？**
到站時請告訴我。	**도착하면 알려 주세요.**
請問要怎麼去______？	**______ 어떻게 가야 돼요？**
請問有中文地圖嗎？	**중국어 지도 있어요？**
請問票價最便宜的時間是什麼時候？	**표값이 가장 쌀 때는 언제예요？**
請幫我儲值。	**충전해 주세요.**
請幫我退款。	**환불 부탁드려요.**
請把T-money卡還給我。	**T-money카드를 되돌려 주세요.**

購物	
請問多少錢？	**얼마예요？**
可以試穿嗎？	**입어봐(신어봐)도 돼요？**
有其他顏色嗎？	**다른 색 있어요？**
請給我一個新的。	**새 걸로 하나주세요.**
請幫我打折。	**좀 깎아 주세요.**
請問今天營業到幾點？	**오늘 몇시까지 영업해요？**
請問有退稅的服務嗎？	**외국인 TAX-FREE 있어요？**
請給我收據。	**영수증 주세요.**

住宿	
有空房間嗎？	**빈 방 있어요？**
住一晚多少錢？	**하루에 얼마예요？**
可以先看看房間嗎？	**방 좀 봐도 돼요？**
我再考慮看看。	**좀 더 생각해 볼게요.**
有這裡的名片嗎？	**여기 명함 있어요？**
好像壞掉了。	**고장난 것 같아요.**
沒有熱水(飲用水)。	**뜨거운 물이 없어요.**
沒有熱水(洗澡用)。	**뜨거운 물이 안 나와요.**
請多給我一個棉被／枕頭。	**이불 / 베개 한개 더 주세요.**
可以幫我保管嗎？	**좀 보관해 주실래요？**